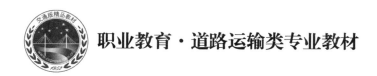

职业教育·道路运输类专业教材

公路工程招投标与合同管理

GONGLU GONGCHENG ZHAOTOUBIAO YU HETONG GUANLI

（第2版）

崔 磊 主 编

张 艳　叶文海　陈艳华　副主编

曹广佩 主 审

人民交通出版社股份有限公司

北 京

内容提要

本书为职业教育道路运输类专业教材。全书以公路工程建设最新的法律、法规、标准文本为依据，以真实工程项目为载体，结合工程招投标与合同管理的实际工作程序和工作内容以及典型工程案例编写。本书共分7个模块，包括：公路建设市场；公路工程施工招标；公路工程施工投标；公路工程施工开标、评标与定标；合同法律基础；公路工程施工合同及合同管理；公路工程施工索赔。每个模块以工程案例引入，学习内容中穿插大量工程案例，另结合执业资格考试内容附有同步模块训练，题型包括单选题、多选题、工程案例分析以及综合实训。

本书可作为高职高专道路与桥梁工程技术、道路工程造价、建设工程监理及相关专业的教材，也可作为公路工程建设、施工、监理等工程技术人员参考用书及相关岗位培训用书。

*本教材配套数字资源(微课、视频、多媒体课件、题库、课程思政、在线测试等)读者可免费扫码观看和在线学习、测试；本教材同时配有教学课件，教师可通过加入职教路桥教学研讨群(QQ群561416324)获取。

图书在版编目(CIP)数据

公路工程招投标与合同管理／崔磊主编. —2版. —北京：人民交通出版社股份有限公司，2019.12
ISBN 978-7-114-15956-5

Ⅰ.①公… Ⅱ.①崔… Ⅲ.①道路施工—招标—教材②道路施工—投标—教材③道路工程—经济合同—管理—教材 Ⅳ.①U415.1

中国版本图书馆CIP数据核字(2019)第263644号

职业教育·道路运输类专业教材
书　　名：公路工程招投标与合同管理(第2版)
著　作　者：崔　磊
责任编辑：刘　倩
责任校对：孙国靖　扈　婕
责任印制：张　凯
出版发行：人民交通出版社股份有限公司
地　　址：(100011)北京市朝阳区安定门外外馆斜街3号
网　　址：http://www.ccpress.com.cn
销售电话：(010)59757973
总 经 销：人民交通出版社股份有限公司发行部
经　　销：各地新华书店
印　　刷：北京武英文博科技有限公司
开　　本：787×1092　1/16
印　　张：16.75
字　　数：460千
版　　次：2015年6月　第1版
　　　　　2019年12月　第2版
印　　次：2023年8月　第2版　第7次印刷　总第11次印刷
书　　号：ISBN 978-7-114-15956-5
定　　价：49.00元

(有印刷、装订质量问题的图书由本公司负责调换)

第 2 版前言

随着我国招投标市场更加规范和完善,国家相关部委颁布实施了新的法律法规和标准示范文本。结合公路建设行业发展及信息化教学,我们在第一版的基础上完成了本书的修订编写。

第 2 版教材突出以下特色:

1. 将最新法律、法规、标准融入教材内容

自 2015 年 6 月本书第一版出版以来,我国颁布实施了《中华人民共和国民法典》(2021 年 1 月施行)《中华人民共和国建筑法》(2019 年 4 月第二次修正施行)、《中华人民共和国招标投标法》(2017 年 12 月修订施行)、《中华人民共和国招标投标法实施条例》(2019 年 3 月修订施行)、《公路工程建设项目招标投标管理办法》(2016 年 2 月施行)、《公路工程标准施工招标文件》(2018 年版)、《公路工程标准施工招标资格预审文件》(2018 年版)、《建设工程施工合同(示范文本)》(GF—2017—0201)、《公路工程建设项目概算预算编制办法》(JTG 3830—2018)、《公路工程概算定额》(JTG/T 3831—2018)、《公路工程预算定额》(JTG/T 3832—2018)、《公路工程机械台班费用定额》(JTG/T 3833—2018)等与工程建设相关的法律、法规和标准文本,2020 年 11 月,发布《建设工程企业资质管理制度改革方案》,本版对各部分内容分别进行了更新、补充和完善,及时将最新内容融入本书。

2. 配套教学资源,内容及时更新

本教材配套数字资源(微课、视频、多媒体课件、题库、课程思政、在线测试、工程案例、工作表单等),可免费扫码观看和在线学习、测试。

本书涉及行业标准规范较多,通过二维码的形式链接了相关学习资料及微课视频,学生可通过扫描二维码,实现碎片化学习,同时我们会根据行业发展,及时更新、完善二维码所链接的资源。

3. 注重理论联系实际,重视职业岗位能力训练

本书根据公路基础设施建设转型升级对职业能力的要求及专业教学标准,注重理论和实践紧密结合,重视职业岗位技能学习和训练。本书结合实际工作,穿插了大量实用表单和工程实例,案例教学贯穿全书。每个模块附有模块小结、模块训练、技能实训。其中,模块训练包括造价师、建造师等职业资格考试单选题、多选题、案例分析和行业最新发展动态;技能实训可结合各自学校的实训条件进行,切实增强学生职业岗位的适应能力。

4. 坚持产教融合,校企双元开发

本书吸收了公路施工、监理企业一线技术人员共同编写。编写组成员具有多年企业工作经历和教学经验,在编写过程中更加注重教材内容与企业岗位需求相适应。

本书由山东交通职业学院崔磊担任主编并统稿，云南交通职业技术学院张艳、湖北交通职业技术学院叶文海、山东交通职业学院陈艳华担任副主编，山东交通职业学院张振平、杨青潮、于之华、李瑾和潍坊顺昌路桥工程有限公司吴学芹担任参编，山东省交通运输工程定额管理站副站长、工程技术应用研究员曹广佩担任主审。本书在第一版的基础上修订，模块1张艳、叶文海修订编写；模块2、模块3由陈艳华、李瑾、吴学芹修订编写；模块4、模块6由崔磊修订编写；模块5、模块7由张振平、杨青潮、于之华修订编写。

在本版修订过程中，编者参阅了国内外一些专家和学者的研究成果及相关文献，在此一并表示感谢！本书出版得到各兄弟院校同行、行业企业专家、人民交通出版社股份有限公司各位编辑的大力支持，特致谢意。

由于编者水平有限，书中如有不足之处，恳请广大读者批评指正。相关意见和建议请发至编辑邮箱:516628809@qq.com，以便重印时修改。

编　者
2022年5月

第 1 版前言

本书为人民交通出版社股份有限公司高等职业教育工程造价专业"双证书"教材之一。为培养公路建设行业一线技术技能型人才,根据最新的法律、法规和标准文本,以培养学生职业能力为主线,结合工程招投标与合同管理的工作实践编写。本书可作为工程造价及相关专业的教材,也可供从事公路工程招标、投标、合同管理等各类工程技术人员参考。

本书包括:公路建设市场;公路工程施工招标;公路工程施工投标;公路工程施工开标、评标与定标;合同法律基础;公路工程施工合同及合同管理;公路工程施工索赔7个单元的内容。本书教学建议66学时,建议各单元学时分配:第1单元4学时,第2单元16学时,第3单元12学时,第4单元8学时,第5单元6学时,第6单元14学时,第7单元6学时。教师可根据不同专业灵活安排学时。

本书具有如下特色:

1. 根据现行《中华人民共和国建筑法》《中华人民共和国合同法》《中华人民共和国招标投标法实施条例》(2012年)、《公路工程标准施工招标文件(2009年版)》等与工程建设相关的法律、法规和标准文本编写,及时将最新内容融入本书。

2. 根据职业能力要求及本课程教学目标,注重理论和实践紧密结合,注重职业岗位技能学习和训练。本书结合实际工作穿插了大量实用表格和工程实例,每个单元附有单元小结、单元训练、综合实训,其中单元训练包括造价师等职业资格考试单选题、多选题、案例分析;综合实训可结合各自学校的实训条件进行,切实增强学生职业岗位的适应能力。

3. 教材内容突出实用性,与职业标准对接。编写组成员具有多年企业工作经历和教学经验,在编写过程中更加注重企业岗位需求,而且本书吸收了公路施工、监理企业一线技术人员参与编写。

本书由山东交通职业学院崔磊担任主编并统稿,云南交通职业技术学院张艳、湖北交通职业技术学院叶文海担任副主编,山东省交通运输工程定额管理站副站长、工程技术应用研究员曹广佩担任主审。具体编写分工如下:单元1由山西交通职业技术学院王虎盛编写,单元2由张艳编写,单元3由叶文海编写,单元4由崔磊编写,单元5由广西交通职业技术学院韦莹编写,单元6由湖南交通职业技术学院肖颜编写,单元7由陕西交通职业技术学院李婷婷编写。山东恒建工程监理咨询有限公司杨景新、云南云桥建设股份有限公司李利钧、湖北顺达公路工程监理咨询有限公司刘振良为本书提供了部分案例和编写建议,在此表示感谢!

在编写过程中,编者参阅了国内外一些专家和学者的研究成果及相关文献,在此一并表示感谢！本书的出版得到了各交通兄弟院校、行业企业专家、人民交通出版社股份有限公司各位编辑的大力支持，特致谢意。

由于编者水平有限，书中如有不妥之处，恳请广大读者批评指正。

编　者
2015 年 2 月

本教材课程思政设计

为了提升课程思政育人效果,方便教师将课程思政融入教学活动,本书编者根据各模块内容,搜集整理了相关的思政素材,并对素材中体现的思政元素进行归纳、整理,如下表所示。读者可直接扫描表格下方二维码,观看视频及查阅资料。

	教材内容	课程思政元素	资源素材
模块一	公路建设市场	民族自豪感 职业自豪感 大国复兴 经济发展	(1)汪小金-鲁布革冲击波掀开中国项目管理改革篇章 (2)中华民族每一段公路上都印满了建设者们艰苦奋斗的足迹 (3)沿着高速看中国之川藏公路——通向"世界屋脊"的团结线、幸福路 (4)港珠澳大桥之家国情怀
模块二	公路工程施工招标	道德修养 法治意识	(1)国家发展改革委办公厅关于积极应对疫情创新做好招投标工作保障经济平稳运行的通知 (2)中央纪委国家监委曝光工程招投标领域"猫腻"及典型案例 (3)大道不容路蠹 (4)触目惊心的"塌方式腐败" (5)交通运输部:2050年全面建成交通强国,实现"人享其行、物优其流"
模块三	公路工程施工投标	两路精神 职业能力 工匠精神	(1)"两路"精神如何激励今人前行 (2)最美奋斗者许振超——创造享誉全球的"振超效率" (3)企业要招投标,须先入"会"抢资格
模块四	公路工程开标、评标与定标	公平公正 职业精神	(1)聚力脱贫攻坚,建"四好"乡村公路 (2)新经济、新业态、新模式:线上远程异地招评标,按下项目建设"加速键" (3)关于高速公路建设项目的评标专家违规行为处理结果的决定
模块五	合同法律基础	社会公德 法律意识规范与道德	(1)《民法典》标志我国正式进入法典化时代 (2)签订律师代理合同要谨慎 (3)《民法典》对电子合同的订立和履行有明确回应

续上表

教材内容		课程思政元素	资源素材
模块六	公路工程施工合同及合同管理	国际视野 法律意识 适应发展 节约成本	(1)筑梦一带一路,历经艰辛修建平均海拔最高的公路 (2)《焦点访谈》通在纸上的高速路 (3)注意审查合同内容,提高证据保全意识
模块七	公路工程施工索赔	职业精神 社会责任 职业能力	(1)建设工程施工合同纠纷再审审查与审判监督民事裁定书 (2)建设工程施工合同纠纷二审民事判决书

本书课程思政资源

本教材配套资源索引

资源编号	资源名称	资源类型	书中页码
1-1	建筑业企业资质等级	文本	7
1-2	国家职业资格目录	文本	9
1-3	建设工程交易系统操作手册(投标人)	文本	11
1-4	中华人民共和国招标投标法实施条例(2019修订)	文本	11
2-1	必须招标的工程项目规定	文本	18
2-2	住房城乡建设部办公厅关于取消工程建设项目招标代理机构资格认定	文本	19
2-3	招标公告和公示信息发布管理办法	文本	21
2-4	申请人须知	文本	22
2-5	资格审查办法	文本	22
2-6	资格预审申请文件格式	文本	22
2-7	公路工程标准施工招标资格预审公告	文本	25
2-8	招标公告	文本	26
2-9	投标邀请书	文本	31
2-10	投标人须知	文本	34
4-1	工程项目开标	微课	146
4-2	工程项目评标	微课	148
4-3	四种评标方法目录	文本	151
4-4	合理低价法	文本	151
4-5	综合评分法	文本	151
4-6	经评审的最低投标价法	文本	151
4-7	技术评分最低标价法	文本	152
4-8	工程项目定标	微课	164
4-9	电子招标投标示例	文本	169
5-1	合同、合同法的概念	微课	177

续上表

资源编号	资源名称	资源类型	书中页码
5-2	合同的订立	微课	180
5-3	合同的成立	微课	183
5-4	缔约过失责任	微课	184
5-5	合同的效力	微课	185
5-6	效力待定合同	微课	186
5-7	可变更、可撤销合同	微课	187
5-8	合同履行	微课	188
5-9	合同变更、转让及终止	微课	191
5-10	违约及违约责任	微课	193
6-1	各方当事人的基本权利与义务	微课	206
6-2	施工合同中的质量管理	微课	212
6-3	施工合同中的进度管理	微课	218
6-4	施工合同中的价款管理	微课	220
6-5	工程变更	微课	224
6-6	变更通知单示例	图片	224

资源使用方法:直接扫描正文中对应二维码观看学习。

目 录

模块 1　公路建设市场 ··· 1
　1.1　公路建设市场的发展历程 ··· 1
　1.2　公路建设市场的主体与客体 ·· 2
　1.3　建设市场的资质管理 ··· 5
　1.4　公共资源交易中心 ·· 9
　1.5　公路工程招投标的有关法律法规 ··· 11
　本模块小结 ··· 13
　模块训练 ·· 13
　技能实训 ·· 16

模块 2　公路工程施工招标 ··· 17
　2.1　公路工程施工招标概述 ·· 17
　2.2　公路工程施工招标具体工作 ··· 25
　本模块小结 ··· 77
　模块训练 ·· 77
　技能实训 ·· 82

模块 3　公路工程施工投标 ··· 83
　3.1　工程项目投标概述 ·· 83
　3.2　公路工程施工投标具体工作 ··· 85
　3.3　公路工程施工投标文件的组成和编制 ··································· 91
　3.4　公路工程施工投标文件实例 ··· 102
　本模块小结 ··· 141
　模块训练 ·· 142
　技能实训 ·· 144

模块 4　公路工程施工开标、评标与定标 ·································· 145
　4.1　公路工程施工开标 ·· 146
　4.2　公路工程施工评标 ·· 148
　4.3　公路工程施工定标与签订合同 ··· 164
　本模块小结 ··· 172
　模块训练 ·· 172
　技能实训 ·· 176

模块 5　合同法律基础 ·· 177
　5.1　合同概述 ·· 177
　5.2　合同的订立 ··· 180
　5.3　合同的效力 ··· 185

5.4　合同的履行 ··· 188
　5.5　合同的变更、转让及终止 ··· 191
　5.6　违约责任与合同争议的解决 ··· 193
　5.7　合同担保 ··· 197
　本模块小结 ··· 200
　模块训练 ··· 201

模块6　公路工程施工合同及合同管理　205
　6.1　公路工程施工合同概述 ··· 205
　6.2　各方当事人的基本权利与义务 ··· 206
　6.3　公路工程施工合同通用条款的主要内容 ···························· 208
　本模块小结 ··· 228
　模块训练 ··· 229
　技能实训 ··· 232

模块7　公路工程施工索赔　233
　7.1　公路工程施工索赔概述 ··· 233
　7.2　施工索赔产生的原因及分类 ·· 234
　7.3　施工索赔的程序与技巧 ··· 237
　7.4　施工索赔的计算及案例 ··· 242
　本模块小结 ··· 249
　模块训练 ··· 249
　技能实训 ··· 253

主要参考文献 ··· 255

模块1　公路建设市场

知识目标

了解我国公路建设市场的发展过程;掌握公路建设市场的主体与客体,公路建设市场相关主体的职责;熟悉公路建设产品的特点;了解我国公路建设市场招投标的现状;掌握勘察设计、施工、咨询等从业企业的资质规定;熟悉公共资源交易中心的性质和职能、工作原则;了解公路工程招投标相关法律。

能力目标

1. 能够区分公路建设市场的主体与客体;
2. 能够叙述公路建设市场相关主体的职责;
3. 能够叙述有关勘察设计、施工、监理等从业企业的资质规定;
4. 能够叙述公共资源交易中心的职能。

引例

红河至南沙二级公路工程建设项目已报上级部门批准,建设资金已落实,项目建设单位为云南省公路局。资金来自申请上级补助和项目业主自筹解决,现对该项目土建及路面工程进行招标,招标人为红河至南沙二级公路建设指挥部。

通过上述案例,请学生讨论各自地区公路建设市场招投标的现状及存在问题。

1.1 公路建设市场的发展历程

中华人民共和国成立七十年来,我国公路建设事业取得了辉煌的成就,公路交通状况得到了极大改善,为国家经济社会发展、人民生活水平提高提供了强有力的支撑。公路建设是我国最早打破地区和部门界限,开放市场、引入招标投标制度的工程建设领域之一。从1949年至今,我国公路建设市场化改革主要经历了以下几个阶段。

第一阶段:计划经济阶段(1949—1979年)。该阶段我国投资体制的主要特征是"计划",还没有"市场化"的概念。投资决策权高度集中在政府手中,从公路建设项目的提出到设计、开工等的每个环节都必须审查批准;对公路建设投资所需要的资金、设备、建筑材料和劳动力等实行计划分配使用,直接以指令性计划和行政命令管项目、管拨款、管调配物资、管施工队伍,各种投入要素很难流动。

第二阶段:市场化起步阶段(1980—1986年)。1980年国务院发布《关于开展和保护社会主义竞争的暂行规定》,指出"对一些适宜于承包的生产建设项目和经营项目,可以试行招标投标的办法"。1984年9月,国务院颁布《关于改革建筑业和基本建设管理体制若干问题的暂行规定》,要求大力推行工程招标承包制。原交通部于1985年颁布了首部规范公路工程施工招标投标活动的管理办法——《公路工程施工招标投标试行办法》。

第三阶段:市场化完善阶段(1987—1998年)。1988年国务院颁布的《国务院关于印发投资管理体制近期改革方案的通知》提出,对投资活动的管理必须符合发展有计划商品经济的要求,把计划与市场有机结合起来,重点对政府投资范围、资金来源和经营方式进行初步改革。1993年党的十四届三中全会通过的《中共中央关于建立社会主义市场经济体制若干问题的决定》和1997年党的十五大会议精神,对公路建设项目实行的前期可行性论证、设计、采购、施工、监理等具体实施方面进行体制改革,广泛引入竞争机制。

第四阶段:健全完善招标投标制度阶段(1999—2016年)。自1999年开始《中华人民共和国合同法》《中华人民共和国公路法》《中华人民共和国招标投标法》《中华人民共和国招标投标法实施条例》相继实施,政府管理职能转变加快,市场化改革深入推进。公路建设领域从政府行为规范化、经济主体自由化、生产要素市场化、竞争环境公平化四个方面进行了比较系统的改革。2009年11月,交通运输部同时发布《公路建设市场信用信息管理办法(试行)》和《公路施工企业信用评价规则(试行)》;同年开发了"全国公路建设市场信用信息管理系统",初步形成全国统一的信用管理体系;2015年交通运输部以第24号令颁布《公路工程建设项目招标投标管理办法》,对原有呈碎片化分布的十三个部门规章和规范性文件进行统一整合。

第五阶段:持续优化招标投标领域体制机制阶段(党的十九大至今)。党的十九大提出建设交通强国,公路建设市场总体情况如下。

(1)管理制度不断完善。2021年6月,交通运输部印发《公路水运工程监理企业资质管理规定(修订)(征求意见稿)》,2018年版公路工程标准施工监理招标文件和招标资格预审文件(交通运输部公告2018年第25号)以及2018年版公路工程标准勘察设计招标文件和招标资格预审文件(交通运输部公告2018年第26号),保障了公路建设市场的公平竞争和规范有序。

(2)营商环境不断优化。完善了监理企业资质标准,简化了资质申报材料,优化了审批流程,推行监理企业资质网上"电子化""清单式"申报和许可网上办理,进一步调整和下放行政审批事项,不断优化营商环境。

(3)信用体系建设不断推进。对302家公路设计企业、957家公路施工企业和518家公路监理企业,开展了2019年度公路建设市场全国综合信用评价,发布了评价结果公告,接受社会监督。

(4)公路建设市场监管信息化水平不断提高。全面优化升级了全国公路建设市场信用信息管理系统,推进公路建设市场与收费公路监管信息系统建设,打造公路建设市场监管全国一张网。

1.2 公路建设市场的主体与客体

建设工程市场是市场经济的产物。建设市场交易是业主给付建设费,承包商交付工程的交易过程。但是建设市场又不等同于一般的交易,它包括很复杂的内容,其交易贯穿于建筑产品生产的全过程。比如,不仅存在业主与承包人之间的交易,还有承包人与分包商、材料供应商之间的交易以及业主与设计单位、设备供应单位、咨询单位的交易等。

公路建设市场可分为狭义和广义两个概念。狭义的公路建设市场是指公路建设产品交易的场所,其内涵的本质是公路建设产品供求关系的总和。广义的公路建设市场是指从公路工程建设的咨询、勘察、设计、施工,及设备供应等各项任务从发包开始,到工程竣工、交付使用、后评价结束为止的全过程,这些活动都是在公路建设市场中进行的。公路建设市场体系见图1-1。

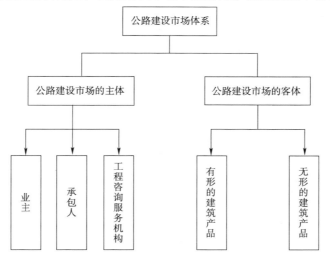

图1-1　公路建设市场体系

公路建设市场主体是指公路建设的从业单位和从业人员。

公路建设市场的客体则为有形的建筑产品(建筑物、构筑物)和无形的建筑产品(咨询、监理等智力型服务)。

1.2.1　公路建设市场的主体

(1)业主,又称项目法人(俗称"甲方"),是指既有某项工程建设需求,又具有该项工程的建设资金和各种准建手续,在建筑市场中发包工程项目建设的勘察、设计、施工任务,并最终得到建筑产品以达到其经营使用目的的政府部门、企事业单位和个人。

在我国,业主也称之为建设单位,只有在发包工程或组织工程建设时其才成为市场主体,故业主又称为发包人或招标人。因此,业主方作为市场主体具有不确定性。为了规范业主行为,结合我国的实际国情,我国建立了投资责任约束机制,即项目法人责任制,由项目业主对项目建设全过程负责。

项目业主的产生,主要有三种方式:

①业主是企业或单位。如某工程为企、事业单位投资的新建、改建工程,则该企业或事业单位即为项目业主。

②业主是联合投资董事会。由不同投资方参股或共同投资的项目,则业主是共同投资方组成的董事会或管理委员会。

③业主是各类开发公司。开发公司自行融资或由投资方协商组建或委托开发的工程管理公司也可称为业主。

业主在项目建设过程中的主要职能是:建设项目立项决策、建设项目的资金筹措与管理、办理建设项目的有关手续(如征地、施工许可证等)、建设项目的招标与合同管理、建设项目的施工与质量管理、建设项目的竣工验收和试运行、建设项目的统计及文档管理。

(2) 承包人。承包人是指拥有一定数量的建筑装备、流动资金、工程技术和经济管理人员及一定数量的工人，取得建设资质证书和营业执照的、能够按照业主的要求提供不同形态的建筑产品实体并最终得到相应工程价款的建筑施工企业。

相对于业主，承包人为建筑市场主体，是长期和持续的。因此，对承包人一般实行从业资格管理。承包人从事建设生产，一般需要以下三个方面的条件：

①拥有符合国家规定的注册资本。
②拥有与其资质等级相适应且具有注册执业资格的专业技术人员和管理人员。
③有从事相应建筑活动所应有的技术装备。

取得资质证书和营业执照的承包人可以分为建筑、水电、公路、港口、铁路、市政工程等专业。在市场经济条件下，承包人需要通过市场竞争取得施工项目，要依靠自身的实力去赢得市场。承包人的实力主要包括以下四个方面（表1-1）。

承包人实力的四个方面　　　　　　　　　　　　　　　　表1-1

技术方面	有精通本行业的建造师、造价师、经济师、会计师等专业技术人员；有专业装备；有同类项目施工业绩
经济方面	具有相应的周转资金用于工程准备，具有一定的融资能力；有相应的固定资产和施工机械；能够支付各种担保和保险，能够承担相应风险
管理方面	承包人必须重视成本控制，向管理要效益，并采用先进的施工方法提高工作效率和技术水平
信誉方面	承包人需建立良好的信誉，遵守国家法律法规；承担国外工程，按国际惯例施工，保证工程质量、安全、工期及文明施工

承包人承揽工程，必须根据本企业的施工力量、机械装备、技术力量、工程经验等方面的条件，选择能发挥自己优势的项目，避开企业不擅长或缺乏经验的项目，做到扬长避短，避免给企业带来不必要的风险和损失。

(3) 工程咨询服务机构。工程咨询服务机构是指具有一定注册资金，有一定数量的工程技术、经济、管理人员，取得建设咨询证书和营业执照，能为工程建设提供费用咨询、管理咨询、建设监理等智力型服务并获取相应费用的企业。

工程咨询服务企业，包括勘察设计单位、工程造价咨询单位、招标代理单位、工程监理单位、工程管理单位等。这类企业主要是向业主提供工程咨询和管理服务，弥补业主对工程建设过程不熟悉的缺陷，国际上一般称之为咨询公司。在我国，目前数量最多并有明确资质标准的是勘察设计单位、工程监理单位、工程造价咨询单位和招标代理单位。

工程咨询服务机构与业主之间是契约的关系，其受业主委托或聘用，与业主订有协议书，为业主提供咨询、设计、监理等智力型服务，因而对项目负有相当重要的责任，并承担一定风险。

1.2.2　公路建设市场的客体

公路建设市场的客体，一般称作建筑产品，是建筑市场的交易对象，既包括有形建筑实体，也包括无形产品（智力型服务）。

因为公路建筑产品本身及其生产过程具有不同于其他工业产品的特点，在不同的生产交易阶段，公路建设产品表现为不同的形态。它可以是咨询公司提供的咨询报告、咨询意见或其他服务，可以是勘察设计单位提供的设计方案、施工图纸、报告，可以是生产厂家提供的混凝土构件,也可以是各类建筑物和构筑物。
(1)公路建设产品的特点(表1-2)。

公路建设产品的特点　　　　　　　表1-2

产品固定性生产过程流动性	公路工程与土地相连,不可移动,要求施工人员和施工机械随公路项目不断流动,进而带来施工管理的多变性和复杂性
单件性	由于建设方对公路工程产品的用途、性能要求不同以及建设地点地理、环境的差异,决定了世界上每条公路都不同
产品整体性分部分项工程相对独立性	决定了总包和分包相结合的承包形式
不可逆转性	公路产品进入生产阶段,其产品不可能退换,也难以重新建造,否则,双方都将承受极大的损失。只有规划、设计、施工均按照规范和标准进行,才能保证生产优质的公路产品。

(2)公路建设产品的商品属性。改革开放以后,一系列以市场为导向的改革措施相继推行,建筑企业成为独立的生产单位。建设投资由国家拨款改为多种渠道筹措,市场竞争代替行政分配任务,建筑产品价格也逐渐走向以市场形成的价格机制,建筑产品商品属性的观念已为大家接受,这成为建筑市场发展的基础,并推动了建筑市场的价格机制、竞争机制和供求机制的形成,使实力强、素质高、经营好的企业在市场上更具竞争性,能够更快地发展,实现资源的优化配置,提高全社会的生产力水平。

(3)工程建设标准的法定性。公路建筑产品的质量不仅关系承发包双方的利益,也关系到国家和社会的公共利益,正是由于公路建筑产品的这种特殊性,其质量标准是以国家标准、国家规范等形式颁布实施的。从事建筑产品生产的一方必须遵守这些标准规范的规定,违反这些标准规范的将受到国家法律的制裁。

工程建设标准是指对工程勘察、设计、施工、验收、质量检验等各个环节的技术要求。它包括五个方面的内容:
①工程建设勘察、设计、施工及验收等的质量要求和方法。
②与工程建设有关的安全、卫生、环境保护的技术要求。
③工程建设的术语、符号、代号、计量与单位、建筑模数和制图方法。
④工程建设的试验、检验和评定方法。
⑤工程建设的信息技术要求。

在具体形式上,工程建设标准包括了标准、规范、规程等。它一方面通过有关的标准规范,为相应的专业技术人员提供了需要遵循的技术要求和支持;另一方面,由于标准的法律性和权威性,保证了从事工程建设有关人员按照规定去执行,为保证工程质量打下了基础。

1.3 建设市场的资质管理

工程建设活动不同于一般的经济活动,其专业性及技术性很强,从业单位及人员所具备条件的高低直接影响到工程实体质量和安全生产,一旦发生问题将给社会和人民的生命财产安全造成极大损失。因此,为保证建设工程的质量和安全,需要对从事建设活动的单位和专业技术人员实行从业资格管理,即资质管理制度。

建筑市场中的资质管理，包括对从业企业的资质管理和对专业人士的资格管理两类。

1.3.1 从业企业资质管理

2020年11月住房和城乡建设部发布《建设工程企业资质管理制度改革方案》，具体精简企业资质类别，归并等级设置，简化资质标准，优化审批方式，进一步放宽建筑市场准入限制。

（1）工程勘察设计企业资质管理。根据《建设工程企业资质管理制度改革方案》，现行勘察企业、设计企业资质等级见表1-3、表1-4。

勘察企业资质等级　　　　　　　　　　　　　　　　　表1-3

资质类别	序号	勘察资质类型	等级
综合资质	1	综合资质	不分等级
专业资质	1	岩土工程	甲、乙级
	2	工程测量	甲、乙级
	3	勘探测试	甲、乙级

设计企业资质等级　　　　　　　　　　　　　　　　　表1-4

资质类别	序号	设计资质类型	等级
综合资质	1	综合资质	不分等级
行业资质	1	建筑行业	甲、乙级
	2	市政行业	甲、乙级
	3	公路行业	甲级
	4	铁路行业	甲、乙级
	5	港口与航道行业	甲、乙级
	6	民航行业	甲、乙级
	7	水利行业	甲、乙级
	8	电力行业	甲、乙级
	9	煤炭行业	甲、乙级
	10	冶金建材行业	甲、乙级
	11	化工石化医药行业	甲、乙级
	12	电子通信广电行业	甲、乙级
	13	机械军工行业	甲、乙级
	14	轻纺农林商物粮行业	甲、乙级
专业和事务所资质	1	建筑行业建筑工程专业	甲、乙级
	2	建筑行业人防工程专业	甲、乙级
	3	市政行业（燃气工程、轨道交通工程除外）	甲、乙级
	4	市政行业给水工程专业	甲、乙级
	5	市政行业排水工程专业	甲、乙级
	6	市政行业燃气工程专业	甲、乙级
	7	市政行业热力工程专业	甲、乙级

续上表

资质类别	序号	设计资质类型	等级
专业和事务所资质	8	市政行业道路与公共交通工程专业	甲、乙级
	9	市政行业桥梁工程专业	甲、乙级
	10	市政行业隧道工程专业	甲级
	11	市政行业轨道交通工程专业	甲级
	12	公路行业公路专业	甲、乙级
	13	公路行业特大桥梁专业	甲级
	14	公路行业特长隧道专业	甲级
	15	公路行业交通工程专业	甲、乙级
	16	铁路行业桥梁专业	甲级
	17	铁路行业隧道专业	甲级
	18	铁路行业轨道专业	甲级
	19	铁路行业电气化专业	甲级
	20	铁路行业通信信号专业	甲级

(2)建筑施工企业资质管理。根据《建设工程企业资质管理制度改革方案》,现行施工企业资质等级见表1-5。

码1-1 建筑业企业资质等级

施工企业资质等级 表1-5

资质类别	序号	施工资质类型	等级
综合资质	1	综合资质	不分等级
施工总承包资质	1	建筑工程施工总承包	甲、乙级
	2	公路工程施工总承包	甲、乙级
	3	铁路工程施工总承包	甲、乙级
	4	港口与航道工程施工总承包	甲、乙级
	5	水利水电工程施工总承包	甲、乙级
	6	市政公用工程施工总承包	甲、乙级
	7	电力工程施工总承包	甲、乙级
	8	矿山工程施工总承包	甲、乙级
	9	冶金工程施工总承包	甲、乙级
	10	石油化工工程施工总承包	甲、乙级
	11	通信工程施工总承包	甲、乙级
	12	机电工程施工总承包	甲、乙级
	13	民航工程施工总承包	甲、乙级

续上表

资质类别	序号	施工资质类型	等级
专业承包资质	1	建筑装修装饰工程专业承包	甲、乙级
	2	建筑机电工程专业承包	甲、乙级
	3	公路工程类专业承包	甲、乙级
	4	港口与航道工程类专业承包	甲、乙级
	5	铁路电务电气化工程专业承包	甲、乙级
	6	水利水电工程类专业承包	甲、乙级
	7	通用专业承包	不分等级
	8	地基基础工程专业承包	甲、乙级
	9	起重设备安装工程专业承包	甲、乙级
	10	预拌混凝土专业承包	不分等级
	11	模板脚手架专业承包	不分等级
	12	防水防腐保温工程专业承包	甲、乙级
	13	桥梁工程专业承包	甲、乙级
	14	隧道工程专业承包	甲、乙级
	15	消防设施工程专业承包	甲、乙级
	16	古建筑工程专业承包	甲、乙级
	17	输变电工程专业承包	甲、乙级
	18	核工程专业承包	甲、乙级
专业作业资质	1	专业作业资质	不分等级

说明:将10类施工总承包企业特级资质调整为施工综合资质,可承担各行业、各等级施工总承包业务;保留12类施工总承包资质,将民航工程的专业承包资质整合为施工总承包资质;将36类专业承包资质整合为18类;将施工劳务企业资质改为专业作业资质,由审批制改为备案制。综合资质和专业作业资质不分等级;施工总承包资质、专业承包资质等级原则上压减为甲、乙两级(部分专业承包资质不分等级),其中,施工总承包甲级资质在本行业内承揽业务规模不受限制。

(3)其他单位资质管理。自2017年起对可由市场自主选择、行业自律进行调节的企业资质类别予以取消,目前已陆续取消园林绿化、工程咨询、招标代理、工程造价咨询资质,根据《建设工程企业资质管理制度改革方案》,现行工程监理企业资质等级见表1-6。

监理企业资质等级 表1-6

资质类别	序号	监理资质类型	等级
综合资质	1	综合资质	不分等级
专业资质	1	建筑工程专业	甲、乙级
	2	铁路工程专业	甲、乙级
	3	市政公用工程专业	甲、乙级
	4	电力工程专业	甲、乙级
	5	矿山工程专业	甲、乙级
	6	冶金工程专业	甲、乙级

续上表

资质类别	序号	监理资质类型	等级
专业资质	7	石油化工工程专业	甲、乙级
	8	通信工程专业	甲、乙级
	9	机电工程专业	甲、乙级
	10	民航工程专业	甲、乙级

说明:保留综合资质;取消专业资质中的水利水电工程、公路工程、港口与航道工程、农林工程资质,保留其余10类专业资质;取消事务所资质。综合资质不分等级,专业资质等级压减为甲、乙两级。

事务所资质承担三级建设工程项目的工程监理业务,但是,国家规定必须实行强制监理的工程除外。

1.3.2 专业技术人员管理

目前,我国对建设行业专业技术人员的评价采用职称制度和职业资格制度。专业技术职称分为员级、助理级、中级、副高级和正高级,职称名称依次为技术员、助理工程师、工程师、高级工程师和正高级工程师。根据2021年11月人力资源和社会保障部《国家职业资格目录(专业技术人员职业资格)》,专业技术人员职业资格59项,其中,准入类33项,包括注册建筑师、注册结构工程师、监理工程师、造价工程师、建造师等,水平评价类26项,包括公路水运工程试验检测专业技术人员等。

码1-2 国家职业资格目录

目前国家推行职称制度与职业资格制度有效衔接,工程技术人才取得工程领域职业资格,可对应相应层级的职称,并可作为申报高一级职称的条件;打通高技能人才与工程技术人才职业发展通道,在工程技术领域生产一线岗位,从事技术技能工作的高技能人才,具有高级工以上职业资格或职业技能等级,符合工程技术人才职称评价基本标准条件,可参加工程系列职称评审。

1.4 公共资源交易中心

1995年开始,建设部在总结一些地方成功经验的基础上,要求有一定建设规模,并具备相应条件的中心城市逐步建立建设工程交易中心,以强化对工程建设的集中统一管理,规范市场主体行为,建立公开、公平、公正的市场竞争环境,促进工程建设水平的提高和建筑业的健康发展,目前全国各省市均整合组建为公共资源交易中心。

1.4.1 中心性质

中心是由建设工程招标投标管理部门或政府建设行政主管部门授权的其他机构建立的、自收自支的非营利性事业法人,根据政府建设行政主管部门委托实施对市场主体的服务、监督和管理。

中心的基本职能是:负责公共资源交易平台建设、管理和维护;公共资源交易场所、设施服务;综合专家库和信息库建设和维护;公共资源交易信息收集、发布和存储;建设项目招投标;省级矿业权交易;国有产权交易等。

1.4.2　中心组成和管理范围

各地建设行政主管部门根据当地具体情况确定中心的组织形式、管理方式和工作范围。

(1) 以建设工程发包与承包为主体,授权招标投标管理部门负责组织对建设工程报建、招标、投标、开标、评标、定标和工程承包合同签订等交易活动进行管理、监督和服务。

(2) 以建设工程发包承包交易活动为主要内容,授权招标投标管理部门牵头组成中心管理机构,负责办理工程报建、市场主体资格审查、招标投标管理、合同审查与管理、中介服务、质量安全监督和施工许可等手续。有关业务部门保留原有的隶属关系和管理职能,在中心集中办公,提供"一条龙"服务。

(3) 以工程建设活动为中心,由政府授权建设行政主管部门牵头组成管理机构,负责办理工程建设实施过程中的各项手续。有关业务部门和管理机构保留原有的隶属关系和管理职能,在中心集中办公,提供综合性、多功能、全方位的管理和服务。

(4) 根据当地实际情况,还可以采用能够有效规范市场主体行为、符合有关规定、办理工程建设各项手续、精干高效的其他方式。

1.4.3　中心主要功能

以山东省公共资源交易中心为例,其主要职能包括:

(1) 贯彻执行公共资源交易领域法律、法规,参与拟订公共资源交易领域地方性法规和相关政策文件,为推动公共资源交易法治化建设提供支持保障;参与制定公共资源交易目录。

(2) 参与拟订省级公共资源交易业务发展规划并组织实施;承担工程建设项目、土地指标和矿业权出让转让、药械采购等进场交易工作;为开展公共资源交易活动提供场所、设施及服务保障;按规定或受委托组织实施相关公共资源交易活动;参与建立公共资源交易平台评价指标体系。

(3) 依据政府采购法律法规,组织开展政府采购项目,为政府采购社会代理机构进场交易提供必要服务保障;在监管部门指导下,积极推进全省政府采购交易一张网建设。

(4) 承担省级公共资源交易电子服务系统、交易系统、管理系统的建设、管理和运行维护等工作,制定平台交易规则、服务流程和服务标准;推动省级公共资源交易领域业务拓展和服务供给创新。

(5) 受各监管部门委托,开展公共资源交易基础数据库建设和管理工作,执行国家和省交易数据采集、传输、存储技术标准和数据规范,归集公共资源交易项目交易数据。

(6) 依法发布公共资源交易信息;承担平台交易过程中交易主体行为现场管理,受各监管部门、采购主体的委托,开展专家抽取等相关工作。

(7) 建立公共资源交易信用档案;记录全省公共资源交易平台不良行为信息,整理、保存交易过程中的相关资料,为公共资源交易行业监管提供支持。

1.4.4　中心运行程序

进入公共资源交易中心公开交易的工程项目,一般按规定程序运行,下面以甘肃省公共资源交易中心为例介绍其运行程序。

(1) 项目入场交易登记(招标人或招标代理机构出具立项批文、规划许可,属邀请招标的,应具有批准手续,施工招标应有施工图审查批准书)。

(2)招标公告发布(招标人或招标代理机构出具招标公告备案通知)。

(3)投标报名(符合资质、资格及公告条件的投标人参加)。

(4)开标(投标人按照有形建筑市场安排的时间、地点按时递交投标文件)。

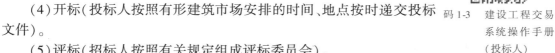

码 1-3　建设工程交易系统操作手册(投标人)

(5)评标(招标人按照有关规定组成评标委员会)。

(6)定标(提供评标报告)。

(7)中标公示(有定标结果)。

(8)缴纳交易服务费[有中标(交易成交)通知]。

(9)招标投标情况的书面备案(有招标情况的书面报告)。

(10)打印中标(交易成交)通知书(招标情况的书面报告备案通知)。

(11)合同备案[有中标(交易成交)通知书]。

(12)质量监督[有中标(交易成交)通知书]。

(13)安全监督[有中标(交易成交)通知书]。

(14)施工许可、开工报告(施工许可、开工报告)。

1.5　公路工程招投标的有关法律法规

我国从 20 世纪 80 年代开始,在建设工程领域试点招标投标制度。《中华人民共和国招标投标法》的实施,标志着我国正式以法律形式确立了招标投标制度。《中华人民共和国招标投标法实施条例》(国务院令 613 号,2019 年 3 月第 3 次修订)的实施,以配套行政法规形式进一步完善了招标投标制度。另外,国务院、交通运输部等相关部门陆续颁布了一系列招标投标方面的规定,地方人大及其常委会、人民政府及其有关部门也结合本地区的特点

码 1-4　中华人民共和国招标投标法实席条例(2019 修订)

和需要,相继制定了招标投标方面的地方性法规、规章和规范性文件。我国的招标投标法律制度逐步完善,形成了覆盖全国各领域、各层级的招标投标法律法规与政策体系。

现行公路建设法律法规制度体系的表现形式包括:法律、行政法规、部门规章、地方性法规、自治条例和单行条例、地方规章、国际条约和国际惯例、公路建设技术标准、规范和规程等。

1.5.1　主要法律

《中华人民共和国招标投标法》(以下简称《招标投标法》)于 1999 年 8 月 30 日第九届全国人民代表大会常务委员会第十一次会议通过,1999 年 8 月 30 日中华人民共和国主席令第二十一号公布,自 2000 年 1 月 1 日起施行,2017 年 12 月修订施行。为了规范招标投标活动,保护国家利益、社会公共利益和招标投标活动当事人的合法权益,提高经济效益,保证项目质量,制定本法。这是我国社会主义市场经济法律体系中一部非常重要的法律,是招投标领域的基本大法。全法由总则、招标、投标、开标、评标和中标、法律责任、附则等 6 章 68 条组成。

《中华人民共和国招标投标法实施条例》2011 年 11 月 30 日经中华人民共和国国务院第

183 次常务会议通过,自 2012 年 2 月 1 日起施行,2019 年 3 月修订施行。该条例分总则,招标、投标、开标、评标和中标,投诉与处理、法律责任、附则等 7 章 85 条。作为《招标投标法》的配套行政法规,本条例总结了《招标投标法》施行多年来的实践经验,充实和完善了有关制度,增强了法律规定的可操作性。

1.5.2　现行法律法规制度体系

（1）与公路建设相关的国家有关法律法规见表 1-7。

表 1-7

序号	名　　称	颁布和修订时间
1	中华人民共和国建筑	1997 年 11 月 1 日中华人民共和国主席令第 91 号公布;2011 年 4 月第一次修正;2019 年 4 月第二次修订施行
2	中华人民共和国合同	1999 年 3 月 15 日中华人民共和国主席令第 15 号公布
3	中华人民共和国政府采购法	2002 年 6 月 29 日中华人民共和国主席令第 68 号公布;2014 年 8 月修订施行
4	中华人民共和国行政许可法	2003 年 8 月 27 日中华人民共和国主席令第 7 号公布;2019 年 4 月修订施行
5	中华人民共和国公路法	2004 年 8 月 28 日中华人民共和国主席令第 19 号公布;2017 年 11 月修订施行
6	建设项目环境保护管理条例	1998 年 11 月 29 日国务院令〔1998〕第 253 号;2017 年 10 月修订施行
7	建设工程质量管理条例	2000 年 1 月 30 日国务院令〔2000〕第 279 号;2019 年 4 月修订施行
8	建设工程勘察设计管理条例	2000 年 9 月 25 日国务院令〔2000〕第 293 号;2017 年 10 月修订施行

（2）与公路建设相关的部门规章及规范性文件(部分)见表 1-8。

表 1-8

序号	名称	发布文号、时间
1	公路工程建设项目招标投标管理办法	交通运输部令 2015 年第 24 号
2	关于修改<经营性公路建设项目投资人招标投标管理规定>的决定	交通运输部令 2015 年第 13 号
3	关于修改<公路建设市场管理办法>的决定	交通运输部令 2015 年第 11 号
4	公路工程设计施工总承包管理办法	交通运输部令 2015 年第 10 号
5	工程建设项目施工招标投标办法	七部委 30 号令,2013 年 4 月修订
6	工程建设项目勘察设计招标投标办法	八部委 2 号令,2013 年 4 月修订
7	公路工程竣(交)工验收办法实施细则	交公路发〔2010〕65 号
8	公路工程基本建设项目设计文件编制办法	交公路发〔2007〕358 号
9	公路水运工程质量监督管理规定	交通运输部令 2017 年第 28 号
10	农村公路建设管理办法	交通运输部令 2018 年第 4 号
11	公路工程设计变更管理办法	交通部令 2005 年第 5 号

续上表

序号	名称	发布文号、时间
12	建设工程价款结算暂行办法	财政部财建〔2004〕369号,修订中
13	政府采购货物和服务招标投标管理办法	财政部令第87号,2017年10月1日实施
14	建设部关于修改《建筑工程施工许可管理办法》的决定	住建部令2014年第18号,2018年9月修订
15	公路建设项目法人资格标准(试行)	交公路发〔2001〕583号
16	公路建设四项制度实施办法	交通部令2000年第7号
17	公路建设市场准入规定	交通部令2000年第6号
18	招标公告和公示信息发布管理办法	国家发改委令第10号
19	电子招标投标办法	八部委第20号令,2015年5月1日实施

本模块小结

公路建设工程市场是市场经济的产物。公路建设工程市场由主体和客体组成。主体包括业主、承包人、工程咨询服务机构等。客体包括有形建筑实体和无形产品。我国公路建设招标投标市场取得了长足的发展,但仍然存在问题。建筑市场的资质管理包括从业企业的资质管理和从业人员的管理。公共资源交易中心是进行建设工程交易的场所。目前,我国已经形成了相对完善的公路工程招投标法律体系。

模块训练

一、单选题

1.（　　）年国务院开始推行招标投标制度,代替行政分配任务制度,建立工程承包制度开始引进市场竞争机制。
　　A. 1984　　　　　　B. 1978　　　　　　C. 1987　　　　　　D. 1990

2. 建设市场交易是业主给付（　　）,承包人交付工程的交易过程。
　　A. 任务　　　　　　B. 建设费　　　　　C. 材料　　　　　　D. 人员

3. 相对于承包人,业主作为市场主体具有（　　）。
　　A. 长期性　　　　　B. 持续性　　　　　C. 稳定性　　　　　D. 不确定性

4. 全部使用国有资金投资,依法必须进行施工招标的工程项目,应当（　　）。
　　A. 进入有形建筑市场进行招标投标活动
　　B. 进入无形建筑市场进行招标投标活动
　　C. 进入有形建筑市场进行直接发包活动
　　D. 进入无形建筑市场进行直接发包活动

5. 公路产品一旦进入生产阶段,其产品不可能退换,也难以重新建造。否则,双方都将承受极大的损失,体现出公路建设生产的(　　)。
   A. 流动性　　　　　　　　　　　　B. 单件性
   C. 不可逆转性　　　　　　　　　　D. 社会性
6. 我国最早采用招投标方式进行国际招标的工程是(　　)。
   A. 云南的鲁布革水电工程
   B. 沈大高速
   C. 沪嘉高速
   D. 西三高速
7. 2013年11月12日,中国共产党十八届三中全会提出:"经济体制改革是全面深化改革的重点,核心问题是处理好政府和市场的关系,使(　　)在资源配置中起决定性作用。"
   A. 业主　　　　B. 政府　　　　C. 市场　　　　D. 承包人
8. 按照《建造师执业资格制度暂行规定》,二级建造师可担任(　　)。
   A. 二级及以下资质的建筑企业承包范围的建设工程施工的项目经理
   B. 二级及以上资质的建筑企业承包范围的建设工程施工的项目经理
   C. 建设工程项目的项目经理
   D. 建设工程项目施工的项目经理
9. 《中华人民共和国建筑法》规定,从事建筑活动的专业技术人员,应当依法取得相应的(　　)证书,并在其许可的范围内从事建筑活动。
   A. 技术职称　　B. 执业资格　　C. 注册　　　　D. 岗位
10. 下面对施工总承包企业资质等级划分正确的是(　　)。
    A. 一级、二级、三级　　　　　　　B. 一级、二级、三级、四级
    C. 甲级、乙级　　　　　　　　　　D. 特级、一级、二级
11. 获得(　　)资质的企业,可以承接施工总承包企业分包的专业工程或者建设单位按照规定发包的专业工程。
    A. 劳务分包　　B. 技术承包　　C. 专业承包　　D. 技术分包
12. 下列关于建筑业企业资质管理制度的说法中,正确的是(　　)。
    A. 建筑业企业资质分为施工总承包和专业承包两类
    B. 建筑业企业资质取决于企业的建设业绩、人员素质、管理水平、资金数量、技术装备等
    C. 建筑业企业资质年检合格,可晋升上一个资质等级
    D. 建筑业企业允许超出所核定的承包工程范围承揽工程
13. 《中华人民共和国招标投标法》于(　　)起开始实施。
    A. 2000年7月1日　　　　　　　　B. 1999年8月30日
    C. 2000年1月1日　　　　　　　　D. 1999年10月1日
14. 建筑市场的进入,是指各类项目的(　　)进入建设工程交易市场,并展开建设工程交易活动的过程。
    A. 业主、承包人、供应商　　　　　B. 业主、承包人、咨询机构
    C. 承包人、供应商、交易机构　　　D. 承包人、供应商、咨询机构
15. 下列与工程建设有关的法律、法规、部门规章中,(　　)属于行政法规范畴。

A. 建筑法
B. 建设工程安全生产管理条例
C. 建造师执业资格制度暂行规定
D. 建筑业企业资质等级标准

二、多选题

1. 从事建筑活动的建筑施工企业应当具备的条件,下列说法正确的有(　　)。
   A. 有符合国家规定的注册资本
   B. 有与其从事的建筑活动相适应的具有法定执业资格的专业技术人员
   C. 有向发证机关申请的资格证书
   D. 有从事相关建筑活动应有的技术装备
   E. 法律、行政法规规定的其他条件

2. 我国的建筑业企业分为(　　)。
   A. 工程监理企业　　　　　　　　B. 施工总承包企业
   C. 专业承包企业　　　　　　　　D. 劳务分包企业
   E. 工程招标代理机构

3. 获得专业承包资质的企业,可以(　　)。
   A. 对所承接的工程全部自行施工
   B. 对主体工程实行施工承包
   C. 承接施工总承包企业分包的专业工程
   D. 承接建设单位按照规定发包的专业工程
   E. 将劳务作业分包给具有劳务分包资质的其他企业

4. 公路建设市场的客体中,无形的建筑产品主要包括(　　)。
   A. 建筑物　　　B. 构筑物　　　C. 咨询　　　D. 监理

5. 承包人的实力主要包括(　　)。
   A. 技术方面　　B. 经济方面　　C. 管理方面　　D. 信誉方面

6. 从事建筑活动的建筑业企业按照其拥有的(　　)等资质条件,划分为不同的资质等级,经资质审查合格,取得相应等级的资质证书后,方可在其资质等级许可的范围内从事建筑活动。
   A. 技术装备　　　　　　　　　　B. 注册资本
   C. 专业技术人员　　　　　　　　D. 已完成的建筑工程的优良率

7. 我国法的形式主要有(　　)。
   A. 宪法　　　　B. 法律　　　　C. 行政法规　　D. 部门规章

8. 建设工程交易的基本功能有(　　)。
   A. 场所服务功能　　B. 信息服务功能　　C. 集中办公功能　　D. 监督管理功能

9. 通常所说的工程咨询服务企业主要包括(　　)。
   A. 勘察设计单位　　　　　　　　B. 工程造价咨询单位
   C. 工程监理单位　　　　　　　　D. 工程管理单位
   E. 业主

10. 为了规范招标投标活动,保护(　　),提高经济效益,保证项目质量,制定《中华人民共和国招标投标法》。

A. 国家利益　　　　　　　　　　B. 社会公共利益
C. 招标投标活动当事人的合法权益　　D. 招标投标活动当事人的利益

三、简答题

1. 我国项目法人产生的方式有哪几种？
2. 公路建设产品的特点有哪些？
3. 什么是公路建设市场的主体、客体？
4. 简述公共资源交易中心的基本功能。
5. 公共资源交易中心的运行原则有哪些？

技 能 实 训

【实训目标】

以小组为单位，结合当地实际情况，考察当地公共资源交易中心或建材市场，并进行小组讨论。

【实训要求】

以小组为单位完成公共资源交易中心或建材市场调查报告，并做成PPT。

模块1 在线测试

模块 2　公路工程施工招标

知识目标

通过公路工程施工招标的具体业务,熟悉公路工程施工招标的流程,掌握施工招标文件的内容和编制方法。

能力目标

1. 能够根据项目情况,选择合适的招标方式;
2. 能够判断项目是否具备进入招标程序的条件;
3. 能够组织资格预审,编制资格预审文件;
4. 能够根据《公路工程标准施工招标文件》(2018 年版)和项目实际情况编制项目招标文件。

引例

某公路工程建设项目估算总投资 2200 万元人民币,其中施工估算价 1000 万元人民币,设备采购估算价 1000 万元人民币,勘察估算价 43 万元,设计估算价 100 万元,监理估算价 57 万元人民币。在施工招标过程中,业主委托该省交通运输厅进行招标,按照法律程序确定以公开招标方式分阶段招标。请思考以下问题:

1. 按照《必须招标的工程项目规定》规定,必须进行招标的工程项目是什么?
2. 公路工程项目的勘察、设计、设备采购、监理必须进行招标的标准是什么?
3. 该项目招标过程是否存在不妥之处?

2.1　公路工程施工招标概述

2.1.1　公路工程招标范围

2.1.1.1　招标范围

根据《中华人民共和国招标投标法》第三条规定:

在中华人民共和国境内进行下列工程建设项目包括项目的勘察、设计、施工、监理以及与工程建设有关的重要设备、材料等的采购,必须进行招标。

(1)大型基础设施、公用事业等关系社会公共利益、公众安全的项目。
(2)全部或部分使用国有资金投资或者国家融资的项目。
(3)使用国际组织或者外国政府贷款、援助资金的项目。

由此可知,公路工程项目建设中的上述环节都必须组织招标。

2.1.1.2 必须招标范围

根据《必须招标的工程项目规定》(国家发改委令2018年第16号),规定如下:

(1)全部或者部分使用国有资金投资或者国家融资的项目包括:

①使用预算资金200万元人民币以上,并且该资金占投资额10%以上的项目。

②使用国有企业事业单位资金,并且该资金占控股或者主导地位的项目。

(2)使用国际组织或者外国政府贷款、援助资金的项目包括:

①使用世界银行、亚洲开发银行等国际组织贷款、援助资金的项目。

②使用外国政府及其机构贷款、援助资金的项目。

(3)不属于上述两条规定情形的大型基础设施、公用事业等关系社会公共利益、公众安全的项目,必须招标的具体范围由国务院发展改革部门会同国务院有关部门按照确有必要、严格限定的原则制订,报国务院批准。

(4)上述三条规定范围内的项目,其勘察、设计、施工、监理以及与工程建设有关的重要设备、材料等的采购达到下列标准之一的,必须招标:

①施工单项合同估算价在400万元人民币以上。

②重要设备、材料等货物的采购,单项合同估算价在200万元人民币以上。

③勘察、设计、监理等服务的采购,单项合同估算价在100万元人民币以上。

同一项目中可以合并进行的勘察、设计、施工、监理以及与工程建设有关的重要设备、材料等的采购,合同估算价合计达到前款规定标准的,必须招标。

2.1.2 公路工程招标方式

我国《招标投标法》中规定的法定招标方式包括公开招标和邀请招标。

码2-1 必须招标的工程项目规定

2.1.2.1 公开招标

公开招标也称无限竞争性招标,是一种由招标人按照法定程序,在公共媒体发布其招标项目、拟采购的具体设备或工程内容等信息,向不特定的人提出邀请。所有符合条件的供应商或承包人都可以平等参加投标竞争,从中择优选择中标者的招标方式。

采用公开招标的,招标人不得以任何借口拒绝向符合条件的投标人出售招标文件,依法必须进行招标的项目,招标人不得以地区或部门不同等借口违法限制任何潜在投标人参加投标。

公开招标在其公开程度、竞争的广泛性等方面具有较大的优势,但公开招标也有一定的缺陷,比如,由于投标人众多,一般耗时较长,需花费的成本也较大,对于采购标的较小的招标来说,采用公开招标的方式往往得不偿失;另外,有些项目专业性较强,有资格承接的潜在投标人较少,或者需要在较短时间内完成采购任务等,也不宜采用公开招标的方式。

2.1.2.2 邀请招标

邀请招标也称有限竞争性招标或选择性招标,即由招标人以投标邀请书的方式邀请特定的法人或者其他组织参加投标竞争,从中选定中标者的招标方式。招标人采用邀请招标方式的,应当向三个以上具备承担招标项目能力、资信良好的特定法人或者其他组织发出投标邀请书。

《中华人民共和国招标投标法实施条例》(国务院令第613号,自2012年2月1日起施行,2019年3月修订)规定:国有资金占控股或者主导地位的依法必须进行招标的项目,应当公开招标,但有下列情形之一的,可以邀请招标。

(1)技术复杂、有特殊要求或者受自然环境限制,只有少量潜在投标人可供选择。
(2)采用公开招标方式的费用占项目合同金额的比例过大。

有前款第 2 项所列情形,属于本条例第七条规定的项目,由项目审批、核准部门在审批、核准项目时作出认定;其他项目由招标人申请有关行政监督部门作出认定。

邀请招标的方式在一定程度上弥补了公开招标的一些不足,而且又能相对充分发挥招标优势,特别是在投标供应商数量较少的情况下作用尤其明显。因此,邀请招标也是一种使用较普遍的政府采购方式。

2.1.3 工程招标代理

公路工程招标的组织形式,包括招标人自行招标和招标人委托招标机构代理招标两种。

当招标人具备自行招标能力,即具备与招标项目相适应的工程管理、造价管理、财务管理能力;具备组织编制招标文件的能力;具有对投标单位进行资格审查和组织评标的能力,可以自行办理招标事宜。

当招标人不具备上述条件时,应当委托具有相应资格的招标代理机构办理招标事宜。任何组织和个人不得强制其委托招标代理机构办理招标事宜,也不得为招标人指定招标代理机构。

招标代理机构是依法设立、从事招标代理业务并提供相关服务的社会中介组织。法律法规并未规定必须是法人组织。

《招标投标法》要求招标代理机构应当具备的条件:
(1)有从事招标代理业务的营业场所和相应资金。
(2)有能够编制招标文件和组织评标的相应专业力量。

招标代理机构代理事宜范围包括:
(1)拟订招标方案,编制和出售招标文件,资格预审文件。
(2)审查投标人资格。
(3)编制标底。
(4)组织投标人踏勘现场。
(5)组织开标、评标,协助招标人定标。
(6)草拟合同。
(7)招标人委托的其他事宜。

码 2-2 住房城乡建设部办公厅关于取消工程建设项目招标代理机构资格认定

必须注意的是,招标代理机构不得接受同一招标项目的投标代理和投标咨询业务。未经招标人同意,不得转让招标代理业务。

2.1.4 公路工程施工招标程序

公路工程施工招标的基本程序如图 2-1 所示。

招标程序主要包括招标准备、发布资格预审公告、资格预审、发售招标文件、组织现场踏勘和召开投标预备会,以及开标、评标、定标等阶段。

2.1.4.1 准备工作

1)公路工程施工招标应具备的条件

根据《公路工程施工招标投标管理办法》(交通部令 2015 年第 24 号)第 7 条的规定,结合公路建设项目招标承包实践的要求,公路工程项目在进行施工招标前,应具备以下条件:

(1)初步设计和概算文件已经审批。

(2) 工程已正式列入国家或地方公路建设计划。
(3) 项目法人已经确定,并符合项目法人资格标准要求。
(4) 建设资金已经落实。
(5) 征地拆迁工作已基本完成或落实,能保证连续施工。
(6) 施工图设计已完成或能满足招标(编制招标文件)的需要,并能满足工程开工后连续施工的要求。
(7) 施工招标文件已经编制并通过审查。

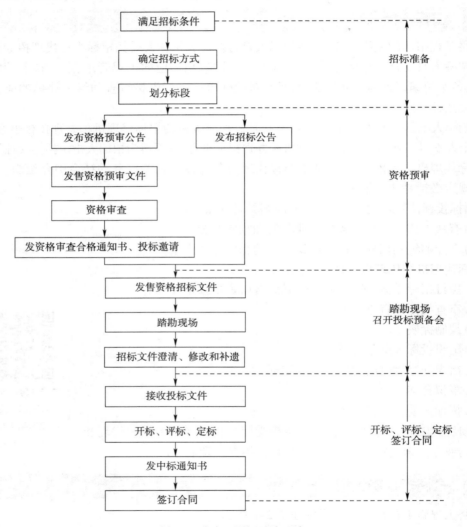

图 2-1 公路工程施工招标程序

应用案例 2-1

【案例概况】

某市拟修建一条一级公路,项目法人已经成立。该项目资金由自筹资金和银行贷款两部分组成。自筹资金已经到位,银行贷款正在协商谈判中。2020 年 3 月 18 日,设计单位完成了初步设计文件。施工图设计文件预计 2020 年 5 月 10 日完成。该市考虑到项目工期急迫,于是决定于2020年3月19日进行施工招标。该项目的施工招标,经主管部门审批后采用邀请招标方式。招标人于2020年3月20日向其合作过的三家施工单位发出了投标邀请书。

请问:本项目在上述条件下是否可以进行施工招标?为什么?

【案例评析】

该项目在上述条件下还不能进行施工招标。因为项目资金还未落实、初步设计还未通过审批。

2)确定招标方式

我国《招标投标法》规定的招标方式包括两种:公开招标和邀请招标。按照《工程建设项目施工招标投标办法》的规定,国务院发展计划部门确定的国家重点建设项目和各省、自治区、直辖市人民政府确定的地方重点项目,以及全部使用国有资金投资或者国有资金投资占控股或者主导地位的工程建设项目,应当公开招标。

符合《公路工程施工招标投标管理办法》规定的条件,不适宜公开招标的项目,依法履行审批手续后,可以进行邀请招标。

3)划分标段

公路工程施工招标,可以对整个建设项目分标段一次招标,也可以根据不同专业、不同实施阶段分别进行招标,但不得将招标工程化整为零或者以其他任何方式规避招标。公路工程施工招标标段,应当按照有利于对项目实施管理和规模化施工的原则,合理划分,高速公路标段路基工程一般不少于10km,路面工程一般不少于15km。其他等级公路标段的工作量一般应不少于5000万元。边远地区和特殊地段可视情况调整。

2.1.4.2 资格预审公告或招标公告的编制与发布

招标公告是指采用公开招标方式的招标人向所有潜在的投标人发出的一种广泛的通告。招标公告的目的是使所有潜在的投标人都具有公平的投标竞争机会。招标人采用公开招标方式的,应当发布招标公告。根据《标准施工招标文件》的规定,若在公开招标过程中采用资格预审程序,可用资格预审公告代替招标公告,资格预审公告后不再单独发布招标公告。

码2-3 招标公告和公示信息发布管理办法

招标公告和资格预审公告的发布按照《招标公告和公示信息发布管理办法》(发改委第10号令)发布。

2.1.4.3 资格审查

资格审查分为资格预审和资格后审2种。资格预审是在投标前对投标人的资格进行审查,通过审查后,方可取得投标资格;资格后审是指在开标后对投标人进行资格审查,审查通过后才能进行投标文件的评审。

资格预审和资格后审的内容和标准相同,均需对资质条件、业绩、信誉、技术、资金等多情况进行资格审查,除招标文件另有规定外,进行资格预审的,一般不再进行资格后审。

招标人采用资格预审的,发售资格预审文件不得少于5日。

资格审查合格制审查办法资格审查办法,主要有合格制审查办法和有限数量制。

①合格制审查办法。投标申请人凡符合初步审查标准和详细审查标准的,均可通过资格预审。

初步审查的要素、标准,包括:申请人名称与营业执照、资质证书、安全生产许可证一致,有法定代表人或其委托代理人签字或加盖单位章,申请文件格式填写符合要求,联合体申请人已提交联合体协议书,并明确联合体牵头人(如有)。

详细审查的要素、标准,包括:具备有效的营业执照,具备有效的安全生产许可证,资质等级、财务状况、类似项目业绩、信誉、项目经理资格、其他要求及联合体申请人等均符合有关规定。

无论初步审查还是详细审查,其中有一项因素不符合审查标准的,均不能通过资格预审。

②有限数量制审查办法。审查委员会规定的审查标准和程序,对通过初步审查和详细审查的资格预审申请文件进行量化打分,按得分由高到低的顺序确定通过资格预审的申请人。通过资格预审的申请人不得超过规定的数量。该方法除保留了合格制审查办法下的初步审查、详细审查的要素、标准外,还增加了评分环节。主要的评分标准,包括财务状况、类似项目业绩、信誉和认证体系等。评分中,通过详细审查的申请人不少于3个且没有超过规定数量的,均通过资格预审。如超过规定数量的,评审委员会会依据评分标准进行评分,按得分由高到低顺序排列。

码2-4　申请人须知　　码2-5　资格审查办法　　码2-6　资格预审申请文件格式

应用案例2-2

【案例概况】

施工企业A受到某省交通运输行业主管部门通报,禁止其在本行业内参与投标,有效期为2019年8月1日至2020年8月1日。

该省某项目一在2020年7月10日发出招标公告,报名截止日期为2020年7月16日,投标截止日期为2020年8月10日。

该省某项目二在2020年7月19日发出招标公告,报名截止日期为2020年8月4日,投标截止日期为2020年8月13日。

请问:若施工企业A参与这两个项目的投标,是否具备合法性?为什么?

【案例评析】

施工企业A参与项目一不具备合法性。因为报名截止日期前该企业仍然在禁止有效期内。施工企业A参与项目二具备合法性。因为施工企业A可以在2020年8月2日去报名,过了禁止有效期,招标人应接受施工企业A的报名。

2.1.4.4　编制和发售招标文件

按照我国《招标投标法》的规定,招标文件应当包括招标项目的技术要求,对投标人资格审查的标准、投标报价要求和评标标准等所有实质性要求和条件,以及签订合同的主要条款。建设项目施工招标文件是由招标人(或其委托的咨询机构)编制,由招标人发布的,既是投标单位编制投标文件的依据,也是招标人与将来中标人签订工程承包合同的基础,招标文件中提出的各项要求,对整个招标工作乃至承包发包双方都有约束力。

2.1.4.5　组织踏勘现场与召开投标预备会

1)踏勘现场

招标人根据招标项目的具体情况,可以组织投标人踏勘项目现场,向其介绍工程场地和相关环境的有关情况。招标人不得单独或者分别组织任何一个投标人进行现场踏勘。

(1)招标人组织投标人进行踏勘现场的目的在于了解工程场地和周围环境情况,以获取投标人认为有必要的信息。为便于投标人提出问题并得到解答,踏勘现场一般安排在投标预备会前的1~2天。

(2)投标人在踏勘现场中如有疑问,应在投标预备会前以书面形式向招标人提出,但应给招标人留有解答时间。

(3)招标人应向投标人介绍有关现场的以下情况:施工现场是否达到招标文件规定的条件;施工现场的地理位置和地形、地貌;施工现场的地质、土质、地下水位、水文等情况;施工现场的气候条件,如气温、湿度、风力、年雨雪量等;现场环境,如交通、饮水、污水排放、生活用电、通信等;工程施工现场的位置或布置;临时用地、临时设施搭建等。

(4)《公路工程标准施工招标文件》规定,招标人按照招标文件中规定的时间、地点组织投标人踏勘项目现场;投标人踏勘现场发生的费用自理;除招标人原因外,投标人自行负责在踏勘现场中所发生的人员伤亡和财产损失;招标人在踏勘现场中介绍的工程场地和相关的周边环境情况,供投标人在编制投标文件时参考,招标人不对投标人据此作出的判断和决策负责;招标人提供的本合同工程的水文、地质、气象和料场分布、取土场、弃土场位置等参考资料,并不构成合同文件的组成部分,投标人应对自己对上述资料的解释、推论和应用负责,招标人不对投标人据此作出的判断和决策承担任何责任。

应用案例 2-3

【案例概况】

山西大运高速公路施工合同采用《公路工程标准施工招标文件》合同条款。该高速公路某隧道工程在煤矿附近。施工中承包人提出,因发包人提供的参考资料有误,瓦斯提前出现。为了确保施工安全,承包人已暂停施工。对此,承包人通过监理人向发包人提出索赔,要求发包人赔偿因停工造成的损失。

试问:承包人提出的索赔是否成立?为什么?

【案例评析】

承包人提出的索赔不成立。因为《公路工程标准施工招标文件》规定,招标人提供的本合同工程的水文、地质、气象和料场分布、取土场、弃土场位置等参考资料,并不构成合同文件的组成部分,投标人应对自己对上述资料的解释、推论和应用负责,招标人不对投标人据此作出的判断和决策承担任何责任。

2)召开招标预备会

投标人在领取招标文件、图纸和有关技术资料及踏勘现场后提出的疑问,招标人可通过以下方式进行解答。

(1)收到投标人提出的疑问后,应以书面形式进行解答,并将解答同时送达所有获得招标文件的投标人。

(2)收到提出的疑问后,通过投标预备会进行解答,并以书面形式同时送达所有获得招标文件的投标人。

召开投标预备会的目的在于澄清招标文件中的疑问,解答投标人对招标文件和勘查现场中所提出的疑问。召开投标预备会应注意以下事项:

(1)招标人按招标文件中规定的时间和地点召开投标预备会,澄清投标人提出的问题。

(2)投标人应在规定的时间前,以书面形式将提出的问题送达招标人,以便招标人在会议期间澄清。

(3)投标预备会后,招标人在规定的时间内,将对投标人所提出问题的澄清,以书面方式通知所有购买招标文件的投标人。该澄清内容为招标文件的组成部分。

召开投标预备会和对招标文件的澄清、修改应符合图 2-2 所示的时间要求。

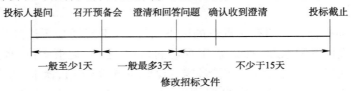

图 2-2 投标预备会、招标文件的澄清、修改时间流程图

2.1.4.6 开标、评标和定标

在建设项目施工招标中,开标、评标和定标是招标程序中极为重要的环节。只有作出客观、公正的评标、定标,才能最终选择最合适的承包人,从而顺利进入到建设项目施工的实施阶段。

1)开标

《招标投标法》规定,开标应当在招标文件确定的提交投标文件截止时间的同一时间公开进行。开标地点应当为招标文件中投标人须知前附表中预先确定的地点。开标由招标人主持,并邀请所有投标人的法定代表人或其委托代理人准时参加。

2)评标和定标

评标由招标人依法组建的评标委员会负责。评标委员会由招标人或其委托的招标代理机构熟悉相关业务的代表,以及有关技术、经济等方面的专家组成,人数为 5 人以上单数,其中技术、经济专家人数应不少于成员总数的 2/3。

3)中标

招标人确定中标人后,应当在投标有效期内以书面形式向中标人发出中标通知书,并同时将中标结果通知所有未中标的投标人。

中标通知书是合同文件的组成部分。中标通知书对招标人和中标人具有法律约束力。中标通知书发出后,招标人改变中标结果的,或者中标人放弃中标项目的,应当依法承担法律责任。

4)签订合同

招标人和中标人应当自中标通知书发出之日起 30 天内,根据招标文件、中标人的投标文件、中标通知书等订立书面合同,并应当自合同订立之日起 5 个工作日内,向中标人和未中标的投标人退还投标保证金。

中标人无正当理由拒签合同的,招标人取消其中标资格,其投标保证金不予退还;给招标人造成的损失超过投标保证金数额的,中标人还应当对超过部分予以赔偿。发出中标通知书后,招标人无正当理由拒签合同的,招标人向中标人退还投标保证金;给中标人造成损失的,还应赔偿其损失。

施工合同订立后,招标人和中标人不得再行订立背离合同实质性内容的其他协议。

公路工程施工合同文件由合同协议书、中标通知书、投标函及投标函附录、项目专用合同条款、公路工程专用合同条款、通用合同条款、技术规范、图纸、已标价工程量清单、补遗书,以及其他合同文件组成。

 应用案例 2-4

【案例概况】

某公路改建项目,合同文件采用《公路工程标准施工招标文件》合同条款。该工程合同工程量清单中坯工挡土墙基础的单价是170元/m³,而文字大写却是:每立方米壹仟柒佰元整。该承包人在投标函中对坯工挡土墙基础的报价是:每立方米壹佰柒拾元整。

试问:对该坯工挡土墙基础支付时,应该采用的单价是多少？为什么？

【案例评析】

支付时,应该采用的单价是170元/m³。

因为按照合同条款规定的合同文件优先次序,应首先执行投标函的报价。

2.2 公路工程施工招标具体工作

2.2.1 资格预审公告与招标公告的编制

招标公告是指采用公开招标方式的招标人(包括招标代理机构)向所有潜在的投标人发出的一种广泛通告。当采用公开招标方式时,招标人应当发布招标公告。若在公开招标过程中采用资格预审程序,则可用资格预审公告代替招标公告,资格预审公告后不再单独发布招标公告。

2.2.1.1 资格预审公告的编制

资格预审公告是《公路工程标准施工招标资格预审文件》(2018年版)的第一章,资格预审公告应包括以下内容:

(1)招标条件。明确拟招标项目已符合前述的招标条件。

(2)项目概况与招标范围。说明本次招标项目的建设地点、规模、计划工期、招标范围、标段划分等。

(3)申请人的资格要求。包括对于申请资质、业绩、人员、设备、资金等各方面的要求,以及是否接受联合体资格预审申请的要求。

(4)资格预审的方法。明确采用合格制或有限数量制。

(5)资格预审文件的获取,是指获取资格预审文件的时间、地点和费用。

(6)资格预审申请文件的递交。说明递交资格预审申请文件的截止时间。

(7)发布公告的媒介。

(8)联系方式。

码2-7 公路工程标准施工招标资格预审公告

编制的具体格式和内容,如图2-3所示。

```
_____(项目名称)_____标段施工招标
                    资格预审公告
1.招标条件
    本招标项目_____(项目名称)已由_____(项目审批、核准或备案机关名称)以_____(批文名称及编号)批准建设,初步设计已由_____(批准机关名称)以_____(批文名称及编号)批准,项目业主为_____,建设资金来自_____(资金来源),出资比例为_____,招标人为_____。项目已具备招标条件,现进行公开招标,特邀请有兴趣的潜在投标人(以下简称申请人)提出资格预审申请。
2.项目概况与招标范围
    _____(说明本次招标项目的建设地点、规模、计划工期、招标范围、标段划分等)。
3.投标人资格要求
    3.1 本次资格预审要求申请人具备_____资质,_____业绩,并在人员、设备、资金等各方面具有相应的施工能力。申请人应进入交通运输部"全国公路建设市场信用信息管理系统(http://glxy.mot.gov.cn)"中的公路工程施工资质企业名录,且申请人名称和资质与该名录中的相应企业名称和资质完全一致。
```

图 2-3

3.2 本次资格预审_____(接受或不接受)联合体资格预审申请。联合体申请资格预审的,应满足下列要求:_____。

3.3 每个申请人最多可对_____(具体数量)个标段提出资格预审申请;被招标项目所在地省级交通运输主管部门评为_____信用等级的申请人,最多可对_____(具体数量)个标段提出资格预审申请。每个申请人允许中_____个标。对申请人信用等级的认定条件为:_____。

3.4 与招标人存在利害关系可能影响招标公正性的单位,不得提出资格预审申请。单位负责人为同一人或存在控股、管理关系的不同单位,对同一标段提出资格预审申请的,最多只能有一家单位通过资格预审。

3.5 在"信用中国"网站(http://www.creditchina.gov.cn/)中被列入失信被执行人名单的申请人,不能通过资格预审。

4. 资格预审方法

本次资格预审采用_____(合格制/有限数量制)。

5. 资格预审文件的获取

5.1 请申请人于____年__月__日至____年__月__日,每日上午____时__分至____时__分,下午____时__分至____时__分(北京时间,下同),在_____(详细地址)持单位介绍信和经办人身份证购买资格预审文件。参加多个标段资格预审的申请人必须分别购买相应标段的资格预审文件,并对每个标段单独递交资格预审申请文件。

5.2 资格预审文件每套售价_____元,售后不退。

6. 资格预审申请文件的递交

6.1 递交资格预审申请文件截止时间(申请截止时间,下同)为____年__月__日__时__分,申请人应于当日__时__分至__时__分将资格预审申请文件递交至_____(详细地址)。

6.2 逾期送达的、未送达指定地点的或不按照资格预审文件要求密封的资格预审申请文件,招标人将予以拒收。

7. 发布公告的媒介

本次资格预审公告同时在_____(发布公告的媒介名称)上发布。

8. 联系方式

招 标 人:_____　　　招标代理机构:_____
地 　 址:_____　　　地　　　　址:_____
邮 政 编 码:_____　　　邮　　　　编:_____
联 系 人:_____　　　联　 系　 人:_____
电 　 话:_____　　　电　 　　 话:_____
传 　 真:_____　　　传　 　　 真:_____
电 子 邮 件:_____　　　电 子 邮 件:_____
网 　 址:_____　　　网　 　　 址:_____
开 户 银 行:_____　　　开 户 银 行:_____
账 　 号:_____　　　账　 　　 号:_____

_____年____月____日

图 2-3　资格预审公告

2.2.1.2　招标公告的编制

根据《公路工程标准施工招标文件》的规定,招标公告包括招标条件、项目概况与招标范围、投标人资格要求、招标文件的获取、投标文件的递交、发布公告的媒介和联系方式7个方面的内容。编制的具体格式与要求,如图2-4所示。

码 2-8　招标公告

第一章　招标公告(未进行资格预审)
_____(项目名称)_____标段施工招标公告

1. 招标条件

本招标项目_____(项目名称)已由_____(项目审批、核准或备案机关名称)以_____(批文名称及编号)批准建设,施工图设计已由_____(批准机关名称)以_____(批文名称及编号)批准,项目业主为_____,建设资金来自_____(资金来源),出资比例为_____,招标人为_____。项目已具备招

图　2-4

标条件,现对该项目的施工进行公开招标。
2. 项目概况与招标范围
　　_____(说明本次招标项目的建设地点、规模、计划工期、招标范围、标段划分等)。
3. 投标人资格要求
　　3.1 本次招标要求投标人须具备_____资质、_____业绩,并在人员、设备、资金等方面具有相应的施工能力。投标人应进入交通运输部"全国公路建设市场信用信息管理系统(http://glxy.mot.gov.cn)"中的公路工程施工资质企业名录,且投标人名称和资质与该名录中的相应企业名称和资质完全一致。
　　3.2 本次招标_____(接受或不接受)联合体投标。联合体投标的,应满足下列要求:_____。
　　3.3 每个投标人最多可对_____(具体数量)个标段投标;被招标项目所在地省级交通运输主管部门评为_____信用等级的投标人,最多可对_____(具体数量)个标段投标。每个投标人允许中_____个标。对投标人信用等级的认定条件为:_____。
　　3.4 与招标人存在利害关系可能影响招标公正性的单位,不得参加投标。单位负责人为同一人或存在控股、管理关系的不同单位,不得参加同一标段投标,否则,相关投标均无效。
　　3.5 在"信用中国"网站(http://www.creditchina.gov.cn/)中被列入失信被执行人名单的投标人,不得参加投标。
4. 招标文件的获取
　　4.1 凡有意参加投标者,请于____年__月__日至____年__月__日,每日上午__时__分至__时__分,下午__时__分至__时__分(北京时间,下同),在_____(详细地址)持单位介绍信和经办人身份证购买招标文件。参加多个标段投标的投标人必须分别购买相应标段的招标文件,并对每个标段单独递交投标文件。
　　4.2 招标文件每套售价_____元,图纸每套售价_____元,招标人根据对本合同工程勘察所取得的水文、地质、气象和料场分布、取土场、弃土场位置等资料编制的参考资料每套售价_____元,售后不退。
5. 投标文件的递交及相关事宜
　　5.1 招标人将于下列时间和地点组织进行工程现场踏勘并召开投标预备会。
　　踏勘现场时间:____年__月__日__时__分,集中地点:_____;
　　投标预备会时间:____年__月__日__时__分,地点:_____。
　　5.2 投标文件递交的截止时间(投标截止时间,下同)为____年__月__日__时__分,投标人应于当日__时__分至__时__分将投标文件递交至_____(详细地址)。
　　5.3 逾期送达的、未送达指定地点的或不按照招标文件要求密封的投标文件,招标人将予以拒收。
6. 发布公告的媒介
　　本次招标公告同时在_____(发布公告的媒介名称)上发布。
7. 联系方式
　　招　标　人:_____　　　　招标代理机构:_____
　　地　　　址:_____　　　　地　　　　址:_____
　　邮 政 编 码:_____　　　　邮 政 编 码:_____
　　联　系　人:_____　　　　联　系　人:_____
　　电　　　话:_____　　　　电　　　话:_____
　　传　　　真:_____　　　　传　　　真:_____

　　　　　　　　　　　　　　　　　　　　　　　　　　　____年____月____日

图 2-4　招标公告

需要注意的是,在《公路工程标准施工招标文件》中,对招标公告的若干细节规定如下:

(1)招标文件(未进行资格预审)的发售时间不得少于 5 个工作日。

(2)招标文件中所有复印件均指彩色扫描件或彩色复印件。

(3)每套招标文件售价只计工本费,最高不超过 1000 元(不含图纸部分);图纸每套售价最高不超过 3000 元;参考资料也应只计工本费,最高不超过 1000 元。

(4)投标预备会与发售招标文件的时间应有一定的间隔,一般不得少于 3 天,以便投标人阅读招标文件和准备提出问题。

(5)自招标文件发售之日起至投标人递交投标文件截止时间止,高速公路、一级公路、技术复杂的特大桥梁、特长隧道不得少于 28 天,其他公路工程不得少于 20 天。

应用案例 2-5

【案例概况】

第一篇 资格预审公告

富民县 2020 年度农村公路路基改造工程施工招标

资格预审公告

富民县 2020 年度农村公路路基改造工程项目由相关文件批准建设,项目法人为富民县交通局(以下简称"招标人"),建设资金来自政府投入,招标代理机构为云南正邦招标咨询有限公司。项目已具备招标条件,现进行公开招标,特邀请有兴趣的潜在投标人(以下简称"申请人")提出资格预审申请。

1. 项目概况与招标范围

1.1 项目建设地点及规模:项目建设地点为富民县境内,本次招标范围内农村公路路基改造工程里程全长约 43.4973km。

1.2 合同段划分、招标内容及计划工期

1.2.1 合同段划分及招标内容

本次招标共为一个合同段,由以下四段路段组成;招标内容为路基、排水及安全设施工程。

本次招标的四段路段情况

序号	路段名称	里程长度(km)	备注
1	富民县散旦至门前地农村公路	17.1473	
2	富民县北团线 K13.4 处至普桥农村公路	7.3556	
3	富民县麦垄至白石岩农村公路	9.9977	
4	富民县茨塘至束刻农村公路	8.9967	

1.2.2 工期

本项目施工工期为 6 个月。

2. 申请人资格要求

2.1 资质要求:申请人应具备公路工程施工总承包三级及以上资质或公路路基专业承包三级及以上资质或市政公用工程施工总承包三级及以上资质,有三年以上施工经验,业绩信誉良好,并在人员、设备、资金等方面具备相应的能力。

2.2 资格预审申请人在近三年内不曾受到省级或部级"不得参与公路建设或取消投标资格或清退出场"的处罚。

2.3 本次资格预审不接受联合体资格预审申请。

3. 公告期限

本项目资格预审公告期限为 2020 年 5 月 8 日至 2020 年 5 月 14 日。

4. 资格预审文件的获取

4.1 请申请人于 2020 年 5 月 8 日至 2020 年 5 月 14 日(节假日除外),每日上午 9:00 至 12:00,下午 14:00 至 17:00(北京时间),在指定的资格预审文件发售地点持企业资质等级证书副本原件、企业营业执照副本原件、企业安全生产许可证副本原件、企业法定代表人授权书原件及被授权代理人身份证原件购买资格预审文件。

4.2 资格预审文件每合同售价人民币壹佰元整(¥100.00 元)售后不退;评审费每合同人

民币肆佰元整(¥400.00元)。

5. 资格预审申请文件的递交

5.1 资格预审申请文件必须于2020年5月21日8:30至11:00(北京时间)由专人递交至云南省昆明市××路××号。

5.2 逾期送达或者未送达指定地点的资格预审申请文件,招标人不予受理。

6. 发布公告的媒介

本次资格预审公告同时在中国采购与招标网、富民县公众信息网、富民县电视台上同时发布。

7. 资格预审文件发售的地址及联系方式:

地　　址:云南省昆明市××路××号

邮　　编:650×××

联系人:××

电　　话:0871-501××××

传　　真:0871-501××××

招　　标　　人:富民县交通局
招标代理机构:云南××招标咨询有限公司
2020年5月8日

应用案例 2-6

【案例概况】

某公路工程项目估算总投资3500万元,建设工期16个月,工程采用公开招标方式确定施工单位,建设单位按照有关规定进行公开招标。根据该项目施工项目的具体情况,建设单位按规定要求参加投标的施工单位的施工资质最低不得低于二级资质。拟参加此投标的5家单位中A、B、D为二级资质,C单位为三级资质,E单位为一级资质。而C单位的法定代表人是建设单位某主要领导的亲戚,建设单位招标工作领导小组在资格预审时出现了分歧,正在犹豫不决时,C单位提出准备组成联合体投标,经C单位的法定代表人的私下活动,建设单位同意让C单位与A单位联合投标,并向A单位暗示,如果不接受这个投标方案,则该工程的中标将授予B单位。A为了获得该工程,同意与C单位联合投标。于是A和C联合投标获得成功。

请问:A与C组成的投标联合体是否有效?为什么?

【案例评析】

A与C组成的投标联合体无效。

因为,根据《招标投标法》及《公路工程标准施工招标文件》规定,两个以上法人可以组成一个联合体,以一个投标人的身份共同投标。联合体各方均应当具备承担招标项目的相应能力;联合体各方均应当具备规定的相应资格条件,由同一专业的单位组成的联合体,按照资质等级较低的单位确定资质等级。本题中,A与C组成的投标联合体不符合对投标单位主题资格条件的要求,所以是无效的。

2.2.2 招标文件的编制

为了规范施工招标文件编制活动,促进招标投标活动的公开、公平和公正,2007年九部委联合制定了《标准施工招标文件》及相关附件。在此基础上,交通运输部结合公路工程施工招标特点和管理需要,组织专家编写了2018年版《公路工程标准施工招标文件》。

《公路工程标准施工招标文件》(2018年版)由四卷八章组成,如图2-13所示。

图2-13 《公路工程标准施工招标文件》内容

编制招标文件必须按《公路工程标准施工招标文件》的规定要求进行,并做好相应的准备工作。

招标文件编制之前,必须明确合同形式和招标方式,现以常用的单价合同形式和公开招标方式为例,说明需要做好的几项主要工作。

(1)确定合同有关事宜:明确总工期和开工起止时间;确定招标实施计划安排,确定各项工作完成的时限;研究确定合同专用条款需要填写的条款和对合同通用条件的更换、修改、补充条款,如是否允许调价及调价方法;是否要求做选择性报价或允许提出选择性方案;是否鼓励提前工期;异常恶劣气候条件的界定和延长工期的评定条件和程序;确定拖期损失罚金费率、投标保证金和履约保证金金额、评标标准和方法等。

(2)完成施工总体安排:包括标段划分;在总工期期限内确定各标段工期和起止时间;确定施工现场管理体制和机构设置,界定各级机构的职责范围。

(3)研究施工特点和难点,提出本项目和各标段的特殊要求,包括特殊技术措施和施工安排,例如对于特殊地质条件(如软土路基施工、喀斯特地区地基处理、膨胀土处理等)和不利气候条件(如多雨季节、台风季节、高寒气候)下的施工措施等。

(4)做好文件编制的分工和协调管理:招标文件是一个整体,范本文件和自编文件,以及各个文件之间既有衔接又有交叉。为了做好衔接,并使前后一致,避免出现矛盾,在进行编制之前,必须事先认真研读,然后根据要求和项目具体情况和需要着手编制。此外,应有总负责人负责协调管理,各部分编写人员应加强联系和交流,特别是在部分文件委托外单位编制时更应注意此事。

(5)严格执行招标文件质量标准,确保招标文件的质量,是招标工作的重要条件。

①坚持编制的科学性,严格执行国家招投标的相关法律法规,特别是执行好《公路工程标准施工招标文件》的规定。

②坚持编制内容的合理性,并切合工程实际,对投标人的要求是公正、公平、可接受和可行,特别要重视对项目专用合同条款的研究和编制。

③坚持要求编制招标文件的严密性、完善完整性,避免招标文件出现差错、前后内容矛盾和出现遗漏情况。

(6)坚持文件编制准备工作的充分性,除上述各项外,要注意为编制招标文件做好各项事务性的准备工作。

下面就招标文件主要内容进行介绍和说明。

2.2.2.1 "第一章 招标公告/投标邀请书"的编制

如在公开招标过程中不进行资格预审时,招标人应当发布招标公告。如在此过程中采用资格预审程序时,则可用资格预审公告代替招标公告,待资格审查后,向每一位通过资格审查的投标人发出投标邀请书。另外,当项目采用邀请招标时,招标人也向被邀请的投标人发出投标邀请书。但二者在内容和要求上是不同的。招标公告、资格预审公告的编制内容及要求前文已经叙述,在此仅详细介绍投标邀请书的编制内容与要求,共包括两种情况。

码2-9 投标邀请书

1)投标邀请书(代资格预审通过通知书)

适用于公开招标方式下招标人向通过资格预审的投标人发出的通知书,如图2-14所示。

图2-14 投标邀请书(代资格预审通过通知书)

投标邀请书中关于招标文件、图纸和参考资料的售价、投标预备会召开时间、投标文件投递时间等方面的细节规定同招标公告中的细节规定。

2)投标邀请书(适用于邀请招标)

适用于邀请招标方式下招标人向投标人发出的投标邀请书,如图2-15所示。

投标邀请书中关于招标文件、图纸和参考资料的售价、投标预备会召开时间、投标文件投递时间等方面的细节规定同招标公告中的细节规定。

第一章　投标邀请书(适用于邀请招标)

_____(项目名称)_____标段施工投标邀请书

_____(被邀请单位名称):

1. 招标条件

本招标项目_____(项目名称)已由_____(项目审批、核准或备案机关名称)以_____(批文名称及编号)批准建设,施工图设计已由_____(批准机关名称)以_____(批文名称及编号)批准,项目业主为_____,建设资金来自_____(资金来源),项目出资比例为_____,招标人为_____。项目已具备招标条件,现邀请你单位参加_____(项目名称)_____标段施工投标。

2. 项目概况与招标范围

_____(说明本次招标项目的建设地点、规模、计划工期、招标范围、标段划分等)。

3. 投标人资格要求

3.1 本次招标要求投标人须具备_____资质、_____业绩,并在人员、设备、资金等方面具有相应的施工能力。

3.2 你单位_____(可以或不可以)组成联合体投标。联合体投标的,应满足下列要求:_____。

4. 招标文件的获取

4.1 请于____年____月____日至____年____月____日(法定公休日、法定节假日除外),每日上午____时____分至____时____分,下午____时____分至____时____分(北京时间,下同),在_____(详细地址)持本邀请书和单位介绍信、经办人身份证购买招标文件。

4.2 招标文件每套售价_____元,图纸每套售价_____元,招标人根据对本合同工程勘察所取得的水文、地质、气象和料场分布、取土场、弃土场位置等资料编制的参考资料每套售价_____元,售后不退。

5. 投标文件的递交及相关事宜

5.1 招标人将于下列时间和地点组织进行工程现场踏勘并召开投标预备会。

踏勘现场时间:_____年____月____日____时____分,集中地点:_____

投标预备会时间:____年____月____日____时____分,地点:_____

5.2 投标文件递交的截止时间(投标截止时间,下同)为____年____月____日____时____分,投标人应于当日____时____分至____时____分将投标文件递交至_____。

5.3 逾期送达的或者未送达指定地点的投标文件,招标人不予受理。

6. 确认

你单位收到本投标邀请书后,请于_____(具体时间)前以传真或快递方式予以确认,并明确是否准备参加投标。

7. 联系方式

招 标 人:_____	招标代理机构:_____
地　　址:_____	地　　址:_____
邮政编码:_____	邮政编码:_____
联 系 人:_____	联 系 人:_____
电　　话:_____	电　　话:_____
传　　真:_____	传　　真:_____
电子邮件:_____	电子邮件:_____
网　　址:_____	网　　址:_____
开户银行:_____	开户银行:_____
账　　号:_____	账　　号:_____

_____年_____月_____日

图 2-15　投标邀请书(适用于邀请招标)

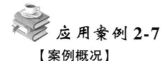

应用案例2-7

【案例概况】

投标邀请书

红河至南沙二级公路土建及路面工程施工投标邀请书

招标编号：YZ202006-1337

（投标人全称）：

1. 招标条件

红河至南沙二级公路工程建设项目已报上级部门批准，建设资金已落实，项目建设单位为云南省公路局。资金来自申请上级补助和项目业主自筹解决，现对该项目土建及路面工程进行邀请招标。招标人为红河至南沙二级公路建设指挥部。项目已具备招标条件，现邀请你单位参与红河至南沙二级公路土建及路面工程施工合同段施工投标。

2. 项目概况与招标范围

项目与招标范围表

合同段	起讫桩号	长度（km）	招标内容	资质要求	施工工期（月）
1	K0+000~K17+000	17	路基、路面（含级配碎石底基层、水泥稳定碎石基层、沥青混凝土面层、沥青混凝土桥面层、路缘石）、桥涵、环保，以及水保等工程	公路工程施工总承包二级及以上资质	18
2	K17+000~K36+000	19			18
3	K36+000~K48+000	12			18
4	K48+000~K60+240.952	12.240952			18

注：桩号与长度不闭合之处为断链。

3. 投标人资格要求

3.1 本次招标要求投标人具有公路工程施工总承包二级及以上资质，并在人员、设备、资金等方面具有承担本合同段施工的能力。

3.2 你单位不可以组成联合体投标。

4. 招标文件的获取

4.1 请你单位于2020年8月20日至2020年8月26日每天的8:30~11:30和14:00~17:00（北京时间，下同）到云南省昆明市××路××号××招标股份有限公司××室持本投标邀请书、企业资质证书副本原件、企业营业执照副本原件、安全生产许可证副本原件、单位介绍信、经办人的身份证原件及上述资料复印件一套购买招标文件。

4.2 招标文件每套收成本费人民币1000.00元，售后不退。

5. 投标文件的递交及相关事宜

5.1 招标人将于下列时间和地点组织进行工程现场踏勘并召开投标预备会。

踏勘现场时间：2020年8月27日。

集中地点：红河至南沙二级公路建设指挥部。

投标预备会时间：2020年8月27日9:30（北京时间）。

地点：红河至南沙二级公路建设指挥部。

5.2 递交投标文件的截止时间为2020年9月10日10:00（北京时间），投标人应于当10日8:00至10:00将投标文件递交至云南省昆明市××路××号。

5.3 逾期送达的或者未送达指定地点的投标文件,招标人不予接收。

6. 确认

你单位收到本投标邀请书后,请于24h(以发出时间为准)内,以传真方式予以确认,并明确是否准备参与投标。

7. 联系方式

招标人:红河至南沙二级公路建设指挥部　　招标代理人:××招标股份有限公司

地址:红河州××县××路××号　　　　　　地址:云南省昆明市××路××号

联系人:×××　　　　　　　　　　　　　联系人:×××、×××

　　　　×××　　　　　　　　　　　　　电话:

传真:

日期:2020 年 8 月 20 日

2.2.2.2 "第二章 投标人须知"的编制

码2-10　投标人须知

投标人须知是招标单位为了说明招标性质、范围,向投标单位提供的必要的信息资料以及对投标人的合格条件、编制投标书的规定、投标书的送交、开标与评标直至签订合同的有关要求。投标人须知包括投标人须知前附表、附录和正文三部分。

1) 投标人须知前附表

投标人须知前附表是用于进一步明确正文中的未尽事宜,由招标人根据招标项目具体特点和实际需要编制和填写,但必须与招标文件中其他章节的衔接,并不得与正文内容相抵触。具体内容与格式要求如表2-21所示。编制过程中应根据实际招标情形,对应条款逐项认真细致填写,做到不错不漏。

投标人须知前附表　　　　　　　　　　　　　表2-21

条款号	条款名称	编列内容
1.1.2	招标人	名　称: 地　址: 电　话: 联系人:
1.1.3	招标代理机构	名　称: 地　址: 联系人: 电　话:
1.1.4	招标项目名称	
1.1.5	标段建设地点	
1.2.1	资金来源比例	
1.2.2	资金落实比例	
1.3.1	招标范围	
1.3.2	计划工期	计划工期:_____日历天 计划开工工期:____年____月____日 计划交工工期:____年____月____日

续上表

条款号	条款名称	编列内容
1.3.3	质量要求	标段工程交工验收的质量评定：_____ 竣工验收的质量评定：_____
1.3.4	安全目标	
1.4.1	投标人资质条件、能力和信誉 （注：本项适用于未进行资格预审的情况）	资质条件：见附录1 财务条件：见附录2 业绩条件：见附录3 信誉条件：见附录4 项目经理和项目总工资格：见附录5 其他要求：[注：对于特别复杂的特大桥梁和特长隧道项目主体工程以及其他有特殊要求的工程，招标人还可增加附录6、附录7对投标人的其他管理和技术人员（例如项目副经理、专业工程师等）以及主要机械设备和试验检测设备提出要求。]_____
1.4.2	是否接受联合体投标 （注：本项适用于未进行资格预审的情况）	□不接受 □接受，应满足下列要求 (1)联合体所有成员数量不得超过_____家 (2)联合体牵头人应具有资质：_____
1.4.3	投标人不得存在的其他关联情形	
1.4.4	投标人不得存在的其他不良状况或不良信用记录	
1.10.2	投标人在投标预备会前提出问题	时间：_____ 形式：_____
1.11.1	分包	□不允许 □允许，允许分包的专项工程（或不允许分包的专项工程）：_____对分包人的资格要求：_____
2.1	构成招标文件的其他资料	
2.2.1	投标人要求澄清招标文件	时间：_____年____月____日____时____分 形式：_____
2.2.2	招标文件澄清发出的形式	
2.2.3	投标人确认收到招标文件澄清	时间：收到澄清后_____小时内（以发出时间为准） 形式：_____
2.3.2	投标人确认收到招标文件修改	时间：收到修改后_____小时内（以发出时间为准） 形式：_____
3.1.1	投标文件密封形式	□双信封 □单信封
3.2.1	增值税税金的计算方法	
3.2.2	工程量清单的填写方式	□投标人按照招标人提供的工程量固化清单电子文件填写工程量清单，下载网站：_____ □投标人按照招标人提供的书面工程量清单填写工程量清单
3.2.3	报价方式	□单价 □总价

续上表

条款号	条款名称	编列内容
3.2.6	是否接受调价函 (注:一般情况下建议招标人不接受调价函)	□是 □否
3.3.1	投标有效期	自投标人提交投标文件截止之日起计算_____天
3.4.1	投标保证金	投标保证金的金额:_____ 投标保证金的形式:_____ 投标保证金的递交截止时间为: _____年_____月_____日_____时之前 招标代理人的开户银行及账号如下: 招标代理人:_____ 开户银行:_____ 账　　号:_____
3.5.2	近年财务状况的年份要求	_____年至_____年
3.5.3	近年完成的类似项目的年份要求	_____年至_____年
3.5.5	近年发生的诉讼及仲裁情况的年份要求	_____年至_____年
3.6	是否允许递交备选投标方案	□不允许 □允许
3.7.3	签字或盖章要求	
3.7.4	投标文件副本份数	_____份,另加1份投标文件电子文件(光盘或U盘,如需要)
3.7.5	装订要求	
4.1.2	封套上写明	内层封套:_____ 投标人邮政编码:_____ 投标人地址:_____ 投标人名称:_____ 投标人联系人:_____ 投标人联系电话:_____ 招标人地址及名称:_____(寄) 外层封套:_____ 招标人地址:_____ 招标人名称:_____ _____(项目名称)_____标段施工招标投标文件 在___年___月___日___时___分前不得开启
4.1.2	封套上写明 (注:本项适用于采用双信封形式的投标文件)	投标文件第一个信封(商务及技术文件) 内层封套:_____ 投标人邮政编码:_____ 投标人地址:_____ 投标人名称:_____ 投标人联系人:_____ 投标人联系电话:_____ 招标人地址及名称:_____(寄) 投标文件第一个信封(商务及技术文件)

续上表

条款号	条款名称	编列内容
4.1.2	封套上写明 （注:本项适用于采用双信封形式的投标文件）	外层封套：_____ 招标人地址：_____ 招标人名称：_____ _____(项目名称)_____标段施工招标投标文件 投标文件第一个信封(商务及技术文件)投标文件 在___年___月___日___时___分前不得开启 投标文件第二个信封(投标报价和工程量清单) 内层封套：_____ 投标人邮政编码：_____ 投标人地址：_____ 投标人名称：_____ 投标人联系人：_____ 投标人联系电话：_____ 招标人地址及名称：_____(寄) 投标文件第二个信封(投标报价和工程量清单) 外层封套：_____ 招标人地址：_____ 招标人名称：_____ _____(项目名称)_____标段施工招标投标文件 投标文件第二个信封(投标报价和工程量清单)投标文件 在___年___月___日___时___分前不得开启
4.2.2	递交投标文件地点	
4.2.3	是否退还投标文件	□是 □否
4.2.6	招标人通知延后投标截止时间的时间	原定投标截止时间_____天前
5.1	开标时间和地点	开标时间:同投标截止时间 开标地点：_____
5.1	开标时间和地点 （注:本项适用于采用双信封形式的投标文件）	投标文件第一个信封(商务及技术文件) 开标时间:同投标截止时间 投标文件第一个信封(商务及技术文件) 开标地点：_____ 投标文件第二个信封(投标报价和工程量清单) 开标时间:同投标截止时间 投标文件第二个信封(投标报价和工程量清单) 开标地点：_____
5.2.1	开标程序	密封情况检查:（注:由监标人或投标人代表检查）;开标顺序：___
6.1.1	评标委员会的组建 （注:由招标人代表和有关方面的专家组成,人数为5人以上单数,其中技术、经济专家人数应不少于成员总数的2/3）	评标委员会构成：___人,其中招标人代表___人,专家___人 评标专家确定方式:从_____专家库中随机抽取

续上表

条款号	条款名称	编列内容
7.1	是否授权评标委员会确定中标人	□是 □否,推荐的中标候选人的人数为____名
7.3.1	履约担保	履约担保金额:____%签约合同价(注:一般为10%) 被招标项目所在地省级交通运输主管部门评为最高信用等级的中标人,履约担保金额为____%签约合同价(适用于采用合理低价法或综合评估法确定的中标人)(注:被招标项目所在地省级交通运输主管部门评为最高信用等级的中标人,招标人可在履约担保方面给予一定的奖励,例如给予中标人1%~5%签约合同价履约担保金的优惠,具体优惠幅度由招标人自行确定) □银行保函 □银行保函+现金(电汇或银行汇票形式)(注:履约担保的现金比例一般不超过签约合同价的5%) 采用银行保函时,出具履约担保的银行级别:_____
9.5	监督部门	监督部门:_____ 地　　址:_____ 电　　话:_____ 传　　真:_____ 邮　　编:_____
需要补充的其他内容		

应用案例 2-8

【案例概况】

投标人须知前附表

条款号	条款名称	编列内容
1.1.2	招标人	招标人名称:红河至南沙二级公路建设指挥部 地　　址:红河州元阳县××路××号 邮　　编:6624×× 电　　话:1388735×××、1362873××× 联 系 人:×××、×××
1.1.3	招标代理人	名称:××招标股份有限公司 地址:云南省昆明市××路××号 联系人:×××、××× 电话:0871-531×××、535××× 传真:0871-531×××、532×××

续上表

条款号	条款名称	编列内容
1.1.4	项目名称	红河至南沙二级公路土建及路面工程施工招标
1.1.5	建设地点	红河至南沙
1.2.1	资金来源	申请上级补助和项目业主自筹解决
1.2.2	出资比例	
1.2.3	资金落实情况	已落实
1.3.1	招标范围	路基、路面(含级配碎石底基层、水泥稳定碎石基层、沥青混凝土面层、沥青混凝土桥面层、路缘石)、桥涵、环保以及水保等工程
1.3.2	计划工期	计划工期：__18__ 个月 计划开工工期：2020 年11 月01 日 计划交工工期：2022 年04 月30 日
1.3.3	质量要求	工程交工验收的质量评定：__合格__ 竣工验收的质量评定：__合格__
1.4.1	投标人资质条件、能力和信誉	资质条件：见附录1 财务条件：见附录2 业绩条件：见附录3 信誉条件：见附录4 项目经理和项目总工资格：见附录5
1.4.2	是否接受联合体投标	不接受
1.9.1	踏勘现场	组织踏勘时间：2020 年8 月27 日 踏勘集中地点：红河州元阳县南沙镇××路××号
1.10.1	投标预备会	召开，召开时间：2020 年8 月27 日9:00 召开地点：红河州元阳县南沙镇××路××号
1.10.2	投标人提出问题的截止时间	递交投标文件截止之日15 天前
1.10.3	招标人书面澄清的时间	递交投标文件截止之日15 天前
1.11	分包	允许
1.12	偏离	允许
2.1	构成招标文件的其他材料	无
2.2.1	投标人要求澄清招标文件的截止时间	递交投标文件截止之日15 天前
2.2.2	投标截止时间	2020 年9 月10 日10 时00 分
2.2.3	投标人确认收到招标文件澄清的时间	收到澄清后24 小时内(以发出时间为准)
2.3.2	投标人确认收到招标文件修改的时间	收到修改后24 小时内(以发出时间为准)
3.1.1	构成投标文件的其他材料	无
3.2.1	工程量清单的填写方式	投标人按照招标人提供的工程量固化清单电子文件填写工程量清单
3.2.5	是否接受调价函	否
3.3.1	投标有效期	自投标人提交投标文件截止之日起计算90 天

续上表

条款号	条款名称	编列内容
3.4.1	投标保证金	投标保证金的金额:人民币叁拾万元 投标保证金的形式:现金银行汇票或电子汇款 投标保证金的递交截止时间为2020年9月7日17:00之前 招标代理人的开户银行及账号如下: 招标代理人:××招标股份有限公司 开户银行:中国建设银行××支行 账号:××××
3.5.2	近年财务状况的年份要求	2017年至2019年
3.5.3	近年完成的类似项目的年份要求	2015年至2019年
3.5.5	近年发生的诉讼及仲裁情况的年份要求	2017年至2019年
3.6	是否允许递交备选投标方案	不允许
3.7.3	签字或盖章要求	同须知
3.7.4	投标文件副本份数	贰 份
3.7.5	装订要求	同须知
4.1.2	封套上写明	内层封套: 投标人邮政编码:＿＿＿＿ 投标人地址:＿＿＿＿ 投标人名称:＿＿＿＿ 投标人联系人:＿＿＿＿ 投标人联系电话:＿＿＿＿ 招标人地址及名称:＿＿＿＿(寄) 外层封套: 招标人地址:红河州元阳县××路××号 招标人名称:红河至南沙二级公路建设指挥部 红河至南沙二级公路土建及路面工程施工＿＿＿合同段招标投标文件 在2020年9月10日10时00分前不得开启
4.2.2	递交投标文件地点	昆明市环城南路××号
4.2.3	是否退还投标文件	否
4.2.6	招标人通知延后投标截止时间的时间	原定投标截止时间5天前
5.1	开标时间和地点	开标时间:同投标截止时间上午10:00(在投标截止时间的同一时刻同时开标) 开标地点:昆明市环城南路××号
5.2.1	开标程序	密封情况检查:监标人;开标顺序: 随机
6.1.1	评标委员会的组建	评标委员会构成:5人,其中招标人代表1人,专家4人 评标专家确定方式:从云南省公路局专家库中随机抽取
7.1	是否授权评标委员会确定中标人	否,推荐的中标候选人的人数为1~3名

续上表

条款号	条款名称	编列内容
7.3.1	履约担保	履约担保金额:10%签约合同价 履约担保形式:银行保函 采用银行保函时,出具履约担保的银行级别:县级支行及其以上国有商业银行或股份制商业银行
9.5	监督部门	监督部门:云南省公路局监察审计处 地　　址:昆明市环城南路××号 电　　话:0871-351××× 邮　　编:650031
增加	公布的拦标价	1 合同段:112076197 元 2 合同段:130833546 元 3 合同段:96462833 元 4 合同段:68649540 元

2）附录

同资格预审文件中附录 1～附录 7,此处不再重复。

3）正文

正文的主要内容有：

（1）总则。说明项目概况、资金来源和落实情况、招标范围、计划工期和质量要求、投标人资格要求、费用承担、保密、语言文字、计量单位、踏勘现场、投标预备会、分包、偏离。

（2）招标文件。说明招标文件的组成、澄清和修改。

（3）投标文件。说明投标文件的组成、报价、投标有效期、保证金、资格审查资料、备选方案投标和投标文件的编制。

（4）投标。说明投标文件的密封和标识、投标文件的递交,以及投标文件的修改与撤回。

（5）开标。说明开标时间和地点、开标程序。

（6）评标。说明评标委员会、评标原则、评标。

（7）合同授予。说明定标方式、中标通知、履约担保、签订合同。

（8）重新招标和不再招标。说明重新招标和不再招标的情形。

（9）纪律和监督。说明对招标人、投标人、评标委员会成员、与评标活动有关的工作人员的纪律要求;投诉。

（10）需要补充的其他内容。说明需要补充的其他内容。

以下就各条款中的重点内容进行详细叙述。

（1）关于踏勘现场的规定。

投标人踏勘现场发生的费用自理。

除招标人的原因外,投标人自行负责在踏勘现场中所发生的人员伤亡和财产损失。

招标人在踏勘现场中介绍的工程场地和相关的周边环境情况,供投标人在编制投标文件时参考,招标人不对投标人据此作出的判断和决策负责。

招标人提供的本合同工程的水文、地质、气象和料场分布、取土场、弃土场位置等参考资料,并不构成合同文件的组成部分,投标人应对自己就上述资料的解释、推论和应用负责,招标人不对投标人据此作出的判断和决策承担任何责任。

应用案例 2-9

【案例概况】

某公路工程采用《公路工程标准施工招标文件》合同条款。在施工过程中,承包人无法在工程现场附近找到满足技术规范要求的施工料源和水源,施工中所需砂石料和水源严重缺乏。因此,承包人只能到极远的地方去运这些大宗材料,而且运距越来越远,加之路况极差,造成运输负担沉重,工期严重滞后,成本费用直线上升。承包人以在投标时发包人没有在招标文件中将这些情况预先告知承包人为由,提出索赔要求。而发包人认为根据合同条款的规定,承包人已经认真进行了现场考察,对于施工所用大宗材料的料源和水源应有充分考虑,拒绝任何索赔要求。作为监理工程师,你对此有何看法?承包人应吸取什么经验教训?

【案例评析】

(1)监理工程师不能同意承包人的索赔要求。第一,因为依据《公路工程标准施工招标文件》合同条款的规定,因认为承包人通过发包人所提供资料及现场考察,已取得可能对投标有影响或起作用的风险、意外等必要资料,并且在报价中考虑了这些因素。第二,承包人的报价已包括了合同中规定的承包人的全部义务以及为实施和完成本合同工程及其缺陷修复所必需的一切工作和条件。第三,案例中所述的情况是一个有经验的承包人能合理预计到的,承包人应承担由此产生的风险责任。

(2)承包人在投标过程中,要对发包人所提供的资料进行研究,认真做好现场考察环节的工作,充分了解施工中所可能存在的风险,并在报价中体现出来,在管理中采取相应措施,从而避免或减少损失发生。

(2)关于分包的规定。严禁转包和违规分包,而且不得再次分包。投标人拟在中标后将中标项目的部分非主体、非关键性工作进行分包的,应符合以下规定。

①分包内容要求:允许分包的工程范围仅限于非关键性工程或者适合专业化队伍施工的专业工程。

②分包金额要求:专业工程分包的工程量累计不得超过总工程量的30%。

③接受分包的第三人资质要求:分包人的资格能力应与其分包工程的标准和规模相适应,具备相应的专业承包资质或劳务分包资质。

④其他要求:投标人如有分包计划,应按"投标文件格式"的要求填写"拟分包项目情况表",而且投标人中标后的分包应满足合同条款第4.3款的相关要求。

(3)关于偏离的规定。投标人须知前附表允许投标文件偏离招标文件某些要求的,偏离应当符合招标文件规定的偏离范围和幅度。

偏离即偏差,偏差分重大偏差和细微偏差。

投标文件不符合评标办法所列的初步评审标准以及按照评标办法中的规定对投标价进行算术性错误修正及其他错误修正后,最终投标报价超过投标控制价上限(如有)的,属于重大偏差,视为对招标文件未作出实质性响应,按废标处理。

投标文件中的下列偏差为细微偏差:

①在按照第三章"评标办法"的规定对投标价进行算术性错误修正及其他错误修正后,最终投标报价未超过最高投标限价(如有)的情况下,出现第三章"评标办法"规定的算术性错误和投标报价的其他错误。

②施工组织设计(含关键工程技术方案)和项目管理机构不够完善。

③投标文件页码不连续、采用活页夹装订、个别文字有遗漏错误等不影响投标文件实质性内容的偏差。

评标委员会对投标文件中的细微偏差按如下规定处理：

①对于上述①所述的细微偏差，按照评标办法的规定予以修正并要求投标人进行澄清。

②对于上述②所述的细微偏差，如果采用合理低价法或经评审的最低投标价法评标，应要求投标人对细微偏差进行澄清，只有投标人的澄清文件被评标委员会接受，投标人才能参加评标价的最终评比。如果采用综合评估法评标，评标委员会可在相关评分因素的评分中酌情扣分，但最多扣分不得超过各评分因素权重分值的40%。

(4)招标文件的组成。

①招标公告(或投标邀请书)。

②投标人须知。

③评标办法。

④合同条款及格式。

⑤工程量清单。

⑥图纸。

⑦技术规范。

⑧投标文件格式。

⑨投标人须知前附表规定的其他材料。

对招标文件所做的澄清、修改，构成招标文件的组成部分。

当招标文件、招标文件的澄清或修改等在同一内容的表述上不一致时，以最后发出的书面文件为准。

(5)招标文件的澄清。投标人应仔细阅读和检查招标文件的全部内容。如发现缺页或附件不全，应及时向招标人提出，以便补齐。如有疑问，应在投标人须知前附表规定的时间前以书面形式(包括信函、电报、传真等可以有形地表现所载内容的形式，下同)，要求招标人对招标文件予以澄清。

招标文件的澄清将在投标人须知前附表规定的投标截止时间15天前，以书面形式发给所有购买招标文件的投标人，但不指明澄清问题的来源。如果澄清发出的时间距投标截止时间不足15天，相应延长投标截止时间。招标人有责任保证所有购买招标文件的投标人收到招标文件的澄清。

投标人在收到澄清后，应在投标人须知前附表规定的时间内以书面形式通知招标人，确认已收到该澄清。

(6)招标文件的修改。在投标截止时间15天前，招标人可以书面形式修改招标文件，并通知所有已购买招标文件的投标人。如果修改招标文件的时间距投标截止时间不足15天，相应延长投标截止时间。招标人有责任保证所有购买招标文件的投标人收到招标文件的修改。

投标人收到修改内容后，应在投标人须知前附表规定的时间内，以书面形式通知招标人，确认已收到该修改。

(7)投标文件的组成。

①投标函及投标函附录。

②法定代表人身份证明或附有法定代表人身份证明的授权委托书。

③联合体协议书(如有)。
④投标保证金。
⑤已标价工程量清单。
⑥施工组织设计。
⑦项目管理机构。
⑧拟分包项目情况表。
⑨资格审查资料。
⑩承诺函。
⑪调价函及调价后的工程量清单(如有)。
⑫投标人须知前附表规定的其他材料。
若采用双信封形式,投标文件应包括下列内容。
第一个信封(商务及技术文件):
①投标函❶及投标函附录。
②法定代表人身份证明或附有法定代表人身份证明的授权委托书。
③联合体协议书。
④投标保证金。
⑤施工组织设计❷。
⑥项目管理机构。
⑦拟分包项目情况表。
⑧资格审查资料。
⑨承诺函。
⑩投标人须知前附表规定的其他材料。
第二个信封(投标报价和工程量清单):
①投标函。
②已标价工程量清单。
③调价函及调价后的工程量清单(如有)。
④合同用款估算表。

(8)"工程量清单"填写要求。投标人应按《公路工程标准施工招标文件》第五章"工程量清单"的要求填写相应表格。

工程量清单的填写分下列两种方式。投标人应按投标人须知前附表规定的方式填写工程量清单。

①采用工程量固化清单❸。招标人在出售招标文件的同时向投标人提供工程量固化清单

---

❶若采用双信封形式,招标人应修改第八章"投标文件格式"中相关内容,并要求投标人在投标文件第一个信封(商务及技术文件)中提交不包含投标报价的投标函,在投标文件第二个信封(投标报价和工程量清单)中提交填写投标报价的投标函。

❷若采用双信封形式,招标人可将第八章"投标文件格式"第六项施工组织设计附表九"合同用款估算表"放入第二个信封(投标报价和工程量清单)。

❸为减少评标阶段对投标报价进行修正的工作量,建议招标人在出售招标文件时,同时提供"工程量固化清单",清单的数据、格式以及运算定义应保证投标人无法修改。投标人只需填写各子目单价或总额价,即可自动生成投标报价。

电子文件(光盘或 U 盘)。投标人填写工程量清单中的单价及总额价,即可完成投标工程量清单的编制,确定投标报价,并打印出投标工程量清单,编入投标文件。

投标人未在工程量清单中填入单价或总额价的工程子目,将被认为其已包含在工程量清单其他子目的单价和总额价中,招标人将不予支付。

投标人必须严格遵循工程量固化清单电子文件中的数据、格式以及运算定义,并将已填写完毕的投标工程量清单电子文件单独拷入招标人提供的光盘(或 U 盘)中,密封在投标文件正本内一并交回。严禁投标人修改工程量固化清单电子文件中的数据、格式以及运算定义。

投标人根据招标人提供的工程量固化清单电子文件填报完成并打印的投标工程量清单中的投标报价和投标函大写金额报价应一致,如果报价金额出现差异时,其投标将被否决。

②采用招标人提供书面工程量清单。由投标人按照招标人提供的工程量清单填写本合同各工程子目的单价、合价和总额价。

评标委员会将按照第三章"评标办法"中的规定对投标价进行算术性错误修正及其他错误修正。

(9)关于投标报价的说明。

①工程量清单中的每一个子目须填入单价或价格,而且只允许有一个报价。

②除非合同另有规定,工程量清单中有标价的单价和总额价均已包括了为实施和完成合同工程所需的劳务、材料、机械、质检、安装、缺陷修复、管理、保险、税费、利润等费用,以及合同明示或暗示的所有责任、义务和一切风险。

③承包人用于本合同工程的各类装备的提供、运输、维护、拆卸、拼装等支付的费用,已包括在工程量清单的单价和总额价中。

④工程量清单中没有填入单价或价格的子目,其费用视为已分摊在工程量清单中其他相关子目的单价或价格中。承包人必须按监理人的指令完成工程量清单中未填入单价或价格的子目,但不能得到结算与支付。

⑤若投标人在投标截止时间前修改投标函中的投标总报价,则应同时修改工程量清单中的相应报价。此修改须符合招标文件的相关要求。

⑥投标人如果发现工程量清单中的数量与图纸中数量不一致时,应立即通知招标人核查,除非招标人以书面方式予以更正,否则应以工程量清单中列出的数量为准。

⑦投标人应根据《公路水运工程安全生产监督管理办法》,在投标总价中计入安全生产费用,安全生产费用应符合合同条款第 9.2.5 项的规定。工程量清单 100 章内列有上述安全生产费的支付子目,由投标人按招标文件的规定填写总额价。

(10)关于投标调价函的规定。

除投标人须知前附表另有规定外,招标人不接受调价函。若招标人接受调价函,则应在招标文件中给出调价函的格式。投标人若有调价函则应遵循如下规定:

①调价函必须采用招标文件规定的格式;调价函应说明调价后的最终报价,并以最终报价为准,而且投标人只能有一次调价的机会。

②工程量清单中招标人指定的报价不允许调价。

③调价函必须附有调价后的工程量清单;调价函必须粘贴或机械装订在投标文件正本首页,与投标文件一起密封提交。

投标人未提交调价后的工程量清单,或调价函未装在投标文件正本首页,调价函均视为无效,仍以原报价作为最终报价。若投标人提交的调价函多于一个,或对不允许调价的内容进行了调价,或调价函有附加条件,投标文件作为废标处理。

④若招标人接受调价函,投标人调价后的工程量清单和有效调价函的大写金额报价应保持一致,如果报价金额出现差异时,则以有效调价函的大写金额报价为准。

(11)投标有效期。

在投标人须知前附表规定的投标有效期内,投标人不得要求撤销或修改其投标文件。

出现特殊情况需要延长投标有效期的,招标人以书面形式通知所有投标人延长投标有效期。

投标人同意延长的,应相应延长其投标保证金的有效期,但不得要求或被允许修改或撤销其投标文件。

投标人拒绝延长的,其投标失效,但投标人有权收回其投标保证金及其现金或支票形式递交的投标保证金的银行同期活期存款利息。

(12)投标担保(投标保证金)。投标人在递交投标文件的同时,应按投标人须知前附表规定的金额❶、担保形式和投标保证金格式递交投标保证金,并作为其投标文件的组成部分。联合体投标的,其投标保证金由牵头人递交,并应符合投标人须知前附表的规定。

①投标保证金的形式。投标保证金必须选择下列任意一种形式:电汇、银行保函或招标人规定的其他形式。

A. 若采用电汇,投标人应在投标人须知前附表规定的投标保证金递交截止时间之前,将投标保证金由投标人的基本账户一次性汇入招标人指定账户,否则视为投标保证金无效。招标人的开户银行及账号见投标人须知前附表。

B. 若采用银行保函,则应由投标人开立基本账户的银行开具。银行保函应采用招标文件提供的格式,而且应在投标有效期满后30天内保持有效,招标人如果延长了投标有效期,则投标保证金的有效期也相应延长。银行保函原件应装订在投标文件的正本之中。

②说明。

A. 投标人不按招标文件要求提交投标保证金的,其投标文件作废标处理。

B. 招标人最迟将在中标通知书发出后5日内向中标候选人以外的其他投标人退还投标保证金,与中标人签订合同后5日内向中标人和其他中标候选人退还投标保证金。投标保证金以现金或支票形式递交的,招标人应同时退还投标保证金的银行同期活期存款利息,且退还至投标人的基本账户。

③有下列情形之一的,投标保证金将不予退还:

A. 投标人在投标有效期内撤销投标文件。

B. 中标人在收到中标通知书后,无正当理由不与招标人订立合同,在签订合同时向招标人提出附加条件,或不按照招标文件要求提交履约保证金。

C. 发生投标人须知前附表规定的其他可以不予退还投标保证金的情形。

(13)资格审查资料(适用于已进行资格预审的)。

①资格审查资料的更新。投标人在编制投标文件时,应按新情况更新或补充其在申请资格预审时提供的资料,以证实其各项资格条件仍能继续满足资格预审文件的要求,具备承担本标段施工的资质条件、能力和信誉。投标人至少应更新以下资料(如有):

A. 财务状况方面的变化,新近取得银行信贷额度(如有必要)的证明和/或获得其他资金

---

❶投标保证金一般为投标总价的1%~2%,招标人应据此测算出具体金额。投标保证金的金额应符合国家有关规定。

来源的证据,以及现已接受(中标或签约)的新合同工程对财务状况的影响。

B. 资格预审之后新承包的工程名称、规模、进展程度和工程质量。

C. 资格预审后新交工的工程及评定的质量等级。

D. 最近的仲裁或诉讼介入情况。

E. 投标人名称的变化及有关批件。

②如果投标人在投标阶段发生合并、分立、破产等重大变化,或发生重大安全或质量事故,或由于其他任何情况,导致投标人不再具备资格预审文件规定的各项资格条件或其投标影响招标公正性时,投标人必须在其投标文件中对上述情况进行如实说明,否则,招标人一经查实,将视为投标人弄虚作假,其投标将被否决。

③招标人有权核查投标人在资格预审申请文件和投标文件中提供的资料,若在评标期间发现投标人提供了虚假资料,其投标将被否决:

A. 若在签订合同前发现作为中标候选人的投标人提供了虚假资料,招标人有权取消其中标资格。

B. 若在合同实施期间发现投标人提供了虚假资料,招标人有权从工程支付款或履约保证金中扣除不超过10%签约合同价的金额作为违约金。同时招标人将投标人上述弄虚作假行为上报省级交通运输主管部门,作为不良记录纳入公路建设市场信用信息管理系统。

(14)关于备选投标方案的规定。除投标人须知前附表另有规定外,投标人不得递交备选投标方案。

允许投标人递交备选投标方案的,只有中标人所递交的备选投标方案方可予以考虑。评标委员会认为中标人的备选投标方案优于其按照招标文件要求编制的投标方案的,招标人可以接受该备选投标方案。

投标人提供两个或两个以上投标报价,或在投标文件中提供一个报价,但同时提供两个或两个以上施工组织设计的,视为提供备选方案。

(15)关于投标文件的相关规定。

①投标文件的编制。投标文件应用不褪色的材料书写或打印,投标文件格式中明确要求投标人法定代表人或其委托代理人签字之处,必须由相关人员亲笔签名,不得使用印章、签名章或其他电子制版签名代替;明确要求投标人加盖单位章之处,必须加盖单位章。其中,投标函、调价函及对投标文件的澄清和说明应加盖投标人单位章,或由投标人的法定代表人或其委托代理人签字。

如果投标文件由委托代理人签署,则投标人须提交授权委托书,授权委托书应按第九章"投标文件格式"的要求出具,并由法定代表人和委托代理人亲笔签名,不得使用印章、签名章或其他电子制版签名代替。

如果由投标人的法定代表人亲自签署投标文件,则投标人须提交法定代表人身份证明,身份证明应符合第九章"投标文件格式"的要求。

以联合体形式参与投标的,投标文件由联合体牵头人的法定代表人或其委托代理人按上述规定签署并加盖联合体牵头人单位章。法定代表人授权委托书(如有)须由联合体牵头人按上述规定出具。

投标文件应尽量避免涂改、行间插字或删除。如果出现上述情况,改动之处应加盖单位章或由投标人的法定代表人或其授权的代理人签字确认。

签字或盖章的其他要求见投标人须知前附表。

投标文件正本一份，副本份数见投标人须知前附表。正本和副本的封面上应清楚地标记"正本"或"副本"的字样。当副本和正本不一致时，以正本为准。

投标文件的正本与副本应分别装订成册（A4纸幅），并编制目录且逐页标注连续页码。投标文件不得采用活页夹装订，否则招标人对由于投标文件装订松散而造成的丢失或其他后果不承担任何责任。装订的其他要求见投标人须知前附表。

②投标文件的密封和标记。

若采用双信封形式：

投标文件第一个信封（商务及技术文件）以及第二个信封（报价文件）应单独密封包装。商务及技术文件的正本与副本应统一密封在一个封套中。报价文件的正本与副本、投标文件电子版文件（如需要）以及填写完毕的工程量固化清单电子文件（如采用工程量固化清单形式）应统一密封在另一个封套中。封套应加贴封条，并在封套的封口处加盖投标人单位章或由投标人的法定代表人或其委托代理人签字。

采用银行保函形式提交投标保证金的，银行保函原件应密封在单独的封套中。

未按上述要求密封和加写标记的投标文件，招标人不予受理。

③投标文件的递交。

投标人应在招标文件规定的投标截止时间前递交投标文件。

投标人递交投标文件的地点见投标人须知前附表。

除投标人须知前附表另有规定外，投标人所递交的投标文件不予退还。

招标人收到投标文件后，向投标人出具签收凭证。

逾期送达的或者未送达指定地点的投标文件，招标人不予受理。

在特殊情况下，招标人如果决定延后投标截止时间，应在投标人须知前附表规定的时间前，以书面形式通知所有投标人延后投标截止时间。在此情况下，招标人和投标人的权利和义务相应延后至新的投标截止时间。

④投标文件的修改与撤回。在投标截止时间前，投标人可以修改或撤回已递交的投标文件，但应以书面形式通知招标人。

投标人修改或撤回已递交投标文件的书面通知，应按照"投标人须知"的要求签字或盖章。招标人收到书面通知后，向投标人出具签收凭证。

修改的内容为投标文件的组成部分。修改的投标文件应按规定进行编制、密封、标记和递交，并标明"修改"字样。

 应用案例 2-10

【案例概况】

某高速公路施工合同采用《公路工程标准施工招标文件》合同条款，采用综合单价，发包人委托监理单位进行施工监理，在施工中发生如下争议事件：

某桥面施工时，按技术规范的要求，在该桥桥面找平层混凝土施工完成后，应在找平层上喷洒一层沥青胶结材料底层以及三层防水沥青，但施工图上没有标明，工程量清单中也没有出现该项工作。承包人认为，他们只是按图施工，既然图纸没有要求，他们也没有责任再去喷洒一层沥青胶结材料层以及三层防水沥青，如果要求他们做该项防水处理工作，发包人必须针对该项防水处理工作支付相应费用。但监理人明确指示承包人必须按技术规范要求进行该项防水处理工作，而且不再增加任何费用。

试问:监理人的指示是否符合合同要求?为什么?

【案例评析】

监理的指示符合合同要求。

(1)按照《公路工程标准施工招标文件》合同条款,当施工合同各组成文件出现相互矛盾的情况时,有其解释的优先顺序,技术规范优先于图纸和工程量清单解释合同,故应该首先执行技术规范的要求。

(2)该项目采用综合单价,清单中没有出现防水处理子目,按照合同文件的解释,应视为承包人在投标报价时综合考虑了防水处理的子目,并综合摊销到有关子目中,故不能再给予支付费用。

2.2.2.3 "第三章 评标办法"的编制

《公路工程标准施工招标文件》给出了四种评标办法:合理低价法、综合评分法和经评审的最低投标价法和技术评分最低标价法。四种评标方法的评审因素、标准和程序在《公路工程标准施工招标文件》作出了明确规定,招标项目具体采用哪一种评标方法应在招标文件中明确说明。

根据范本,"评标办法"内容由评标办法前附表和正文两部分组成。"评标前附表"用于明确评标的方法、因素、标准和程序。招标人应根据招标项目具体特点和实际需要,详细列明全部评审因素、标准,没有列明的因素和标准不得作为评标的依据。编制具体项目招标文件的评标办法时,应严格按照范本给出的格式与内容,并根据项目特点和实际需要,对相应条款做适当修改。

1)合理低价法

合理低价法是综合评估法的评分因素中评标价得分为100分、其他评分因素分值为0分的特例。招标人采用合理低价法时,也可采用双信封形式。除技术特别复杂的特大桥和长大隧道工程外,公路工程施工招标评标一般应当使用合理低价法。

(1)评标办法前附表(表2-22)。

评标办法前附表　　　　　　　　　　表2-22

条款号	条款内容	评审因素与标准
2.1.1 2.1.3	形式评审与响应性评审标准	(1)投标文件按照招标文件规定的格式、内容填写,字迹清晰可辨 　　a.投标函按招标文件规定填报了项目名称、标段号、补遗书编号(如有)、工期、工程质量要求及安全目标 　　b.投标函附录的所有数据均符合招标文件规定 　　c.投标文件组成齐全完整,内容均按规定填写 (2)投标文件上法定代表人或其授权代理人的签字、投标人的单位章盖章齐全,符合招标文件规定 (3)与申请资格预审时比较,投标人发生合并、分立、破产等重大变化的,仍具备资格预审文件规定的相应资格条件且其投标未影响招标公正性 　　a.投标人应提供相关部门的合法批件及企业法人营业执照和资质证书等证件的副本变更记录复印件 　　b.投标人仍然满足资格预审文件中规定的资格预审条件最低要求(资质、业绩、人员、信誉、财务等) 　　c.与所投标段的其他投标人不存在控股、管理关系或单位负责人为同一人的情况;与招标人也不存在利害关系并可能影响招标公正性 (4)投标人按照招标文件的规定提供了投标保证金 　　a.投标保证金金额符合招标文件规定的金额,且投标保证金有效期不少于投标有效期 　　b.若投标保证金采用现金或支票形式提交,投标人应在递交投标文件截止时间之前,将投标保证金由投标人的基本账户转入招标人指定账户

续上表

条款号	条款内容	评审因素与标准
2.1.1 2.1.3	形式评审与响应性评审标准	c. 若投标保证金采用银行保函形式提交,银行保函的格式、开具保函的银行均满足招标文件要求,且在递交投标文件截止时间之前向招标人提交了银行保函原件 (5) 投标人法定代表人授权委托代理人签署投标文件的,须提交授权委托书,且授权人和被授权人均在授权委托书上签名,未使用印章、签名章或其他电子制版签名代替 (6) 投标人法定代表人若亲自签署投标文件的,提供了法定代表人身份证明,并符合下列要求 　　a. 法定代表人在法定代表人身份证明上签名,未使用印章、签名章或其他电子制版签名 　　b. 附有公证机关出具的加盖钢印、单位章并盖有公证员签名章的公证书,钢印应清晰可辨,同时公证内容完全满足招标文件规定 　　c. 公证书出具的日期与授权书出具的日期同日或在其之后 (7) 投标人以联合体形式投标时,联合体协议书满足招标文件的要求 　　a. 未进行资格预审的,投标人按照招标文件提供的格式签订了联合体协议书,并明确了联合体牵头人 　　b. 进行资格预审的,投标人提供了资格预审申请文件中所附的联合体协议书复印件 (8) 投标人如有分包计划,应按第八章"投标文件格式"的要求填写"拟分包项目情况表",而且专业分包的工程量累计未超过总工程量的30% (9) 一份投标文件应只有一个投标报价,在招标文件没有规定的情况下,未提交选择性报价 (10) 投标人若提交调价函,调价函符合招标文件要求 (11) 投标人若填写工程量固化清单,填写完毕的工程量固化清单未对工程量固化清单电子文件中的数据、格式和运算定义进行修改 (12) 投标文件载明的招标项目完成期限未超过招标文件规定的时限 (13) 投标文件未附有招标人不能接受的条件 (14) 权利义务符合招标文件规定 　　a. 投标人应接受招标文件规定的风险划分原则,未提出新的风险划分办法 　　b. 投标人未增加发包人的责任范围,或减少投标人义务 　　c. 投标人未提出不同的工程验收、计量、支付办法 　　d. 投标人对合同纠纷、事故处理办法未提异议 　　e. 投标人在投标活动中无欺诈行为 　　f. 投标人未对合同条款有重要保留 　　……
2.1.2	资格评审标准	(1) 投标人具备有效的营业执照、资质证书和安全生产许可证和基本账户开户许可证 (2) 投标人的资质等级符合招标文件规定 (3) 投标人的财务状况符合招标文件规定 (4) 投标人的类似项目业绩符合招标文件规定 (5) 投标人的信誉符合招标文件规定 (6) 投标人的项目经理(包括备选人)和项目总工(包括备选人)资格符合招标文件规定 (7) 投标人的其他要求符合招标文件规定 (8) 投标人不存在第二章"投标人须知"第1.4.3项规定的任何一种情形 ……
2.2.1	分值构成(总分100分)	评标价:100分 其他因素分值为0分

续上表

条款号	条款内容	评审因素与标准
2.2.2	评标基准价计算方法	评标基准价的计算： 在开标现场，招标人将当场计算并宣布评标基准价 (1)评标价的确定 　　方法一：评标价 = 投标函文字报价 　　方法二：评标价 = 投标函文字报价 – 暂估价 – 暂列金额(不包含计日工总价) (2)评标价平均值的计算 　　除按第二章"投标人须知"第5.2.2项规定开标现场被宣布为废标的投标报价之外，所有投标的人评标价去掉一个最高值和一个最低值后的算术平均值即为评标价平均值(如果参与评标价平均值计算的有效投标人少于5家时，则计算评标价平均值时不去掉最高值和最低值) (3)评标基准价的确定① 　　方法一：将评标价平均值直接作为评标基准价 　　方法二：将评标价平均值下浮_____%，作为评标基准价 　　方法三：招标人设置评标基准价系数，由投标人代表或监标人现场抽取，评标价平均值乘以现场抽取的评标基准价系数作为评标基准价 　　方法四：… 　　如果投标人认为某一标段的评标基准价计算有误，有权在开标现场提出，经监标人当场核实确认之后，可重新宣布评标基准价。确认后的评标基准价在整个评标期间保持不变，不随通过初步评审和详细评审的投标人数量发生变化
2.2.3	评标价的偏差率计算公式	偏差率 = 100% ×(投标人评标价 – 评标基准价)/评标基准价
2.2.4(1)	施工组织设计	0分
2.2.4(2)	项目管理机构	0分
2.2.4(3)	评标价	100分 评标价得分计算公式示例 (1)如果投标人的评标价 > 评标基准价，则评标价得分 = 100 – 偏差率 × 100 × $E1$； (2)如果投标人的评标价 ≤ 评标基准价，则评标价得分 = 100 + 偏差率 × 100 × $E2$。 其中：$E1$是评标价每高于评标基准价一个百分点的扣分值；$E2$是评标价每低于评标基准价一个百分点的扣分值。招标人可依据招标项目特点和实际需要设置$E1$、$E2$，但$E1$应大于$E2$
2.2.4(4)	其他因素	0分

需要补充的其他内容：

注：①招标人可依据招标项目特点和实际需要，选择或制定适合项目的评标基准价计算方法。

(2)正文部分(图2-16)。

1. 评标办法

本次评标采用合理低价法。评标委员会对满足招标文件实质性要求的投标文件,按照本章第2.2款规定的评分标准进行打分,并按得分高低顺序推荐中标候选人,或根据招标人授权直接确定中标人,但投标报价低于其成本的除外。综合评分相等时,以投标报价低的优先;投标报价也相等的,招标人可采用被招标项目所在地省级交通运输主管部门评为较高信用等级的投标人优先或评标委员会确定的其他方法确定为第一中标候选人。

2. 评审标准

　2.1 初步评审标准

　　2.1.1 形式评审标准:见评标办法前附表。

　　2.1.2 资格评审标准:见评标办法前附表。

　　2.1.3 响应性评审标准:见评标办法前附表。

　2.2 分值构成与评分标准

　　2.2.1 分值构成。

　　2.2.2 评标基准价计算。

　　2.2.3 投标报价的偏差率计算。

　　2.2.4 评分标准。

3. 评标程序

　3.1 初步评审

　　3.1.1 评标委员会依据本章第2.1.1项、第2.1.3项、第2.1.4项规定的标准对投标文件进行初步评审。有一项不符合评审标准的,作废标处理。

　　3.1.2 投标人有以下情形之一的,其投标作废标处理。

　　　(1)第二章"投标人须知"第1.4.3项规定的任何一种情形的。

　　　(2)串通投标或弄虚作假或有其他违法行为的。

　　　(3)不按评标委员会要求澄清、说明或补正的。

　　3.1.3 投标报价有算术错误的,评标委员会按以下原则对投标报价进行修正,修正的价格经投标人书面确认后具有约束力。投标人不接受修正价格的,其投标作废标处理,并没收其投标担保①。

　　　(1)投标文件中的大写金额与小写金额不一致的,以大写金额为准。

　　　(2)总价金额与依据单价计算出的结果不一致的,以单价金额为准修正总价,但单价金额小数点有明显错误的除外。

　　　(3)当单价与数量相乘不等于合价时,以单价计算为准,如果单价有明显的小数点位置错误,则其合价按招标人给定的工程数量乘以投标人所报单价予以修正。小数点位置差错,应以标出的合价为准,同时对单价予以修正。

　　　(4)当各子目的合价累计不等于总价时,应以各子目合价累计数为准,修正总价。

　　3.1.4 工程量清单中的投标报价有其他错误的,评标委员会按以下原则对投标报价进行修正,修正的价格经投标人书面确认后具有约束力。投标人不接受修正价格的,其投标作废标处理,并没收其投标担保。

　　　(1)在招标人给定的工程量清单中漏报了某个工程子目的单价、合价或总额价,或所报单价、合价或总价中减少的报价范围,则漏报的工程子目单价、合价和总额价或单价、合价或总额价中减少的报价内容视为已含入其他工程子目的单价、合价或总额价之中。

　　　(2)在招标人给定的工程量清单中多报了某个工程子目的单价、合价或总额价,或所报单价、合价或总额价中增加了报价范围,则从投标报价中扣除多报的工程子目报价或工程子目报价中增加了报价范围的部分报价。

　　　(3)当单价与数量的乘积与合价(金额)虽然一致,但投标人修改了该子目的工程数量,则其合计按招标人给定的工程数量乘以投标人所报单价予以修正。

　　3.1.5 修正后的最终报价若超过投标控制价上限(如有),投标人的投标文件做废标处理。

　　3.1.6 修正后的最终报价仅作为签订合同的一个依据,不参与评标价得分的计算。

　3.2 详细评审

　　3.2.1 评标委员会按本章第2.2款规定的量化因素和标准进行价格折算,计算出评标价,并编制价格比较一览表。

　　3.2.2 评标委员会发现投标人的报价明显低于其他投标报价,或者在设有标底时明显低于标底,使得其投标报价可能低于其成本的,应当要求该投标人作出书面说明并提供相应的证明材料。投标人不能合理说明或者不能提供相应证明材料的,由评标委员会认定该投标人以低于成本报价竞标,其投标作废标处理。

图 2-16

3.3 投标文件的澄清和补正

  3.3.1 在评标过程中,评标委员会可以书面形式要求投标人对所提交的投标文件中不明确的内容进行书面澄清或说明,或者对细微偏差进行补正。评标委员会不接受投标人主动提出的澄清、说明或补正。

  3.3.2 澄清、说明和补正不得改变投标文件的实质性内容(算术性错误修正的除外)。投标人的书面澄清、说明和补正属于投标文件的组成部分。

  3.3.3 评标委员会对投标人提交的澄清、说明或补正有疑问的,可以要求投标人进一步澄清、说明或补正,直至满足评标委员会的要求。

  3.3.4 凡超出招标文件规定的或给发包人带来未曾要求的利益的变化、偏差或其他因素,在评标时不予考虑。

3.4 评标结果

  3.4.1 除第二章"投标人须知"前附表授权直接确定中标人外,评标委员会按照得分由高到低的顺序推荐中标候选人。

  3.4.2 评标委员会完成评标后,应当向招标人提交书面评标报告。

  招标人采用合理低价法时,也可采用双信封形式,即投标文件应采用双信封密封,第一个信封内为商务及技术文件,第二个信封内为投标报价和工程量清单,在开标前同时提交给招标人。

  招标评标程序简介如下:

    (1)招标人按照第二章"投标人须知"第5.2.1项~第5.2.3项的规定对投标文件第一个信封(商务及技术文件)进行开标。

    (2)评标委员会首先对投标文件第一个信封(商务及技术文件)进行评审,确定通过投标文件第一个信封(商务及技术文件)评审的投标人名单。

    (3)招标人按照第二章"投标人须知"第5.2.4项~第5.2.6项的规定对通过投标文件第一个信封(商务及技术文件)评审的投标文件第二个信封(投标报价和工程量清单)进行开标。

    (4)评标委员会对投标文件第二个信封(投标报价和工程量清单)进行评审并推荐中标候选人。

  需要注意的问题:

    (1)招标人采用双信封形式的合理低价法时,应使用第二章"投标人须知"中有关采用双信封形式的相关条款。招标人不得修改"投标人须知"正文及"评标办法"正文,但可修改"投标人须知"前附表、"评标办法"前附表、招标公告/投标邀请书、开标记录表、投标文件格式等与双信封形式有关的内容。

    (2)投标文件第一个信封(商务及技术文件)不得出现有关投标报价的内容,否则评标委员会将对投标文件第一个信封(商务及技术文件)作废标处理。

图 2-16 合理低价法正文部分

注:①如本项目招标采用第二章"投标人须知"第 3.2.1 项(2)目规定的由投标人按照招标人提供的工程量清单填写本合同各工程子目的单价、合价和总额价方式,则评标委员会会按照本章第 3.1.3 项和第 3.1.4 项的规定对投标人的投标报价进行修正。如本项目招标采用第二章"投标人须知"第 3.2.1 项(1)目规定的投标人按照招标人提供的工程量固化清单电子文件填写工程量清单的,无须按照本章第 3.1.3 项和第 3.1.4 项的规定对投标人的投标报价进行修正,第 3.1.3 项~第 3.1.6 项内容不适用。

应用案例 2-11

【案例概况】

红河至南沙二级公路土建及路面工程施工招标

评标办法前附表

条款号	条款内容	评审因素与标准
2.1.1 2.1.3	形式评审与响应性评审标准	(1)投标文件按照招标文件规定的格式、内容填写,字迹清晰可辨 a.投标函按招标文件规定填报了投标价、工期以及工程质量目标 b.投标函附录的所有数据均符合招标文件规定 c.已标价工程量清单说明及承诺函文字与招标文件规定一致,未进行修改和删减 d.按照招标文件规定的格式、内容编制了施工组织设计及项目管理机构相关图表 e.投标文件组成齐全完整,内容均按照规定填写

续上表

条款号	条款内容	评审因素与标准
2.1.1 2.1.3	形式评审与响应性评审标准	（2）投标文件上法定代表人或其授权代理人的签字、投标人的单位章盖章齐全，符合招标文件规定 投标函及投标函附录、承诺函、已标价工程量清单，包括工程清单说明、投标报价说明、计日工说明、其他说明及工程量清单各项表格的内容，应由投标人的法定代表人或其委托代理人逐页签署姓名（本页正文内容已由投标人的法定代表人或其委托代理人签署姓名的可不签署）并逐页加盖投标人单位章（本页正文内容已加盖单位的章除外）。 （3）投标人按照招标文件规定的金额、形式、时效和内容提供了投标担保 　　a. 投标担保金额符合招标文件规定的金额 　　b. 采用银行汇票或电汇，投标人在投标人须知前附表规定的时间之前，将投标保证金由投标人的基本账户一次性汇入招标人指定账户 （4）投标人法定代表人的授权代理人，需提交附有法定代表人身份证明的授权委托书，并符合以下列求 授权人和被授权人均在授权书上签名，未使用印章、签名章或其他电子制版签名 （5）投标人法定代表人若亲自签署投标文件的，提供了法定代表人身份证明，并符合下列要求 法定代表人在法定代表人身份证明上签名，未使用印章、签名章或其他电子制版签名 （6）投标人如有分包计划，应按第八章"投标文件格式"的要求填写"拟分包项目情况表"，而且专业分包的工程量累计未超过总工程量的30% （7）一份投标文件应只有一个投标报价，在招标文件没有规定的情况下，未提交选择性报价 （8）投标文件载明的招标项目完成期限未超过招标文件规定的时限 （9）投标文件未附有招标人不能接受的条件 （10）权利义务符合招标文件规定 　　a. 投标人应接受招标文件规定的风险划分原则，未提出新的风险划分办法 　　b. 投标人未增加发包人的责任范围，或减少投标人义务 　　c. 投标人未提出不同的工程验收、计量、支付办法 　　d. 投标人对合同纠纷、事故处理办法未提出异议 　　e. 投标人在投标活动中无欺诈行为 　　f. 投标人未对合同条款有重要保留
2.1.2	资格审查标准	（1）投标人具备有效的营业执照、资质证书和安全生产许可证和基本账户开户许可证 （2）投标人的资质等级符合招标文件规定 （3）投标人的财务状况符合招标文件规定 （4）投标人的类似项目业绩符合招标文件规定 （5）投标人的信誉符合招标文件规定 （6）投标人的项目经理（包括备选人）和项目总工（包括备选人）资格符合招标文件规定 （7）投标人的其他要求符合招标文件规定 （8）投标人不存在第二章"投标人须知"第1.4.3项规定的任何一种情形
2.2.1	分值构成	评标价：100 分 其他因素分值为 0 分

续上表

条款号	条款内容	评审因素与标准
2.2.2	评标基准价计算方法	评标基准价的计算 (1)评标价的确定 评标价 = 投标函文字报价 − 专项暂定金及不可预见费 (2)评标价平均值的计算 除超过拦标价或低于拦标价85%的投标报价之外,所有投标的人评标价去掉一个最高值和一个最低值后的算术平均值即为评标价平均值(如果参与评标价平均值计算的有效投标人少于5家时,则计算评标价平均值时不去掉最高值和最低值) (3)评标基准价的确定 将评标价平均值直接作为评标基准价 确认后的评标基准价在整个评标期间保持不变,不随通过初步评审和详细评审的投标人数量发生变化
2.2.3	评标价的偏差率计算公式	偏差率 = 100% × (投标人评标价 − 评标基准价)/评标基准价
2.2.4 (1)	施工组织设计	0分
2.2.4 (2)	项目管理机构	0分
	评标价	100分。评标价得分计算公式示例 (1)如果投标人的评标价 > 评标基准价,则评标得分 = 100 − 偏差率 × 100 × $E1$ (2)如果投标人的评标价 ≤ 评标基准价,则评标得分 = 100 − 偏差率 × 100 × $E2$ 其中:$E1$是评标价每高于评标基准价一个百分点的扣分值;$E2$是评标价每低于评标基准价一个百分点的扣分值 $E1 = 2$,$E2 = 1$

需要补充的其他内容:

2)综合评估法

综合评估法是对投标人的评标价、施工组织设计、项目管理机构、财务能力、设备配置、业绩、履约信誉等综合评估打分的方法。其中,评标价所占权重不应低于50%。采用综合评估法时,也可采用双信封形式。综合评估法适用于技术特别复杂的特大桥梁和长大隧道工程。

(1)评标办法前附表(表2-23)。

评标办法前附表　　　　表2-23

条款号	条款内容	评审因素与标准
2.1.1 2.1.3	形式评审与响应性评审标准	同"合理低价法"
2.1.2	资格评审标准	同"合理低价法" 注:对于采用综合评估法进行评标的技术,特别复杂的特大桥梁和长大隧道工程,还应对其他主要管理人员和技术人员以及主要机械设备和试验检测设备进行资格评审

续上表

条款号	条款内容	评审因素与标准
2.2.1	分值构成（总分100分）	施工组织设计：_____分 项目管理机构：_____分 评标价：_____分 财务能力：_____分 业绩：_____分 履约信誉：_____分 其他：_____分
2.2.2	评标基准价计算方法	同"合理低价法"
2.2.3	评标价的偏差率计算公式	同"合理低价法"

评分因素与权重分值[①]

条款号	条款内容	评分因素权重分值	各评分因素细分项	分值	评分标准[②]
2.2.4 (1)	施工组织设计	_____分	总体施工组织布置及规划	_____分	…
			主要工程项目的施工方案、方法与技术措施	_____分	…
			工期保证体系及保证措施	_____分	…
			工程质量管理体系及保证措施	_____分	…
			安全生产管理体系及保证措施	_____分	…
			环境保护、水土保持管理体系以及保证措施	_____分	…
			文明施工、文物保护管理体系以及保证措施	_____分	…
			项目风险预测与防范，事故应急预案	_____分	…
			…	_____分	
2.2.4 (2)	项目管理机构[③]	_____分	项目经理任职资格与业绩	_____分	…
			项目总工任职资格与业绩	_____分	…
			…	_____分	…
2.2.4 (3)	评标价[④]	_____分	评标价得分计算公式示例 (1) 如果投标人的评标价＞评标基准价，则评标价得分＝F－偏差率×100×$E1$ (2) 如果投标人的评标价≤评标基准价，则评标价得分＝F＋偏差率×100×$E2$ 其中：F 是评标价所占的权重分值；$E1$ 是评标价每高于评标基准价一个百分点的扣分值；$E2$ 是评标价每低于评标基准价一个百分点的扣分值。招标人可依据招标项目特点和实际需要设置 $E1$、$E2$，但 $E1$ 应大于 $E2$		

续上表

条款号	条款内容		评审因素与标准				
2.2.4 (4)	其他因素	财务能力	分	…	分	…	
		设备配置	分	…	分	…	
		业绩	分	…	分	…	
		履约信誉⑤	分	…	分	…	
		…	分	…	分	…	

需要补充的其他内容：

注：①招标人应根据项目具体情况确定各评分因素及评分因素权重分值，并对各评分因素进行细分（如有）、确定各评分因素细分项的分值，各评分因素权重分值合计应为100分。各评分因素（评标价除外）得分均不应低于其权重分值的60%，而且各评分因素得分应以评标委员会各成员的打分平均值确定，该平均值以去掉一个最高和一个最低分后计算。
②招标人应列明各评分因素或各评分因素细分项（如有）的评分标准并作为评标委员会进行评分的依据。
③对于采用综合评估法进行评标的技术特别复杂的特大桥梁和长大隧道工程，还应将其他主要管理人员和技术人员列为项目管理机构的评分因素进行评分。
④评标价所占权重不应低于50%。
⑤招标人可结合项目所在地省级交通运输主管部门对投标人的信用评级对其履约信用进行评分，但不得任意设置歧视性条款并不得任意设立行政许可。

（2）正文部分。同"合理低价法"。

3）经评审的最低投标价法

经评审的最低投标价法是评标委员会对满足招标文件实质要求的投标文件，根据规定的量化因素及量化标准进行价格折算，按照经评审的投标价由低到高的顺序推荐中标候选人的方法。使用世界银行、亚洲开发银行等国际金融组织贷款的项目和工程规模较小、技术含量较低的工程采用经评审的最低投标价法进行评标。

（1）评标办法前附表（表2-24）。

评标办法前附表　　　　　　　　　　　　　　　表2-24

条款号		评审因素与标准
2.1.1 2.1.3	形式评审与响应性评审标准	同"合理低价法"和"综合评估法"
2.1.2	资格评审标准	同"合理低价法"和"综合评估法"
2.1.4	施工组织设计和项目管理机构评审标准	无

条款号		量化内容	量化标准
2.2	详细评审标准	评标价计算	经评审的投标价（评标价）= 修正后的投标报价 − 修正后的暂估价 − 修正后的暂列金额（不含计日工总额） 注：如本项目招标采用第二章"投标人须知"第3.2.1项（1）目规定的投标人按照招标人提供的工程量固化清单电子文件填写工程量清单的，无须按照本章第3.1.3项和第3.1.4项的规定对投标报价进行修正，经评审的投标价（评标价）= 投标函文字报价 − 暂估价 − 暂列金额（不含计日工总额）

需要补充的其他内容：

(2)正文部分。同"合理低价法"和"综合评估法"。

应用案例 2-12

【案例概况】

某企业投资公路工程项目（BOT 形式），其中一个标段有 7 个投标人参与投标，有效评标价分别为 200 万元、230 万元、230 万元、240 万元、250 万元、250 万元、300 万元，在开标时采用抽签确定评标平均价下浮 5% 作为评标基准价。投标报价为 60 分，评标价高于评标基准价一个百分点的扣 2 分，评标价低于评标基准价一个百分点的扣 1 分。该公路项目投资方作为项目招标人以企业投资不属于《评标委员会和评标方法暂行规定》48 条规定"使用国有资金投资或者国家融资的项目"为由，在招标文件评标办法中要求评标委员会只需列出最高分的前三名投标人，由招标人在这三名投标人中进行综合考虑后，确定第一中标人。

（1）请计算该标段的评标平均价和评标基准价，计算各有效报价的得分。

（2）请问：该公路项目投资方作为项目招标人确定第一中标人的方法是否可行？为什么？

【案例评析】

（1）计算该标段的评标平均价和评标基准价，计算各有效报价的得分：

①评标平均价。

先去掉最高价 300 万元和最低价 200 万元。

评标平均价 = (230 + 230 + 240 + 250 + 250)/5 = 240 万元。

②评标基准价 = 评标平均价下浮 5% = 240 × 95% = 228 万元。

③计算各有效报价的得分：

200 万元的得分 $F_1 = 60 + (200 - 228) \times 100 \times 1 \div 228 = 60 - 12.28 = 47.72$

230 万元的得分 $F_1 = 60 - (230 - 228) \times 100 \times 2 \div 228 = 60 - 1.75 = 58.25$

240 万元的得分 $F_1 = 60 - (240 - 228) \times 100 \times 2 \div 228 = 60 - 10.53 = 49.67$

250 万元的得分 $F_1 = 60 - (250 - 228) \times 100 \times 2 \div 228 = 60 - 19.30 = 40.7$

300 万元的得分 $F_1 = 60 - (300 - 228) \times 100 \times 2 \div 228 = 60 - 63.16 = -3.16$

（评标价得分最低为零分）

（2）该公路项目投资方作为项目招标人确定第一中标人的方法不行。因为企业投资虽然不属于国有资金投资，可以不按照《评标委员会和评标方法暂行规定》的规定定标，但是企业投资公路项目依然需要依法进行招标。根据《工程建设项目施工招标投标办法》规定，只要是"依法招标的项目"评标委员会都必须按照得分由高到低排序，招标人应当确定排名第一的中标候选人为中标人。"应当"是强制性规定，招标人违反强制性规定所作出的约定是无效的。

2.2.2.4 "第四章 合同条款及格式"的编制

《公路工程标准施工招标文件》的合同条款由通用合同条款、公路工程专用合同条款和项目专用合同条款三部分构成，而且附有合同协议书、履约担保和预付款担保三个格式文件。三个合同条款解释的优先顺序是：项目专用合同条款优先于公路工程专用合同条款，公路工程专用合同条款优先于通用合同条款。

具体合同条款内容的详细分析见本书第 6 单元，此处仅简单叙述。

1）通用合同条款

通用合同条款是以发包人委托监理人管理工程合同的模式设定合同当事人的权利、义务和责任，区别于由发包人和承包人双方直接进行约定和操作的合同管理模式。通用合同条款运用于单价合同和总价合同。

通用合同条款参考国际咨询工程师联合会(Fédération Internationale Des Ingénieurs Conseils,以下简称 FIDIC)有关内容,对发包人、承包人的责任进行恰当的划分,在材料和设备、工程质量、计量、变更、违约责任等方面,对双方当事人权利、义务、责任作了相对具体、集中和具有操作性的规定,为明确责任、减少合同纠纷提供了条件。具体条款共分 24 个方面的问题:一般约定、发包人义务、监理人、承包人、材料和工程设备、施工设备和临时设施、交通运输、测量放线、施工安全、治安保卫和环境保护、进度计划、开工和竣工、暂停施工、工程质量、试验和检验、变更、价格调整、计量与支付、竣工验收、缺陷责任与保修责任、保险、不可抗力、违约、索赔、争端的解决。招标人在编制招标文件时,可根据各行业和具体工程的不同特点和要求,进行修改和补充。

2) 公路工程专用合同条款

公路工程专用合同条款是在考虑了公路工程的特点的基础上,对通用合同条款所做的约定、补充和细化,运用于公路工程施工项目。

3) 项目专用合同条款

项目专用合同条款是根据招标项目的具体特点和实际需要,对"通用合同条款"、"公路工程专用合同条款"所做的补充、细化,是专用于本施工项目的。项目专用合同条款包括项目专用合同条款数据表(表 2-25)和项目专用合同条款(图 2-17)两部分。

招标人在编制项目招标文件中的"项目专用合同条款"时,除"通用合同条款"明确"专用合同条款"可作出不同约定以及"公路工程专用合同条款"明确"项目专用合同条款"可作出不同约定外,补充和细化的内容不得与"通用合同条款"及"公路工程专用合同条款"强制性规定相抵触。同时,补充、细化或约定的不同内容,不得违反法律、行政法规的强制性规定和平等、自愿、公平和诚实信用原则。

项目专用合同条款数据表　　　　　　表 2-25

序号	条目号	信息或数据
1	1.1.2.2	发包人:_____ 地址:_____　　　　　　邮政编码:_____
2	1.1.2.6	监理人:_____ 地址:_____　　　　　　邮政编码:_____
3	1.1.4.5	缺陷责任期:自实际交工日期起计算_____年①
4	1.6.3	图纸需要修改和补充的,应由监理人取得发包人同意后,在该工程或工程相应部位施工前_____天签发图纸修改图给承包人
5	3.5.1	监理人在行使下列权利前需要经发包人事先批准: 根据 15.3 款发出的变更指示,其单项工程变更涉及的金额超过了该单项工程签约时合同价的_____%或累计变更超过了签约合同价的_____%
6	5.2.1	发包人是否提供材料或工程设备:<u>是或否</u> 如发包人负责提供部分材料或工程设备,相关规定如下:_____
7	6.2	发包人是否提供施工设备和临时设施:<u>是或否</u> 如发包人负责提供部分施工设备和临时设施,相关规定如下:_____
8	8.1.1	发包人提供测量基准点、基准线和水准点及其书面资料的期限:_____ 承包人将施工控制网资料报送监理人审批的期限:_____

续上表

序号	条目号	信息或数据
9	11.5	逾期交工违约金：_____元/天
10	11.5	逾期交工违约金限额：_____%签约合同价②
11	11.6	提前交工的奖金：_____元/天
12	11.6	提前交工的奖金限额：_____%签约合同价
13	15.5.2	承包人提出的合理化建议降低了合同价格或者提高了工程经济效益的，发包人将按节约成本的_____%或增加收益的_____%给予奖励
14	16.1	□因物价波动引起的价格调整按照第16.1.1或第16.1.2项约定的原则处理 若按第16.1.1项的约定采用价格调整公式进行调价，每半年或一年按价格调整公式进行一次调整 □合同期内不调价③
15	17.2.1	开工预付款金额：_____%签约合同价④
16	17.2.1	材料、设备预付款比例：_____等主要材料、设备单据所列费用的_____%⑤
17	17.3.2	承包人在每个付款周期末向监理人提交进度付款申请单的份数：_____份
18	17.3.3(1)	进度付款证书最低限额：_____%签约合同价⑥或_____万元
19	17.3.3(2)	逾期付款违约金的利率：_____‰/天⑦
20	17.4.1	质量保证金百分比：月支付额的_____%
21	17.4.1	质量保证金限额：_____%合同价格⑧，若交工验收时承包人具备被招标项目所在地省级交通运输主管部门评定的最高信用等级，发包人给予_____%合同价格质量保证金的优惠。 质量保证金是否付利息。□是，利息计算方式： □否
22	17.5.1	承包人向监理人提交交工付款申请单(包括相关证明材料)的份数：_____份
23	17.6.1	承包人向监理人提交最终结清申请单(包括相关证明材料)的份数：_____份
24	18.2	竣工资料的份数：_____份
25	18.5.1	单位工程或工程设备是否需投入施工期运行：是或否 如单位工程或工程设备需要进行施工期运行，需要施工期运行的单位工程或工程设备规定如下：_____
26	18.6.1	本工程及工程设备是否进行试运行：是或否 如本工程及工程设备需要进行试运行，试运行的具体规定如下：_____
27	19.7	保修期：自实际交工日期起计算_____年⑩
28	20.1	建筑工程一切险的保险费率：_____%
29	20.4.2	第三者责任险的最低投保金额：_____万元，事故次数不限(不计免赔额) 保险费率：_____%
30	24.1	争议的最终解决方式：仲裁或诉讼 如采用仲裁，仲裁委员会名称：_____

60

注:①缺陷责任期一般应为自实际交工日期起计算 2 年。
②逾期交工违约金限额一般应为 10% 签约合同价。
③对于工程规模不大、工期较短的工程(例如工期不超过 12 个月的),可以不进行调价。
④开工预付款金额一般应为 10% 签约合同价。
⑤指主要材料,一般应为 70%~75%,最低不少于 60%。
⑥国际上一般按月平均支付额的 30%~50% 计算,我国可按 20%~30% 计,以利承包人资金周转。
⑦相当于中国人民银行短期贷款利率加手续费。招标人不能自行取消本项内容或降低利率。
⑧质量保证金一般不超过合同价格的 3%。
⑨若交工验收时承包人具备被招标项目所在地省级交通运输主管部门评定的最高信用等级,发包人可在质量保证金方面给予一定的奖励,例如发包人可给予承包人 2% 合同价格质量保证金的优惠,并在交工验收时向承包人返还质量保证金优惠的金额,具体优惠幅度由发包人自行确定。
⑩保修期一般应为实际交工日期起计算 5 年。

说明:本数据表是项目专用合同条款中适用于本项目的信息和数据的归纳与提示,是项目专用合同条款的组成部分。《公路工程标准施工招标文件》第八章"投标文件格式"的投标函附录中的数据(供投标人确认)与本表所列有重复。编写招标文件的单位应仔细校核,不使数据出现差错或不一致。

项目专用合同条款

说明:本部分所列的项目专用合同条款是对"公路工程专用合同条款"中规定必须本项目专用合同条款中明确的内容的集中,招标人编制的"项目专用合同条款"不限于本部分所列内容。

4.1 承包人的一般义务
　　4.1.10 其他义务
(4)承包人应履行的其他义务:＿＿＿＿＿＿＿＿＿＿＿＿＿
4.11 不利物质条件
　　4.11.1 不利物质条件的范围:＿＿＿＿＿＿＿＿＿＿＿＿
10.1 合同进度计划
承包人编制是施工方案的内容:＿＿＿＿＿＿＿＿＿＿＿＿
11.4 异常恶劣的气候条件
异常恶劣的气候条件的范围:＿＿＿＿＿＿＿＿＿＿＿＿＿
12.1 承包人暂停施工的责任
　　12.1(6)由承包人承担的其他暂停施工:＿＿＿＿＿＿＿＿＿＿＿＿
17.1 计量
　　17.1.5 本项目工程量清单中总额价子目的支付原则和支付进度:＿＿＿＿
17.3 工程进度付款＿＿＿＿＿＿
　　17.3.5 农民工工资保证金的缴存时间:＿＿＿＿＿＿
农民工工资保证金的缴存金额:＿＿＿＿＿＿
农民工工资保证金的扣留条件:＿＿＿＿＿＿
农民工工资保证金的返还时间:＿＿＿＿＿＿
21.1 不可抗力的确认
　　21.1.1(6)不可抗力的其他情形:＿＿＿＿＿＿＿＿＿＿＿＿
22.1 承包人违约
　　22.1.2 当承包人发生第 22.1.1 项约定的违约情况时,发包人有权向承包人课以违约金,具体约定如下:
…

图 2-17　项目专用合同条款

4)合同附件格式(图 2-18)

| 附件一　合同协议书 |
| 附件二　廉政合同 |
| 附件三　安全生产合同 |

图　2-18

附件四	其他管理人员和技术人员最低要求
附件五	主要机械设备和试验检测设备最低要求
附件六	项目经理委任书
附件七	履约保证金格式
附件八	工程资金监管协议格式

图 2-18　合同附件格式

2.2.2.5 "第五章 工程量清单"的编制

1）工程量清单

工程量清单由说明、工程量清单表、计日工明细表、暂估价表、投标报价汇总表和工程量清单单价分析表几部分组成。

（1）说明。包括：工程量清单说明、投标报价说明、计日工说明和其他说明。其对工程量清单的性质、承包人填报工程量清单的单价和合同价格的要求等作了明确规定。因此，说明在招投标期间对图和进行工程报价有实质影响，并且对工程实施期间工程是否进行计量与支付以及如何进行计量与支付有直接影响。

（2）工程量清单表。《公路工程标准施工招标文件》工程量清单共分为7章：100章总则；200章路基；300章路面；400章桥梁、涵洞；500章隧道；600章安全设施及预埋管线；700章绿化及环境保护设施。表2-26为路基工程工程量清单。

工程量清单（节选）　　　　表 2-26

清单　第200章　路基

子目号	子目名称	单位	数量	单价	合价
202-1	清理与掘除				
-a	清理现场	m²			
-b	砍伐树木	棵			
-c	挖除树根	棵			
202-2	挖除旧路面				
-a	水泥混凝土路面	m²			
-b	沥青混凝土路面	m²			
-c	碎石路面	m²			
202-3	拆除结构物				
-a	钢筋混凝土结构	m³			
-b	混凝土结构	m³			
-c	砖、石及其他砌体结构	m³			
203-1	路基挖方				
-a	挖土方	m³			
-b	挖石方	m³			
-c	挖除非适用材料	m³			
-d	挖淤泥	m³			

续上表

清单　第 200 章　路基

子目号	子目名称	单位	数量	单价	合价
203-2	改河、改渠、改路挖方				
-a	挖土方	m³			
-b	挖石方	m³			
-c	…				
204-1	路基填筑(包括填前压实)				
-b	利用土方	m³			
-c	利用石方	m³			
-d	利用土石混填	m³			
-e	借土填方	m³			
-f	粉煤灰路堤	m³			
-g	结构物台背回填	m³			
-h	锥坡及台前溜坡填土	m³			
204-2	改河、改渠、改路填筑				
-a	利用土方	m³			
-b	利用石方	m³			
-c	借土填筑	m³			
205-1	软土地基处理				
…	…		…		

清单 200 章合计　人民币＿＿＿＿＿＿＿＿＿＿＿＿＿

（3）计日工明细表。计日工也称散点工或点工，指在工程施工过程中，发包人可能有一些临时性的或新增加的项目，而且这种临时新增项目的工程量在招投标阶段很难估计，希望通过招投标阶段事先定价，避免开工后可能出现的争端，故需要以计日工明细表的方法在工程量清单中予以明确。计日工明细表包括，计日工劳务（表 2-27）、计日工材料表（表 2-28）、计日工施工机械（表 2-29）和计日工汇总表（表 2-30）。

计 日 工 劳 务　　　　　　　　　　表 2-27

编号	子目名称	单位	暂定数量	单价	合价
101	班长	h			
102	普通工	h			
103	焊工	h			
104	电工	h			
105	混凝土工	h			
106	木工	h			
107	钢筋工	h			
	…				

劳务小计金额：＿＿＿＿＿＿＿＿＿
（计入"计日工汇总表"）

计日工材料　　　　　　　　　　　表 2-28

编号	子目名称	单位	暂定数量	单价	合价
201	水泥	t			
202	钢筋	t			
203	钢绞线	t			
204	沥青	t			
205	木材	m^3			
206	砂	m^3			
207	碎石	m^3			
208	片石	m^3			
	…				

材料小计金额：_____
（计入"计日工汇总表"）

计日工施工机械　　　　　　　　　表 2-29

编号	子目名称	单位	暂定数量	单价	合价
301	装载机				
301-1	$1.5m^3$ 以下	h			
301-2	$1.5 \sim 2.5m^3$	h			
301-3	$2.5m^3$ 以上	h			
302	推土机				
302-1	90kW 以下	h			
302-2	90～180kW	h			
302-3	180kW 以上	h			
	…				

施工机械小计金额：_____
（计入"计日工汇总表"）

计日工汇总表　　　　　　　　　　表 2-30

名称	金额	备注
劳务		
材料		
施工机械		

计日工总计：_____
（计入"投标报价汇总表"）

（4）暂估价表。暂估价是在工程招标阶段已经确定的材料、工程设备或工程项目，但又无法在投标时确定准确价格，而可能影响招标效果时，发包人在工程量清单中给定一个暂估价。在工程实施阶段，根据不同类型的材料与专业工程再重新定价。暂估价表包括，材料的暂估价、工程设备的暂估价和专业工程暂估价，见表 2-31～表 2-34。

材料暂估价表　　　　　　　　　　　　　　　　　　表 2-31

序 号	名 称	单 位	数 量	单 价	合 价	备 注

工程设备暂估价表　　　　　　　　　　　　　　　　表 2-32

序 号	名 称	单 位	数 量	单 价	合 价	备 注

专业工程暂估价　　　　　　　　　　　　　　　　　表 2-33

序 号	专业工程名称	工程内容	金 额
		小计：	

（5）投标报价汇总表。

投标报价汇总表是将各章的工程细目及计日工明细表进行汇总，加上暂列金额而得出该项目的总报价。投标报价汇总表，见表 2-34。

投标报价汇总表　　　　　　　　　　　　　　　　　表 2-34

　　　　　（项目名称）　　　　标段

序 号	章 次	科目名称	金额（元）
1	100	总则	
2	200	路基	
3	300	路面	
4	400	桥梁、涵洞	
5	500	隧道	
6	600	安全设施及预埋管线	
7	700	绿化及环境保护设施	
8		第100章~第700章清单合计	
9		已包含在清单合计中的材料、工程设备、专业工程暂估价合计	
10		清单合计减去材料、工程设备、专业工程暂估价合计（即8−9=10）	
11		计日工合计	
12		暂列金额（不含计日工总额）	
13		投标报价（8+11+12）=13	

注：材料、工程设备、专业工程暂估价已包括在清单合计中，不应重复计入投标报价。

2)工程量清单编制

工程量清单是招标单位按照招标文件中有关要求及技术规范的有关规定,将工程进行合理分解,据此明确工程内容和范围,并将有关工程内容数量化的一套工程数量表。标价后的工程量清单还是合同中各工程细目的单价及合同价格表。

工程量清单是合同文件的重要组成部分,是一份与技术规范相对应的文件,它是单价合同的产物。其作用在于:

(1)提供合同中关于工程量的足够信息,为所有投标人提供投标报价的共同基础,以使投标单位能统一、有效而准确地编写投标文件。

(2)评标的基础。工程量清单由招标人提供,无论是标底的编制还是企业投标报价,都必须在清单的基础上进行,同样也为评标奠定了基础。

(3)在投标单位报价及签订合同后,标有单价的工程量清单是办理中期支付和结算以及处理工程变更计价的依据。

因此,工程量清单的编制质量直接关系到建筑产品的报价以及招投标阶段和施工阶段的造价控制。工程量清单编制包括清单说明、清单细目划分、工程数量整理几方面工作。

(1)工程量清单说明的编制。工程量清单说明,在某些合同文件中又被称为清单前言,它对工程量清单的性质、承包人填报工程量清单的单价和合同价格的要求等作了明确规定。因此,该说明在招投标期间对如何进行工程报价有实质影响,在工程实施期间对工程是否进行计量与支付以及如何进行计量与支付有实质影响。在进行工程变更及费用索赔时,其参考作用更明显,直接影响到监理工程师对单价的确定。

工程量清单说明强调如下几个方面的内容。

①工程量清单与其他招标文件的关系。规定工程量清单应与投标人须知、合同条款、技术规范及图纸等文件结合起来查阅与理解。

②工程量清单中工程量的性质与作用。规定工程量清单的工程量是估算的或设计的预计数量,仅作为投标的共同基础,不作为最终结算与支付的依据。当工程量清单中所列工程量发生变动时,丝毫不会降低或影响合同条款的效力,也不免除承包人按规定的标准进行施工和修复缺陷的责任。

③工程量计算规则。工程量计算规则是根据招标文件中包括的、有合同约束力的图纸以及有关工程量清单的国家标准、行业标准、合同条款中约定的工程量计算规则编制。约定计量规则中没有的子目,其工程量按照有合同约束力的图纸所标示尺寸的理论净量计算。计量采用中华人民共和国法定计量单位。

④承包人填报工程量清单价格时的要求。主要有:

A. 工程量清单中的每一子目须填入单价或价格,而且只允许有一个报价。

B. 除非合同另有规定,工程量清单中有标价的单价和总额价均已包括了为实施和完成合同工程所需的劳务、材料、机械、质检(自检)、安装、缺陷修复、管理、保险、税费、利润等费用,以及合同明示或暗示的所有责任、义务和一般风险。

C. 工程量清单中,投标人没有填入单价或价格的子目,其费用视为已分摊在工程量清单中其他相关子目的单价或价格之中。承包人必须按监理人指令完成工程量清单中未填入单价或价格的子目,但不能得到结算与支付。

D. 符合合同条款规定的全部费用应认为已被计入有标价的工程量清单所列各子目之中,未列子目不予计量的工作,其费用应视为已分摊在本合同工程的有关子目的单价或总额价之中。

E. 承包人用于本合同工程的各类装备的提供、运输、维护、拆卸、拼装等支付的费用,已包括在工程量清单的单价与总额价之中。

F. 工程量清单中各项金额均以人民币(元)结算。

G. 计日工劳务单价应包括基本单价及承包人的管理费、税费、利润等所有附加费。

a. 劳务基本单价包括:承包人劳务的全部直接费用,如工资、加班费、津贴、福利费,以及劳动保护费等。

b. 承包人的利润、管理、质检、保险、税费;易耗品的使用,水电及照明费,工作台、脚手架、临时设施费,手动机具与工具的使用及维修,以及上述各项伴随而来的费用。

H. 计日工材料单价应包括基本单价及承包人的管理费、税费、利润等所有附加费。

a. 材料基本单价按供货加运杂费(达到承包人现场仓库)、保险费、仓库管理费,以及运输损耗等计算。

b. 承包人的利润、管理、质检、保险、税费,及其他附加费。

c. 从现场运至使用地点的人工费和施工机械使用费不包括在上述基本单价内。

I. 计日工施工机械的租价应包括施工机械的折旧、利息、维修、维护、零配件、油燃料、保险和其他消耗品的费用以及全部有关使用这些机械的管理费、税费、利润和司机与助手的劳务费等费用。在计日工作业中,承包人计算所用的施工机械费用时,应按实际工作小时支付。除非经监理人的同意,计算的工作小时才能将施工机械从现场某处运到监理人指令的计日工作业的另一现场往返运送时间包括在内。

(2)工程细目的编制。工程细目又叫分项清单或工程量清单,通常根据招标工程的不同性质分章按顺序排列。工程细目分章节排列有利于将不同性质、不同位置、不同施工阶段或其他特征不同的工程区别开来。同时,也有利于将那些需要采用不同施工方法或不同施工阶段或成本不一样的工程区别开来。工程细目反映了施工项目中各分项工程及其数量,它是工程量清单的主体部分,见表2-35。

工程细目是由招标人根据《公路工程标准施工招标文件》、招标项目具体特点和实际需要编制,并与"投标人须知""通用合同条款""专用合同条款""技术规范""图纸"相衔接。

①工程细目的内容划分。按内容不同可分为以下两部分:

A. 工程量清单的"总则"部分。该部分说明合同需要发生的各种开办项目,其计价特点主要是采用总额包干。因此,其计量单位大部分为"总额"。

工 程 量 清 单　　　　　　　　　　　　　表2-35

清单　第100章　总则

子目号	子目名称	单位	数量	单价	合价
101-1	保险费				
-a	按合同条款规定,提供建筑工程一切险	总额			
-b	按合同条款规定,提供第三者责任险	总额			
102-1	竣工文件	总额			
102-2	施工环保费	总额			
102-3	安全生产费	总额			
102-4	信息化系统(暂估价)	总额			
103-1	临时道路修建、养护与拆除(包括原道路的养护费)	总额			

续上表

清单 第100章 总则

子目号	子目名称	单位	数量	单价	合价
103-2	临时占地	总额			
103-3	临时供电设施架设、维护与拆除				
-a	设施架设、拆除	总额			
-b	设施维修	月			
103-4	电信设施的提供、维修与拆除	总额			
103-5	供水与排污设施	总额			
104-1	承包人驻地建设	总额			
105					
	清单100章合计 人民币				

B. 根据图纸需要发生的工程细目部分。该部分说明了施工项目中各工程细目将要发生的工程量，计价特点是单价不变，实际工程量由计量确定。

②工程细目的划分原则。

A. 和技术规范保持一致性。工程量清单各工程细目在名称、单位等方面都应和技术规范相一致，以便承包人清楚各工程细目的内涵和准确地填写各细目的单价。因此，在采用《公路工程标准施工招标文件》时，其工程细目划分应尽量与《公路工程标准施工招标文件》相一致，如果根据实际需要对某些工程细目重新予以划分，则应注意修改技术规范的相应内容(包括相应的计量与支付方法)。

B. 便于计量支付、合同管理以及处理工程变更。工程细目的大小要科学。工程细目可大可小。工程细目小有利于处理工程变更的计价，但计量工作量和计量难度会因此增加；工程细目大可减少计量工作量，但太大难以发挥单价合同的优势，不便于变更工程的处理(计价)；另外，工程细目大也会使得支付周期延长，承包人的资金周转发生困难，最终影响合同的正常履行和合同的严肃性。

例如，桥梁工程有基础挖方项目，由于计价中包含了基础回填等工作，所以承包人必须等到基础回填工作完成以后才能办理该项目的计量支付，其支付周期有半年甚至更长的时间，以致影响承包人的资金周转，不利于合同的正常履行。但如果将基础开挖和基础回填分成两个工程细目，则可以避免上述问题。工程细目小会增加计量工作量，但对处理工程变更和合同管理是有利的。

例如，路基挖方中弃方运距的处理问题，实践中有两种处理方案：一种是路基挖方单价中包括全部弃方运距；另一种是路基挖方中包含部分弃方运距(如500m或1000m)，而超过该运距的弃方运费单独计量与支付。可以说，如果弃土区明确而且施工中不出现变更的话，上述两种处理方案是一样的(而且前一种方式可减少计量工作量)。但是，一旦弃土区变更或发生设计变更，由于弃土运距发生变化，则第一种方式的单价会变得不适应，双方必须按变更工程协商确定新的单价(使投标和合同单价失效)，而采用第二种方式时合同中的单价仍然是适用的，原则上可以按原单价办理结算。

C. 保持合同的公平性。为保持合同的公平性，应将开办项目作为独立的工程细目单列出来。开办项目往往是一些一开工就要全部或大部分发生甚至开工前就要发生的项目，如工程保险、承包人的驻地建设、临时工程等。如将这些项目包含在其他项目的单价中，则承包人开工时上述各种款项不能得到及时支付,这不仅影响合同的公平性和承包人的资金周转,而且会影响招标中预付款的数量(预付款的数量要增加),并且会加剧承包人的不平衡报价(承包人会将开工早的工程细目报价提高,以尽早收回成本),并因此影响变更工程的计价。

D. 保持清单的灵活性。为了使清单在实施中具有一定的灵活性,工程量清单中应备有计日工清单。设立计日工清单的目的是用来处理一些小型变更工程(小到可以用日工的形式来计价)计价,使工程量清单在造价管理上的可操作性更强。为加强承包人的计日工报价的合理性,在编制工程量清单时应事先假定各计日工的数量。

(3) 工程数量整理。工程量清单的工程量是反映承包人的义务量大小及影响造价管理的重要数据。整理工程量的依据是设计图纸和技术规范,整理工程量的工作是一项技术工作,绝不是简单地罗列设计文件中的工程量。在整理工程量时,应根据设计图纸及调查所得的数据,在技术规范的计量与支付方法的基础上进行综合计算。同一工程细目,其计量方法不同,所整理出来的工程量会不一样。设计文件中,工程量所对应的计量方法与技术规范中的计量方法不一定一致,这就需要在整理工程量的过程中进行技术处理。在工程量的整理计算中,应认真、细致,保证其准确性,做到不重不漏,不发生计算错误。否则,会带来下列问题:

①工程量的错误一旦被承包人发现,承包人会利用不平衡报价给业主带来损失。当实际工程量与清单工程量出入很大时,承包人会在总报价维持不变的基础上对实际工程量会增加的细目填报较高的单价,使得在施工过程中按实际工程量计量支付时,该项目费用增加很多,从而给业主造成损失。

②工程量的错误会引起合同总价的调整和索赔(或反索赔)。

③工程量的错误还会增加变更工程和费用索赔的处理难度。由于承包人可能采用了不平衡报价,所以当合同发生工程变更而引起工程量清单中工程量的增减时,因不平衡报价对所增减的工程量计价不适应,会使得监理人不得不和发包人及承包人协商确定新的单价来对变更工程进行计价,以致合同管理的难度增加。

④工程量的错误会造成投资控制和预算控制的困难。由于合同的预算通常是根据投标报价加上适当的预留费后确定的,工程量的错误还会造成项目管理中预算控制的困难和增加追加预算的难度。因此,工程量的准确性应予保证,其误差最大不应超过5%。

在进行工程数量整理时,可参照交通运输部公路工程定额站和湖南省交通运输厅交通建设造价管理局编制的《公路工程工程量清单计量规则》。该规则统一了公路工程工程量清单的项目号、项目名称、计算单位、工程量计算规则,并界定了工程内容。

《公路工程工程量清单计量规则》总说明的主要内容如下:

A. 本规则由项目号、项目名称、项目特征、计量单位、工程量计算规则和工程内容构成。

B. 本规则项目号的编写分别按项、目、节、细目表达,根据实际情况可按厚度、标号、规格等增列细目或子细目,与工程量清单细目号对应方式示例,如图2-19所示。

C. 项目名称以工程和费用名称命名,如有缺项,招标人可按本规则的原则进行补充,并报工程造价管理部门核备。

D. 项目特征是按不同的工程部位、施工工艺或材料品种、规格等对项目做的描述,是设置清单项目的依据。

E. 计量单位采用基本单位,除各章另有特殊规定外,均按以下单位计量:

以体积计算的项目——m^3;

以面积计算的项目——m^2;

以质量计算的项目——t、kg；
以长度计算的项目——m；
以自然体计算的项目——个、棵、根、台、套、块……
没有具体数量的项目——总额。

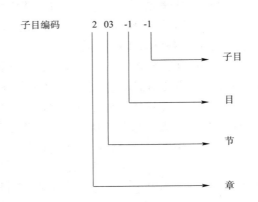

图 2-19　工程量清单细目号对应方式示例

F. 工程量计算规则是对清单项目工程量的计算规定，除另有说明外，清单项目工程量均按设计图示以工程实体的净值计算；材料及半成品采备和损耗、场内二次转运、常规的检测、试验等均包括在相应工程项目中，不另行计量。

G. 工程内容为完成该项目的主要工作，凡工程内容中未列的其他工作，为该项目的附属工作，应参照各项目对应的招标文件范本技术规范章节的规定或设计图纸综合考虑在报价中。

H. 施工现场交通组织、维护费，应综合考虑在各项目内，不另行计量。

2.2.2.6 "第七章 技术规范"的编制

技术规范是招标文件和合同文件中非常重要的组成部分，它详细具体地说明了承包人履行合同时的质量要求、验收标准、材料的品级和规格，为满足质量要求应遵守的施工技术规范，以及计量与支付的规定等。

《公路工程标准施工招标文件》的技术规范分为：总则，路基，路面，桥梁、涵洞，隧道，安全设施及预埋管线，绿化及环境保护七章。

第 100 章总则，包括：保险，竣工文件，施工环保费，安全生产费，工程管理软件（暂估价），临地道路修建、养护与拆除（包括原道路的养护费，临时占地，临时供电设施，设施架设、设施维修拆除，电信设施的提供、维修与拆除，供水与排污设施，承包人驻地建设等）。

第 200 章路基，包括：场地清理，挖方，填方，特殊地区路基处理，路基整形，坡面排水，护坡、护面墙，挡土墙，锚杆挡土墙，加筋土挡土墙，喷射混凝土和喷浆边坡防护，预应力锚索边坡加固，抗滑桩，河道防护等。

第 300 章路面，包括：垫层，石灰稳定土基层，水泥稳定土底基层、基层，石灰粉煤灰稳定土底基层、基层，级配碎（砾）石底基层、基层，透层、黏层和封层，热拌沥青混合料面层，沥青表面处治，改性沥青及改性沥青混合料，水泥混凝土面板，培土路肩、中央分隔带回填土、土路肩加固及路缘石，路面及中央分隔带排水等。

第 400 章桥梁、涵洞，包括：模板、拱架和支架，钢筋，基础挖方及回填，钻孔灌注桩，沉桩，挖孔灌注桩，桩的垂直静荷载试验，沉井，结构混凝土工程，预应力混凝土工程，预制构件的安装，砌石工程，小型钢构件，桥面铺装，桥梁支座，桥梁接缝和伸缩装置，防水处理，圆管涵及倒虹吸管,盖板涵,箱涵,拱涵。

第500章隧道,包括:洞口与明洞工程,洞身开挖,洞身衬砌,防水与排水,洞内防火涂料和装饰工程,风水电作业及通风防尘,监控量测,特殊地质地段的施工与地质预报。

第600章安全设施及预埋管线,包括:护栏,隔离栅,道路交通标志,道路交通标线,防眩设施,通信和电力管道与预埋(预留)基础,收费设施及地下通道。

第700章绿化及环境保护,包括:铺设表上,撒播草种和铺植草皮,种植乔木、灌木和攀缘植物,植物养护与管理,声屏障,环境保护。

技术规范共计96万余字,在此不进行更详细介绍。在编制招标文件时,一般可按以下方式表示:"第三卷第七章技术规范采用《公路工程标准施工招标文件》第三卷第七章中符合本招标工程的相应条款,修改部分见《补充技术规范》"。

在编制文件中应注意:《补充技术规范》应结合本工程的具体情况与特点进行编写,但各项技术标准应符合国家强制性标准。

合同文件的技术规范是根据现行的通用技术规范结合项目工程具体情况择要选编的,其内容主要是技术要求,有些条文只是指示性的,即要求按照特定的标准和规范办理,所以必须与各种现行标准和规范配合使用。此外,合同文件中的技术规范还包括了质量检验、计量与支付办法等工程管理内容。

《公路工程标准施工招标文件》中的技术规范,是由许多实践经验丰富的专家编制而成的。内容涵盖了公路工程各个方面。在编制招标文件时,可以原文采用,同时,对于某些未被涵盖的工程内容,或者对某些工作有特殊要求,以及颁布了新的规范时,可以在原有规范条文的基础上提出修改和补充条文,作为项目专用技术条款,项目专用技术条款的编号仍应与技术规范一致,以便使用。

2.2.2.7 "第九章 投标文件格式"的编制

投标文件格式参照《公路工程标准施工招标文件》第四卷第八章内容,其目录如图2-20所示。招标人可结合招标项具体特点和需要,对其内容进行补充、细化,目的是要求投标人按此格式编制投标文件。各部分内容和格式要求在此不详细列出,详见本书单元3"投标文件的编制"。

目 录

调价函格式(如有)
一、投标函及投标函附录
二、法定代表人身份证及授权委托书
三、联合体协议书
四、投标保证金
五、已标价工程量清单
六、施工组织设计
七、项目管理机构
八、拟分包项目情况表
九、资格审查资料(适用于已进行资格预审的)
十、资格审查资料(适用于未进行资格预审的)
十一、承诺函
十二、其他材料

图2-20 招标文件格式

2.2.3 标底(招标控制价)的编制

2.2.3.1 招标控制价概念

招标控制价是招标人根据国家或省级、行业建设主管部门颁发的有关计价依据和办法,按设计施工图纸计算的,对招标工程限定的最高工程造价,也可称其为拦标价、预算控制价或最高报价等。

2.2.3.2 招标控制价与标底的区别

招标控制价不同于标底,招标控制价反映的是招标人对工程的最高限价,标底是招标人对工程的心理价位。它们之间的区别主要有以下几点:

(1)招标控制价(拦标价)是最高限价,投标价如超过则为废标。标底是心理价位,接近标底的投标报价得分最高,但在报价均高于标底时,最低的投标价仍能中标。

(2)招标控制价是公开的,标底是保密的。

(3)低于招标控制价的合理最低价即可中标。

2.2.3.3 招标控制价的意义

(1)招标控制价是预防某些投标人高价围标的有效手段,是对拟建工程投标报价的最高限定价。因此,由招标人编制的合理的招标控制价不仅能够保护自己的利益不受到损失,还能保证工程招标成功乃至工程建设的顺利进行。

(2)招标控制价是检验投标报价合理性的标准。招标控制价是招标人根据政府部门颁布工程计价定额和取费标准编制的,它体现的是社会工程造价平均水平,可以检验出投标报价的合理性。

(3)招标控制价是对施工图设计成果是否符合设计概算投资的有效检验,如果招标控制价突破设计概算,作为发包人,就要及时考虑追加投资或修改设计,降低标准以适应发包人的投资能力。

(4)招标控制价的编制是对施工图设计及招标文件等进一步完善的有效手段。招标控制价的编制依据是招标文件和工程量清单,在招标控制价的编制组价过程中,很容易发现招标文件和工程量清单以及施工图相互矛盾和不明确的地方,促使招标人及时对这些文件加以修改和完善。

(5)符合市场规律,规范市场秩序。工程量清单招标遵循市场确定价格的原则,招标控制价的设立避免了建筑市场的无序竞争,起着引导报价、良性竞争的有利作用,有效地规范了市场秩序。

2.2.3.4 招标控制价应用中应注意的问题

(1)国有资金投资的工程建设项目应实行工程量清单招标,并应编制招标控制价。根据《中华人民共和国招标投标法》的规定,国有资金投资的工程进行招标,招标人可以不设标底。当招标人不设标底时,为有利于客观、合理地评审投标报价和避免哄抬标价,造成国有资产流失,招标人应编制招标控制价,作为招标人能够接受的最高交易价格。

(2)招标控制价超过批准的概算时,招标人应将其报原概算审批部门审核。由于我国对国有资金投资项目的投资控制实行的是投资概算审批制度,国有资金投资的工程原则上不能超过批准的投资概算。

(3)投资人的投标报价高于招标控制价的,其投标应予以拒绝。国有资金投资的工程,招标人编制并公布的招标控制价相当于招标人的采购预算,同时要求其不能超过批准的概算。

因此,招标控制价是招标人在工程招标时能接受投标人报价的最高限价。国有资金中的财政性资金投资的工程在招投标时还应符合《中华人民共和国政府采购法》相关条款的规定,如第三十六条规定:"在招标采购中,出现下列情形之一的,应予废标……(三)投标人的报价均超过了采购预算,采购人不能支付的。"依据这一精神,规定了国有资金投资的工程,投标人的报价不能高于招标控制价,否则,其投标将被拒绝。

(4)招标控制价应由具有编制能力的招标人或受其委托,具有相应资质的工程造价咨询人编制。应当注意的是,应由招标人负责编制招标控制价,当招标人不具有编制招标控制价的能力时,根据《工程造价咨询企业管理办法》(建设部第149号令)的规定,可委托具有工程造价咨询资质的工程造价咨询企业编制。工程造价咨询人不得同时接受招标人和投标人对同一工程的招标控制价和投标报价的编制。

(5)招标控制价应在招标文件中公布,不应上调或下浮,招标人应将招标控制价及有关资料报送工程所在地工程造价管理机构备查。招标控制价的作用决定了招标控制价不同于标底,无须保密。为体现招标的公平、公正,防止招标人有意抬高或压低工程造价,招标人应在招标文件中如实公布招标控制价,不得对所编制的招标控制价进行上浮或下调。招标人在招标文件中公布招标控制价时,应公布招标控制价各组成部分的详细内容,不得只公布招标控制价总价。同时,招标人应将招标控制价报工程所在地的工程造价管理机构备查。

(6)对于建筑工程,投标人经复核认为招标人公布的招标控制价未按《建设工程工程量清单计价规范》的规定进行编制的,应在开标前5日向招投标监督机构或(和)工程造价管理机构投诉。招标监督机构应会同工程造价管理机构对投诉进行处理,发现确有错误的,应责成招标人修改。在这里,实际上是赋予了投标人对招标人不按规范的规定编制招标控制价进行投诉的权利。同时,要求招投标监督机构和工程造价管理机构担负并履行对未按规定编制招标控制价行为进行监督处理的责任。

2.2.3.5 招标控制价编制依据

(1)公路工程工程量清单计价规范(适用于建筑工程)。
(2)国家或省级、行业建设主管部门颁发的计价定额和计价办法。
(3)建设工程设计文件及相关资料。
(4)招标文件中的工程量清单及有关要求。
(5)与建设项目相关的标准规范、技术资料。
(6)工程造价管理机构发布的工程造价信息;工程造价信息没有发布的参照市场价。
(7)其他相关资料。

2.2.3.6 招标控制价编制要求

(1)收集和分析资料。在编制招标控制价前,首先应做好招标文件、图纸、工程量清单、补遗书和初步设计概算批复等资料收集工作,并对照招标内容做好相应概算的拆分工作,认真研究招标文件、图纸、工程量清单、补遗书等资料,合理确定取费标准、材料价格和施工方案。

(2)编制时间和人员要求。应在开标临近时再确定招标控制价编制人员,编制人员的数量一般不宜少于2人。必要时,可组织编制人员进行现场考察。

(3)与工程量清单保持一致。在招标控制价的编制过程中,应认真分析和理解招标文件中投标人关于风险、调价、责任等的约定,分析和理解工程量清单编制依据以及清单项目划分和特征描述所体现的组价原则等。在计算过程中,应严格按照特征描述所体现的组价原则计价,招标文件要求投标人考虑的各种因素包括风险费用,在招标控制价中也应体现,避免招标控制价与招标文件及工程量清单相脱节。

同时,招标控制价的编制过程也是对工程量清单补充和完善的过程,编制中发现工程量清单中不清楚不完善的内容,要提醒招标人及时明确或作出补充说明,以保证工程量清单和招标控制价的完整性和准确性。

(4)合理确定清单单价。招标控制价的编制以工程量清单预算方式进行,编制人员要做好工程量清单预算基础数据模板,并相互校核,做到各标段的清单单价均衡,无特殊情况不应出现明显的不平衡单价;要认真校对各标段的工程量清单的数量和单位,确保准确无误。

(5)合理确定各标段总价。做好各标段招标控制价上限之和与相应概算的比较分析,各标段招标控制价之和应控制在相应概算范围之内。当出现各标段招标控制价上限之和超出相应概算时,编制人员要分析超概(超出概算)原因,并及时向发包人反映。

(6)其他费用项的编制要求。

①暂列金额:暂列金额由招标人根据工程复杂程度、设计深度、工程环境条件等特点,一般可以分部分项工程费的10%~15%为参考。

②暂估价:暂估价中的材料单价按照工程造价管理机构发布的工程造价信息或参考市场价格确定。暂估价中的专业工程暂估价应分不同专业,按有关计价规定估算。

③计日工:招标人应根据工程特点,按照列出的计日工项目和有关计价依据,填写用于计日工计价的人工、材料、机械台班单价并计算计日工费用。

④总承包服务费:招标人应根据招标文件中列出的内容和向总承包人提出的要求计算总承包费。计算时可参照下列标准:

A. 招标人仅要求对分包的专业工程进行总承包管理和协调时,按分包的专业工程估算造价的1.5%计算。

B. 招标人要求对分包的专业工程进行总承包管理和协调并同时要求提供配合服务时,根据招标文件列出的配合服务内容和提出的要求按分包的专业工程估算造价的3%~5%计算。

C. 招标人自行供应材料的,按招标人供应材料价值的1%计算。

⑤规费和税金的编制要求。规费和税金必须按国家或省级、行业建设主管部门的规定计算。

(7)完善编制说明。包括编制依据、工程类别、取费标准、材料价格来源、选用的施工方案。例如挖土方工程,通常要求施工企业自行选择挖土方式、比例、运土费用,以及距离等,在编制招标控制价时也应有完整和清楚的说明。

(8)认真完成编制意见书。编制意见书应包括编制组织情况、工程概况、编制依据、定价原则,以及有关情况的说明等,编制人员必须在编制意见书上签名或盖章,最后附上编制好的招标控制价清单。

 应用案例 2-13

【案例概况】

某项目主线为双向四车道高速公路,路基宽度为26m,采用沥青混凝土路面结构形式,具体工程数量如下:

路面工程部分数量表

起讫桩号	结构类型			
	4cm厚SMA-13上面层	8cm厚粗粒式沥青混凝土下面层	20cm厚5%水稳碎石基层	SBS改性乳化沥青黏层
	体积（100m³）	体积（100m³）	面积（1000m²）	面积（1000m²）
第1合同段合计	98.9	98.9	106.902	98.9

纵向排水管工程数量表

起讫桩号	长度（m）	现浇C25沟身（m³）	预制C30盖板（m³）	沥青麻絮伸缩缝（m²）	盖板钢筋（kg）	砂砾垫层（m³）
第1合同段合计	4612	553.43	221.37	84.55	51192.2	507.31

施工组织拟采用集中拌和，摊铺机铺筑，混合料综合平均运距为5km，混合料均采用15t自卸汽车运输，基层稳定土混合料采用300t/h稳定土拌和站拌和，沥青混凝土采用240t/h沥青混合料拌和站拌和。

问题：(1)编制路面工程工程量清单。

(2)在路面工程的上面层、稳定基层、黏层的清单子目下套取定额。

【案例评析】

分析要点：

(1)本案例主要考核工程量清单的编制和清单控制价的编制。

(2)首先参照给定的《公路工程标准施工招标文件》(2018年版)编制工程量清单，然后在相应清单中套取定额，并计算定额用量。

(3)需注意工程数量表单位与清单单位的换算，以及定额中取用数量单位的调整。另需注意纵向排水管的清单计量规则。

参考答案：

(1)工程量清单。

子目号	子目名称	单位	数量
304-3	水泥稳定碎石基层		
-a	20cm水泥稳定碎石基层	m²	106902.00
308-2	黏层	m²	
-a	SBS改性乳化沥青黏层	m²	98900.00
309-1	细粒式沥青混凝土上面层		
-a	厚40mm SMA-13	m²	98900.00
309-3	粗粒式沥青混凝土下面层		
-a	厚80mm	m²	98900.00
314-2	纵向雨水沟(管)		
-a	纵向排水沟	m	4612.00

(2) 清单子目定额套取。

304-3-a 20cm 水泥稳定碎石基层为：

工程细目	定额代号	费率	单位	数量	定额调整或系数
厂拌水泥碎石稳定土(5%)压实厚度20cm	2-7-1-5	其他路面	1000m²	106.902	
15t以内自卸汽车运稳定土第一个1km	2-1-8-21	汽车运输	1000m³	21.38	运距调整为5km
12.5m以内摊铺机铺筑基层混凝土	2-1-9-11	其他路面	1000m²	106.902	人工、压实机械调整

308-2-a SBS 改性乳化沥青黏层为：

工程细目	定额代号	费率	单位	数量	定额调整或系数
乳化沥青层黏层	2-2-16-6	其他路面	1000m²	98.9	乳化沥青改为SBS改性乳化沥青

309-1-a 40mmSMA-13 为：

工程细目	定额代号	费率	单位	数量	定额调整或系数
沥青马蹄脂碎石混合料拌和(240t/h以内)	2-2-12-3	高级路面	1000m³	3.956	
15t以内自卸汽车运沥青混合料第一个1km	2-1-13-21	汽车运输	1000m³	3.956	运距调整为5km
机械摊铺沥青马蹄脂碎石混合料(240t/h以内)	2-2-14-56	高级路面	1000m³	3.956	

309-3-a 80mm 粗粒式沥青混凝土为：

工程细目	定额代号	费率	单位	数量	定额调整或系数
粗粒式沥青混凝土拌和	2-2-12-5	高级路面	1000m³	7.912	
15t以内自卸汽车运沥青混合料第一个1km	2-1-13-21	汽车运输	1000m³	7.912	运距调整为5km
机械摊铺粗粒式沥青混凝土	2-2-14-46	高级路面	1000m³	7.912	

314-2-a 纵向排水管为：

工程细目	定额代号	费率	单位	数量	定额调整或系数
现浇C25沟身混凝土	1-2-4-5	构造物Ⅰ	10m³	55.343	C20调整为C25
C30盖板预制	1-2-4-8	构造物Ⅰ	10m³	22.137	C20调整为C30，定额×1.01
盖板安装	1-2-4-11	构造物Ⅰ	10m³	22.137	
盖板钢筋	1-2-4-10	钢材及钢结构	1t	51.192	
砂砾垫层	4-11-5-1	构造物Ⅰ	10m³	50.731	

本模块小结

招标是公路工程项目建设过程的重要环节。结合工程实例和相关职业资格考试内容,本单元重点阐述了公路工程施工招标的方式、招标条件、基本程序及各个步骤的工作内容、招标文件的编制等。其中,学生要重点掌握施工招标程序、招标文件编制及应注意的问题。

模块训练

一、单选题

1. 《公路工程标准施工招标文件》规定,中标人应在发出中标通知书后 30 天内,在(　　),按合同规定向发包人提供履约担保。
   A. 签订合同协议书之前　　　　　　B. 签订合同协议书之后
   C. 签订合同协议书的同时　　　　　D. 中标人选择时间

2. 《中华人民共和国招标投标法》规定,采用邀请招标方式的,必须向(　　)以上潜在投标人发出邀请。
   A. 2 个　　　　B. 3 个　　　　C. 4 个　　　　D. 5 个

3. 评标委员会的评标报告应由(　　)签字。
   A. 全体成员　　B. 评委会主任　　C. 业主的法定代表　　D. B+A 或 B+C

4. 评标委员会应由(　　)组建。
   A. 项目主管部门　　B. 建筑市场管理部门　　C. 招标人　　D. 工程监理单位

5. 我国的法律规定:投标人不得以低于成本的报价竞争,其中成本价是指(　　)。
   A. 社会平均成本价　　　　　　　B. 投标人的个别成本价
   C. 合同标底的价格　　　　　　　D. 本行业的行业平均成本价

6. 下面所列文件中,不是合同文件组成部分的是(　　)。
   A. 投标函及投标函附录　　　　　B. 中标通知书
   C. 勘察资料　　　　　　　　　　D. 技术规范

7. 《公路工程标准施工招标文件》中的通用合同条款,在使用时(　　)。
   A. 不允许增删或修改　　　　　　B. 可以根据需要删改
   C. 允许局部增删或修改　　　　　D. 可以根据需要补充

8. 投标有效期是指(　　)。
   A. 从开始发售招标文件之日起到投标截止日止之间的一段时间
   B. 从开标之日起到签发中标通知书之日止之间的一段时间
   C. 从购买资格预审文件之日起到签发投标邀请信之日止之间的一段时间
   D. 从中标人收到中标通知书之日起到签署合同协议书之日止之间的一段时间

9. 投标人必须对本合同的全部工程报投标价,并以投标人在工程量清单中提出的"单价"或"总额价"为依据;如果只填报了其中的部分工程,则其投标将属于(　　)。

A. 该投标有效,在合同实施过程中,未报价的部分,按合同出现"漏洞"的原则处理

B. 允许只对合同中的部分工程报价,并且只授予投标人已经填有报价的那部分工程,其余的应另择中标人

C. 该投标属于不符合标,予以拒绝

D. 视为非实质性偏离,可以在评标时通过对投标文件的质疑澄清进行补报,补报就可以参加响应性审查与评标中的评标价的评比

10. 利用扶贫资金实行以工代赈需要使用农民工的工程应采用(　　)方式选择实施单位。
　　A. 公开招标　　　　　　　　　　B. 邀请招标
　　C. 议标　　　　　　　　　　　　D. 由审批部门批准后可以不进行招标

11. 《公路工程标准施工招标文件》规定,招标人在投标截止期前(　　)可以用"补遗书"的方式修改招标文件。
　　A. 15 天　　　B. 21 天　　　C. 28 天　　　D. 30 天

12. 当出现招标文件中的某项规定与招标人对投标人质疑问题的书面解答澄清不一致时,应以(　　)为准。
　　A. 招标文件的规定　　　　　　　B. 现场考察时招标单位的口头解释
　　C. 招标单位在会议上的口头解释　D. 发给每个投标人的书面澄清文件

13. 公开招标与邀请招标在招标程序上的主要差异表现为(　　)。
　　A. 是否发布招标公告　　　　　　B. 是否组织现场考察
　　C. 是否解答投标单位的质疑　　　D. 是否公开开标

14. 招标文件中的投标人须知是为了(　　)。
　　A. 指导投标人正确报价
　　B. 避免投标人中标后拒签合同
　　C. 避免泄露标底
　　D. 公开招标投标的程序、评标办法、合同授予标准,并指导投标人正确编写投标文件与正确报价

15. 在招标过程中,评标委员会中的经济技术专家应当采取(　　)方法产生。
　　A. 项目的主管部门聘请
　　B. 由项目的主管部门从有资格的专家中指定
　　C. 从已经建立起来的专家库中随机抽取
　　D. 由业主或招标单位从已经建立起来的合法专家库中随机抽取,并根据抽取结果聘请

16. 对于施工招标而言,评标委员会推荐的中标候选人限定在(　　)人之内,并标明排列的中标先后顺序。
　　A. 10 人　　　B. 8 人　　　C. 5 人以上
　　D. 3~5 人　　E. 1~3 人

17. 在划分标段的过程中,一般规律是(　　)。
　　A. 标段越大项目的造价越低　　　B. 标段越小项目的造价越低
　　C. 标段大小划分合适才能使标价最低　D. 项目的造价与划分的标段大小无关

18. 《公路工程标准施工招标文件》规定,采用计日工计价的任何一项变更工作,应从(　　)中支付。
　　A. 开工预付款　　B. 材料设备预付款　　C. 工程进度款　　D. 暂列金额

19. 施工合同文件中,通用合同条款和专用合同条款的关系是( )。
   A. 通用合同条款为主条款,专用合同条款为从属条款,故通用合同条款较为全面,如有不一致应以通用条款为准
   B. 通用合同条款为主条款,专用合同条款为从属条款,如有不一致应以专用条款为准
   C. 专用合同条款是针对通用合同条款有关条款进行补充、修改或具体化,如有不一致应以专用条款为准
   D. 通用条款和专用条款是各自独立的部分
20. 《公路工程标准施工招标文件》规定,公路工程缺陷责任期一般不超过( )。
   A. 6 个月　　　　　B. 12 个月　　　　　C. 24 个月　　　　　D. 36 个月

二、多选题

1. 《公路工程标准施工招标文件》规定,当发生( )情形之一的,投标人提交的投标保证金将不予退还。
   A. 投标人提交了虚假资料
   B. 投标人在规定的投标有效期内撤销或修改其投标文件
   C. 投标人拒绝了招标人提出的关于延长投标文件有效期的要求
   D. 投标人不接受依据评标办法的规定对其投标文件中细微偏差进行的澄清和补正
   E. 投标人在收到中标通知书后,无正当理由拒签合同文件协议书或未按招标文件规定提交履约担保

2. 《公路工程标准施工招标文件》规定,在特殊情况下,招标人在原定投标文件有效期内可以根据需要向投标人提出延长投标文件有效期的要求,投标人有权同意或拒绝;如果同意延长,则投标人( )。
   A. 不得在延长后的投标有效期内修改投标文件
   B. 应当同意增加投标保证金
   C. 应延长其投标保证金的有效期
   D. 具有优先中标的权利
   E. 可适当减少其投标保证金

3. 《公路工程标准施工招标文件》规定,投标文件的细微偏差指( )。
   A. 施工组织设计不够完善
   B. 项目管理机构不够完善
   C. 提出了与招标文件不同的工程验收、计量、支付办法
   D. 在招标人给定的工程量清单中修改了某些子目的工程数量
   E. 在按照招标文件的规定对其投标价进行算术性错误修正及其他错误修正后,最终报价未超过投标控制价上限

4. 《公路工程标准施工招标文件》规定,招标人根据对本合同工程勘察所得的水文、地质、气象和料场分布等资料汇编而成的《参考资料》,其性质是( )。
   A. 是招标文件的组成部分
   B. 不是招标文件的组成部分,却是合同文件的组成部分
   C. 不是招标文件的组成部分,也不是合同文件组成部分,但对投标有重要的参考意义
   D. 仅供投标人在投标报价时使用,对投标没有任何意义
   E. 投标人应对他自己就上述资料的解释、推论和应用负责

5. 《公路工程标准施工招标文件》规定,投标人对其投标报价(　　)。
   A. 不能修改
   B. 投标截止时间后不能修改
   C. 签发中标通知时以前都可以修改
   D. 开标之前可以修改,但修改的通知应不迟于投标截止时间前到达招标人
   E. 在签订合同之前都可以修改

6. 公路建设项目投标人以联合体形式投标时,必须遵守的规定包括(　　)。
   A. 联合体协议随投标文件一起提交
   B. 联合体各成员出具授权书,授权牵头人办理投标事宜
   C. 联合体成员在投标、签约和履行合同过程中,负有连带的和各自的法律责任
   D. 联合体牵头人所承担的工程量不低于总工程量的50%
   E. 联合体牵头人必须是联合体成员中资质等级最高的

7. 凡投标人在工程量清单中增加填报的细目,其单价、总额价应按照(　　)的办法处理。
   A. 对所增加细目的报价,业主将不予接受
   B. 对所增加细目的报价,业主应当予以接受
   C. 严重的,将视为"非符合标"而遭到拒绝
   D. 投标人可以通过澄清主动改正

8. 下面哪些情形可以经过批准后进行邀请招标(　　)。
   A. 涉及国家安全、国家机密或者抢险救灾,适宜招标但不适宜公开招标的
   B. 受自然地域环境限制的
   C. 项目技术复杂或有特殊要求,只有少数几家投标人可供挑选的
   D. 拟公开招标的费用与项目的价值比较,不值得的

9. 评标时,以下哪些符合对投标报价的算术修正的原则(　　)。
   A. 当以数字表示的金额与以文字表示的金额有差异时,以数字表示的金额为准
   B. 当以数字表示的金额与以文字表示的金额有差异时,以文字表示的金额为准
   C. 各细目的"总额价"的实际累计值,若不等于投标总价时,以各细目价累计的金额为准,修正总价
   D. 单价与工程量的乘积与总价之间不一致时,以单价为准

10. 以下哪些是招标人有权不予受理的投标文件(　　)。
    A. 逾期送达的或者未送达指定地点的
    B. 未按招标文件的规定格式填写,内容不全,字迹模糊无法辨认的
    C. 开标以前递交了"降价信"的
    D. 投标人的名称、组织结构与资格预审时不一致的

11. 以下哪些是招标人在开标现场应当当场宣布为"废标"的投标文件(　　)。
    A. 投标人没有提交投标担保的
    B. 所递交的投标书(或称投标书)上没有按规定签字并加盖公章的
    C. 没有在投标文件上填写投标总价的
    D. 投标人没有参加开标会的

12. 根据有关法律法规规定,公路工程施工企业要取得施工投标资格应具备(　　)。
    A. 有法人资格　　　　　　　　　　B. 有相应的技术资质等级

C. 属于本系统的单位　　　　　　　　D. 已办理资信等级

13. 在评标的详细评审中,如果投标文件中出现了以下哪种情形,可以认为该投标属于有重大偏离(　　)。

   A. 投标文件中承诺的质量检验标准低于招标文件或国家强制性标准的
   B. 关键工程的技术方案不可行的
   C. 施工业绩及履约信誉证明材料虚假的
   D. 在工程量清单中漏报了个别细目的单价的
   E. 投标文件所列报的投入施工的施工机具、人力资源不足的

14. 标前会议与现场调查常常安排在同一时间进行,召开投标预备会的目的是(　　)。

   A. 由招标人统一带领所有购买了招标文件的投标人"领看现场"
   B. 进行合同谈判
   C. 对设计文件进行技术交底
   D. 针对投标人提出的关于招标文件的问题,进行一次集中的口头澄清

15. 在资格预审文件中,应当规定的强制性标准中必须包含有(　　)。

   A. 经验标准
   B. 财务能力强制性标准
   C. 现场管理人员强制性标准
   D. 资质标准
   E. 分包限制的强制性标准
   F. 拟投入到本合同工程中的施工机具的强制性标准

三、简答题

1. 简述公路工程施工招标的程序。
2. 简述资格预审的方法。
3. 简述公路工程施工招标文件的组成。

四、案例分析题

1. 某公路工程全部由 A 市政府投资。该项目为 A 市建设规划的重点项目之一。该公路工程项目法人已经依法组建,初步设计文件已被批准,项目建设资金还没有落实。现决定对该项目进行施工招标。因估计除本市施工企业参加投标外,还可能有外省市施工企业参加投标,故发包人委托咨询单位编制了两个标底,准备分别用于对本市和对外省市施工企业投标价的评定。发包人对投标单位就招标文件所提出问题统一作了书面答复,并在答复中说明了每一个问题提问的投标单位。在书面答复投标单位的提问后,发包人组织个投标单位进行了施工现场考察。在递交投标文件截止时间前 10 天,发包人通知各投标单位,由于某种原因,决定将收费站工程从原招标范围内删除。

   请问:该项目施工招标过程在哪些方面存在问题或有不当之处？请逐一说明。

2. 某市投资建设一公路项目,该公路建设项目的发包人于 2020 年 3 月 15 日发布该项目施工招标公告,其中载明投标项目的性质、规模、实施地点、获取招标文件的办法等事项,还要求参加投标的施工单位如果是本市企业,必须具有一级或二级资质;如果是外地企业,则必须具有一级资质,而且近三年内有获省、市优质工程奖的项目,同时需提供相应的资质证书和证明文件。2020 年 4 月 1 日向通过资格预审的施工单位发售招标文件,各投标单位领取招标文件的人员均按要求在一张表格上登记并签收。招标文件中明确规定:工期不长于 24 个月,工

程质量目标位优良;2020年4月18日16时为投标截止时间。

开标时,由各投标人推举的代表检查投标文件的密封情况,确认无误后,由招标人当众拆封,宣读投标人名称、投标价格、工期等内容,还宣布了评标标准和评标委员会名单(共8人,其中招标人代表2人、招标人上级主管部门代表1人、技术专家3人、经济专家2人),并授权评标委员会直接确定中标人。

请问:该项目施工招标过程在哪些方面不符合《招标投标法》和《公路工程标准施工招标文件》的有关规定?请逐一说明。

技 能 实 训

模块2 在线测试

技能实训一

【实训目标】

1.通过对所给出项目完整资格预审文件的研究,使学生掌握资格预审文件的组成、内容、格式要求等。

2.通过资格预审申请文件编制实做,使学生在熟悉项目资格预审申请文件的组成、内容以及格式要求的同时,重点锻炼学生施工现场组织管理和编制"初步施工组织计划"的能力。

【实训要求】

请分小组,以潜在投标人的身份,根据《××省××工程施工招标资格预审文件》要求,编制该项目《资格预审申请文件》。

技能实训二

【实训目标】

1.通过项目工程量清单编制实做,使学生掌握工程量清单的编制步骤和方法。

2.通过招标控制价的编制实做,使学生熟悉清单控制价的编制过程,掌握编制方法。

【案例材料】

某大桥为 5×25m 预应力混凝土分体小箱梁桥,桥梁全长133m,下部构造采用重力式桥台和柱式桥墩,桥台高8.6m,桥墩高9.1m。

桥梁下部结构主要工程数量为:U形桥台C30混凝土487.8m^3,台帽C40混凝土190.9m^3;柱式桥墩立柱C40混凝土197.7m^3,盖梁C40混凝土371.7m^3。施工要求采用集中拌和运输,混凝土拌和场设在距离桥位500m的一片荒地,拌和站采用40m^3/h的规格,拌和站安拆及场地费用不计。

【实训要求】

(1)根据给定的桥梁下部结构相关清单子目号、子目名称如下表,编制桥梁下部结构工程量清单。

桥梁下部结构相关清单

子 目 号	子 目 名 称	子 目 号	子 目 名 称
410-2	下部结构混凝土	410-2-d	轻型桥台
410-2-a	重力式U形桥台	410-2-e	柱式桥墩
410-2-b	肋板式桥台	410-2-f	薄壁式桥墩
410-2-c	柱式桥台	410-2-g	空心桥墩

(2)在相应的清单子目下套取定额。

模块 3　公路工程施工投标

知识目标

通过公路工程施工投标的具体业务,熟悉公路工程投标项目的选择,掌握施工投标文件的内容、编制程序和投标报价的方法。

能力目标

1. 能够参加资格预审,并进行资格预审申请文件的编制;
2. 能够进行技术标的编制;
3. 能够进行投标价的编制;
4. 能够根据招标文件的要求进行投标文件的编制;
5. 能够根据招标文件的要求对投标文件进行包装、密封、标识和递交。

引例

某工程招标文件中标明,距离施工现场 1km 处存在一个天然砂场,并且该砂可以免费取用。现场实地考察后承包商没有提出疑问,承包商在投标报价中没有考虑工程买砂的费用,只计算了取砂和运输费用。

由于承包商在现场踏勘时没有仔细了解天然砂场中砂的具体情况,中标后,在工程施工中准备使用该砂时,监理工程师认为该砂级配不符合工程施工要求而不允许在施工中使用,于是承包商只得自己另行购买符合要求的砂。

承包商以招标文件中标明现场有砂而投标报价中没有考虑为理由,要求业主补偿现在必须购买砂的差价,监理工程师不同意承包商的补偿要求。

请思考监理工程师不同意承包商的补偿要求是否合法。

3.1　工程项目投标概述

3.1.1　投标的基本知识

投标是指投标人根据招标公告的要求填写招标文件,实质性响应招标人要求,并将其送交招标人的行为。在这一阶段,投标人所进行的工作主要有:申请投标资格、购买标书、考察现场、办理投标保函、算标、编制和投送标书等。

《公路工程标准施工招标文件》(2018 年版)规定,投标人应具备招标文件所规定的承担本标段施工的资质条件、能力和信誉,主要包括以下条件和要求。

(1)资质条件。

(2)财务要求。

(3)业绩要求。

(4)信誉要求。

(5)项目经理资格和项目总工资格。

(6)其他要求。

我国于1999年颁布《中华人民共和国招标投标法》,2017年修订施行。目前,通过投标竞争获取工程施工项目,已经成为我国公路工程施工企业生存的基本途径。如何选择投标项目,增加公路施工企业获取业务的机会,事关企业的生存和发展。因此,投标人在选择投标项目过程中应当注意以下事项:

(1)实事求是、量力而行。根据本企业施工力量、机械设备、技术力量、施工经验等方面的条件,考虑招标项目是否有可实现的利润,中标后能否保证工期和质量要求。

(2)发挥优势、扬长避短。选择适合于发挥本企业优势的项目,避开本企业缺乏经验的项目。

(3)知己知彼、有的放矢。注意收集潜在竞争对手的技术经济情报和市场投标报价动向,考虑所投项目是否有一定竞争取胜的把握和机会。若胜算不大不宜勉强投标,更不宜陪标。

(4)综合权衡、放眼长远。所投项目应尽量符合本企业长期经营战略、短期利益和长期利益相结合。确保重点,而不是中标项目越多越好,防止战线太长而顾此失彼。

3.1.2 投标的一般程序

(1)选定投标项目。根据招标公告或招标单位的邀请,筛选投标的有关标段,分析招标信息,选择适合本企业承包的工程参加投标。

(2)参加资格预审。向招标人提交资格预审申请书,同时应附上本企业营业执照以及承包工程资格证明文件、企业简介、技术人员状况、历年施工业绩、施工机械装备等情况。

(3)购买招标文件。经招标人投标资格审查合格后,向招标单位购买招标文件及资料。

(4)研究招标文件。研究招标文件合同要求、技术规范、图纸和工程量清单,了解合同特点和技术要点,制订出初步施工方案,提出现场考察提纲和准备向业主提出的疑问。

(5)进行现场考察。认真了解施工现场环境、资源情况,并做好详尽记录,为投标文件的编制,特别是报价文件、技术标书的编制,以及标前答疑打下基础。

(6)参加标前会议。参加招标人召开的标前会议,认真根据现场情况和对招标文件研究的情况,提出自己的问题、倾听招标人解答各单位答疑。

(7)完成招标文件的编制。在认真考察现场及调查研究的基础上,修改原有施工方案,落实和制定出切实可行的施工组织设计,编制好技术标书;在工程所在地材料单价、运输条件、运距长短的基础上编制出切实可靠的材料单价,进行成本分析,编制成本预算,然后根据投标环境分析和制定的投标策略计算并确定标价,编制好报价文件;填好合同文件所规定的各种表格、文书以及相应附件资料,编制好商务标书。合成三部分标书,统一编码,盖好印鉴密封,在规定的时间内送到招标人指定的地点。

(8)参加开标会。参加招标人召开的开标会议,并做好记录。

(9)做好澄清准备。随时准备答复招标人要求补充的资料或需进一步澄清的问题。

(10)签订合同。如果中标,与招标人一起依据招标文件规定的时间和要求签订承包合同,并递交银行履约保函。

(11)做好标后分析与评估。及时总结经验和教训,按时撤回投标保证金。

3.2 公路工程施工投标具体工作

3.2.1 研究招标文件

投标中,应认真阅读招标文件中所有的事项、格式、条款和规范等要求。投标人没有按照招标文件要求提交全部资料,或者投标书没有对招标文件在各方面都作出实质性响应是投标人的风险,因为没有实质上响应招标文件要求的投标将被拒绝。

通过研究招标文件可以全面了解承包人在合同中的权利和义务、施工中承包人所面临和需要承担的风险、招标文件中的漏洞和疏忽,为制定投标策略提供依据,创造条件。

招标文件内容广泛,投标人应对以下几个可能对投标结果产生重大影响的方面加以注意:

(1)投标人须知。它详细说明了招标人对投标人在整个投标阶段应遵守的程序、时间安排、注意的事项、权利和义务。投标人一旦提交了投标文件,则应在整个投标文件有效期内对其投标文件负责。在投标人须知中,应特别注意招标人评标的方法和标准、授予合同的条件等,以使投标人有针对性投标。投标一旦偏离或者不完整,就有可能导致废标。

(2)认真研究合同条款。投标人员平时应多看、多熟悉、多研究通用条款。专用条款则是针对本项目,由业主制定的,对通用条款起补充作用,它体现了本地区、本项目的特点,要在投标阶段着重研究。其中,对标书编制,特别是对投标报价影响较大的一些条款,尤其应认真注意反复研究。

(3)认真研究技术规范和报价项目内容。按照招标文件中技术规范的要求与工程量清单中开列的项目进行对比分析,对于技术规范规定的工作内容,如果工程量清单中未开列出来或未明文包括进去的,则要在所列项目中计算进去,否则将成为漏项。如有不明确之处,则可在标前会议向业主提出澄清。对于工程量清单所列内容含混的项目要特别注意,例如,清除植被包括了清除草和灌木,但又未注明树木大小尺寸;结构开挖未分土、石,未分干、湿,这些都要等到现场勘察后确定难易程度。

(4)招标图纸和参考资料。招标图纸是招标文件和合同的重要组成部分,是投标人在拟定施工组织方案、确定施工方法、计算投标报价时必不可少的资料。投标人在投标时,应严格按招标图纸和工程量清单计算标价,招标图纸中所提供的地质钻孔柱状图、土层分层图等均为投标人的参考资料,对于招标均提供的水文、气象资料等也是参考资料,投标人应根据上述资料作出自己的分析和判断,据此拟定施工方案,确定施工方法,提出投标报价,业主和监理工程师对这类分析和判断概不负责任。

(5)工程量清单。大部分公路工程采用单价合同或以单价合同为主的合同,一般由招标人提供有数量的工程量清单让投标人报价用。研究招标文件工程量清单时,应当仔细研究招标文件中的工程量清单的编制体系和方法,结合工程量清单、技术规范和合同条款研究永久性工程之外的项目有何报价要求,注意对不同种类的合同采取不同的投标方法和策略。对于承包商而言,在总价合同中承担工程量方面的风险,就应当尽量将工程量核算得准确一些;在单价合同中,承包商主要承担单价不准确的风险,因此,应对每一子项工程的单价作出详尽细致的分析和综合。

由于种种原因,工程量清单中的工程数量有时会和图纸中的数量存在不一致的现象。因此,无论是总价合同,还是单价合同,投标人都应依据工程招标图纸和技术规范,对招标文件的工程量清单中各项工程量逐项进行核对。这项工作是必须进行的,也是十分重要的。如果投标时间紧迫,来不及核定所有项目的工程量时,也应对那些工程量大和造价高的主要项目进行核算。

3.2.2 标前调查、参加现场踏勘以及标前答疑

投标前,承包人应进行详细的调查研究,如投标工程有关的法律法规、劳动力与材料供应状况、设备市场租赁情况、专业公司的经营状况、价格水平、施工现场条件及环境、业主项目资金落实状况、参加竞争的公司状况等,为投标文件的编制,特别是报价文件、技术标书的编制,以及标前答疑打下基础。

现场踏勘是承包商投标时全面了解现场施工环境和施工风险的重要途径,是投标人搞好投标报价的先决条件,招标人不对投标人据此作出的判断和决策负责。通常,在招标过程中,业主会组织正式的现场踏勘,按照国内招标的有关规定,投标人应参加由业主(招标人)安排的正式现场踏勘,不参加正式现场踏勘者,可能会被拒绝投标。投标人提出的报价应当是在现场踏勘的基础上编制出来的,而且应包括施工中可能遇到的各种风险和费用。

投标人在现场踏勘之前,应事先拟定好现场踏勘的提纲和疑点,设计好调查表格,做到有准备、有计划地进行现场踏勘,其主要内容如下。

3.2.2.1 地理、地貌、气象方面

(1)项目所在地及附近地形地貌与设计图纸是否相符。
(2)项目所在地的河流水深、地下水情况、水质等。
(3)项目所在地近20年的气象,如最高最低气温、每月雨量、雨日、冰冻深度、降雪量、冬季时间、风向、风速、台风等情况。
(4)当地特大风、雨、雪、地震灾害情况。

3.2.2.2 工程施工条件

(1)工程所需当地建筑材料的料源及分布地。
(2)场内外交通运输条件,现场周围道路桥梁通过能力,便道便桥修建位置、长度、数量。
(3)施工供电、供水条件,外电架设的可能性(包括数量、架支线长度、费用等)。
(4)新建生产生活房屋的场地及可能租赁民房情况、租地单价。
(5)当地劳动力来源、技术水平及工资标准情况。
(6)当地施工机械租赁、修理能力、价格水平。

3.2.2.3 自然资源和经济方面

(1)工程所需各种材料,当地市场供应数量、质量、规格、性能能否满足工程要求及其价格情况。
(2)当地借土地点、数量、单价、运距。
(3)当地各种运输、装卸以及汽柴油价格。
(4)当地主副食供应情况和3~5年物价上涨率。
(5)保险费、税费情况。

标前答疑是投标工作的重要一环。从招标人发售招标文件开始至招标文件规定的时间内,投标人有权以书面方式提出各种质疑。招标人也有权对招标文件中存在的任何问题进行修改和补遗。招标人对上述书面答复、修改和补遗,以编号的补遗书的方式寄给购买招标文件的所有投标人,并且这些补遗书也将成为招标文件的组成部分,对将来签订合同双方均有法律

约束力。在要求业主澄清招标文件时,应注意如下事项:

(1)招标文件中对投标者有利之处,不要轻易提请澄清(它可以成为投标人制定报价技巧的突破口)。

(2)不要轻易让竞争对手从投标人提出的问题中窥探出投标者的设想、施工方案。

(3)对含糊不清的重要合同条款,如工程范围不清楚、招标文件和图纸相互矛盾、技术规范明显不合理等问题,均可要求业主或招标人澄清解释。

(4)关于业主或招标人的澄清或答复,应以书面文件为准,切不可以口头答复为依据来确定标价。

3.2.3 编制技术标

投标单位在详细的研究招标文件,考察施工现场并准备和掌握足够的基础资料、信息后,即可按招标文件所附的格式和要求,编写施工组织设计文件。施工组织设计既是评标、定标的重要资料,也是投标人编制商务标书和报价文件的依据。

施工组织设计应对拟建工程项目提出科学的实施计划,其主要内容包括合理的施工组织和施工方案、科学的施工进度计划及资源调配计划、统筹的规划与设计施工现场平面图等。

3.2.3.1 编制依据

(1)国家有关技术规范、规程以及规定。

(2)设计图纸、工程数量图表资料。

(3)水文、地质、气象等自然条件。

(4)建设地区交通运输、地方资源等情况。

(5)市场经济动态信息资料。

(6)施工队伍素质、施工经验和技术装备水平。

3.2.3.2 编制原则

(1)科学安排施工,在保证工程质量和安全的前提下力争加快施工进度。

(2)做好冬、雨季施工安排和相应的应对措施,确保连续、均衡施工。

(3)精心规划设计施工现场,减少临时工程,降低工程成本。

(4)尽可能就地取材,利用当地资源,减少物资运输、节约能源。

(5)做好环境保护,力争少占农田,防止水土流失。

3.2.3.3 编制程序

编制施工组织设计,应按施工的客观规律进行,协调并处理各种因素之间的关系,遵照一定的程序进行科学的编制,其一般编制程序为:

(1)熟悉、审查图纸,进行施工现场调查研究。

(2)确定或计算工程量。

(3)制订施工方案。

(4)编制工程进度计划和资源调配计划。

(5)规划施工现场并绘制施工平面图。

(6)分析技术经济指标。

(7)审核、修改和完善。

3.2.3.4 编制内容

(1)总体施工组织布置及规划。

(2)主要工程项目的施工方案、方法与技术措施(尤其对重点、关键和难点工程的施工方案、方法及其措施)。
(3)工期的保证体系及保证措施。
(4)工程质量管理体系及保证措施。
(5)安全生产管理体系及保证措施。
(6)环境保护、水土保持保证体系及保证措施。
(7)文明施工、文物保护保证体系及保证措施。
(8)项目风险预测与防范,事故应急预案。
(9)其他应说明的事项。

施工组织设计除采用文字表述外,一般还应附上下列相关图表(图3-1),图表内容及格式要求在招标文件中有明确规定,投标人只需按要求编制即可。

附表一	施工总体计划表
附表二	分项工程进度率计划(斜率图)
附表三	工程管理曲线
附表四	分项工程生产率和施工周期表
附表五	施工总平面图
附表六	劳动力计划表
附表七	临时用地计划表
附表八	外供电力需求计划表
附表九	合同用款估算表

图3-1 其他应说明事项

3.2.3.5 编制注意事项

施工组织设计文件应力求先进可靠,表达详尽,符合招标文件的规定格式和要求。编制时注意以下事项:

(1)选择技术可行、成本最低的施工方法。
(2)选择合适的施工机械,优化施工组合,均衡施工,尽量避免出现施工高峰和赶工现象。
(3)尽可能利用当地人力、物力资源,就地取材,降低工程成本。
(4)留有余地,不能满打满算。编制进度计划时,应考虑节假日、气候条件等的影响,既要留有一定余地,又要使工序紧凑和工期较短,以利中标和获取效益。
(5)由粗到细,由浅入深。在认真研究招标文件后,可先根据自身的丰富经验拿出2~3个粗线条的施工方案,等实地考察后,再进行深化、选择,使之形成切实可靠的施工方案。

3.2.4 投标价的编制

报价文件是招标文件中最重要的部分,既是招标人评、定标的重要依据,也是投标人能否中标和中标后能否实现效益的基础。

3.2.4.1 投标报价编制依据

(1)招标文件。
(2)标前调查、现场踏勘收集的有关资料。
(3)施工组织设计。
(4)竞争对手的信息与资料。
(5)招标文件规定的各种标准与规范,包括《公路工程基本建设项目概算预算编制办法》(JTG 3830—2018)、《公路工程预算定额》(上、下册)(JTG/T 3832—2018)、《公路工程机械台班费用定额》(上、下册)(JTG/T 3833—2018)、地方政府颁发的有关收费标准及定额。

3.2.4.2 清单报价费用构成

如今,我国公路工程施工招投标一般都采用工程量清单计价模式、单价合同。清单计价文件包括一系列计算表格,清单价中包含了完成该工程的所有费用。

项目的报价一般由施工成本、利润税金与风险金三部分组成。施工成本(包括直接成本)指概预算中建筑安装工程费的直接工程费、其他工程费、间接费等各项费用。税金是由国家统一征收的费用,利润是根据本项目的具体情况和公司的利润目标确定的。风险金指根据合同约定在各种风险发生后需由承包人承担的风险损失。

3.2.4.3 投标价清单预算编制步骤

(1)研究招标文件及现场考察资料。

(2)审核工程量清单并计算施工工程量。

投标人必须按招标人提供的工程量清单进行组价,并按综合单价的形式进行报价。清单计价包含三部分:分部分项工程项目计价、措施项目计价及其他项目计价。招标人提供的工程量清单是分部分项工程项目清单中的工程量,但招标人不提供措施项目中的工程量及施工方案工程量,必须由投标人在投标时按设计文件及施工组织设计、施工方案进行二次计算。因此,这部分用价格的形式分摊到报价内的量必须要认真计算。全面考虑。由于清单下报价是最低价优,所以投标人由于没有考虑全面而造成低价中标后亏损的,招标人不予承担责任。

(3)施工方案分析。

(4)计算工程量清单各细目单价与合价。分析与分解清单项目,确定定额与费率,计算清单各细目单价与合价,并按"章"汇总形成各章的合计数。

(5)汇总计算报价。计算计日工单价表,汇总各章金额,计算总标价即为基础报价。

(6)根据投标报价的策略与技巧调整报价。

(7)确定最终标价。

3.2.5 投标报价的策略与技巧

3.2.5.1 投标报价策略

投标时,根据投标人的经营状况和经营目标,既要考虑自身的优势和劣势,也要考虑竞争的激烈程度,还要分析投标项目的整体特点,按照工程的类别、施工条件等确定报价策略。

1)生存型报价策略

如果投标报价是以克服生存危机为目标而争取中标时,可以不考虑其他因素。这时,投标人应以生存为重,采取不盈利甚至赔本也要夺标的态度,只要能暂时维持生存渡过难关,就会有东山再起的希望。

2)竞争型报价策略

投标报价以竞争为手段,以开拓市场、低盈利为目标,在精确计算成本的基础上,充分估计各竞争对手的报价,用有竞争力的报价达到中标的目的。投标人处在以下几种情况下,应采取竞争型报价策略:经营状况不景气,近期接收到的投标邀请较少;竞争对手有威胁性;试图打入新地区;开拓新的工程施工类型;投标项目风险小,施工工艺简单、工程量大社会效益好的项目;附近有本企业其他正在施工的项目。

3)盈利型报价策略

投标报价充分发挥自身优势,以实现最佳盈利为目标,对效益较小的项目热情不高,对盈利大的项目充满自信。下面几种情况可以采用盈利型报价策略,如投标人在该地区已经打开局面、施工能力饱和、信誉度高、竞争对手少、具有技术优势并对招标人有较强的名牌效应、投标人目标主要是扩大影响,或者施工条件差、难度高、资金支付条件不好、工期质量等要求苛刻,为联合伙伴陪标的项目等。

3.2.5.2 投标报价技巧

报价技巧是指在投标报价中采用某些投标报价手段让招标人可以接受,中标后能获得更多的利润。投标人在工程投标时,主要应在先进合理的技术方案和较低的投标价格上下功夫,以争取中标,但是还有其他一些手段对中标有辅助性的作用,主要表现在以下几个方面。

1) 不平衡报价法

不平衡报价法是指一个工程项目的投标报价,在总价基本确定后,调整内部各个项目的报价,以期既不提高总价,不影响中标,又能在结算时得到更理想的经济效益。

对于能够早日结算的项目、预计今后工程量会增加的项目,可以适当提高单价,反之可适当降低报价。计日工的报价一般会报得高一些,以便日后招标人用工或使用机械时可多盈利。

虽然不平衡报价对投标可以降低一定的风险,但报价必须要建立在对工程量清单表中的工程量仔细核对的基础上,特别是对于降低单价的项目,如果工程量增多,将给投标人带来损失。同时,又一定要控制在合理幅度内,一般控制在10%以内,以免引起招标人反对,甚至导致个别清单项目报价不合理而废标。

2) 多方案报价法

有时招标文件中规定,可以提一个建议方案。如果发现有些投标文件工程范围不很明确,条款不清楚或很不公正,技术规范要求过于苛刻时,则要在充分估计风险的基础上,按多方案报价法处理。即按原招标文件报一个价,然后再提出如果某条款做某些变动,报价可降低的额度。这样可以降低总造价,吸引招标人。

增加建议方案时,不要将方案写得太具体。保留方案的技术关键,防止招标人将此方案交给其他投标人。同时要注意,建议方案一定要比较成熟,过去有这方面的实践经验,因为投标时间往往较短,如果仅为中标而匆忙提出一些没有把握的建议方案,可能引起很多不良后果。

3) 突然降价法

报价是一件保密的工作,但是对手往往会通过各种渠道、手段来刺探情报,因此用此法可以在报价时迷惑竞争对手。即先按一般情况报价或表现出自己对该工程兴趣不大,到快要投标截止时,突然降价。采用这种方法时,一定要在准备投标报价的过程中考虑好降价的幅度,在临近投标截止日期前,根据情况信息与分析判断,再做最后决策。采用突然降价法往往降低的是总价,而要把降低的部分分摊到各清单项内,可采用不平衡报价进行,以期取得更高的效益。

4) 先亏后盈法

对于大型分期建设的工程,在第一期工程投标时,可以将部分间接费分摊到第二期工程中去,并减少利润以争取中标。这样在第二期工程投标时,凭借第一期工程的经验、临时设施以及赢得的信誉,比较容易拿到第二期工程。如果第二期工程遥遥无期时,则不用这样考虑。

5) 许诺优惠条件

投标报价附带优惠条件是行之有效的一种手段。招标人评标时,除了主要考虑报价和技术方案外,还要分析别的条件,如工期、支付条件等。所以在投标时主动提出提前竣工、低息贷款、赠给施工设备、免费转让新技术或某种技术专利、免费技术协作、代为培训人员等,均是吸引招标人、利于中标的辅助手段。

3.3 公路工程施工投标文件的组成和编制

3.3.1 投标文件的组成

投标文件是由投标人编制的实质性响应招标文件要求的资料文本的统称,根据交通运输部《公路工程标准施工招标文件》(2018年版)的规定,投标文件应包括以下内容。

若采用双信封形式,第3.1.1项采用以下条款。投标文件应包括下列内容。

第一个信封(商务及技术文件):
(1)投标函及投标函附录;
(2)授权委托书或法定代表人身份证明;
(3)联合体协议书;
(4)投标保证金;
(5)施工组织设计;
(6)项目管理机构;
(7)拟分包项目情况表;
(8)资格审查资料;
(9)投标人须知前附表规定的其他资料。

第二个信封(报价文件):
(1)调价函及调价后的工程量清单(如有);
(2)投标函;
(3)已标价工程量清单;
(4)合同用款估算表。

投标人在评标过程中作出的符合法律法规和招标文件规定的澄清确认,构成投标文件的组成部分。

若采用单信封形式,第3.1.1项采用以下条款。投标文件应包括下列内容:
(1)投标函及投标函附录;
(2)授权委托书或法定代表人身份证明;
(3)联合体协议书;
(4)投标保证金;
(5)已标价工程量清单;
(6)施工组织设计;
(7)项目管理机构;
(8)拟分包项目情况表;
(9)资格审查资料;
(10)调价函及调价后的工程量清单(如有);
(11)投标人须知前附表规定的其他资料。

投标人在评标过程中做出的符合法律法规和招标文件规定的澄清确认,构成投标文件的组成部分。

3.3.2 投标文件的编制

投标人在编写投标文件时,应仔细阅读招标文件的所有内容,按招标文件的规定与要求编制投标文件,并保证所提供的全部资料的真实性。如果投标文件与招标文件的规定与要求不符合,则投标人应自行负责。凡与招标文件的规定有重大不符合的投标文件,将按有关重大偏差的规定处理。

投标文件应按第九章"投标文件格式"进行编写,如有必要,可以增加附页,作为投标文件的组成部分。其中,投标函附录在满足招标文件实质性要求的基础上,可以提出比招标文件要求更有利于招标人的承诺。

投标文件应对招标文件有关工期、投标有效期、质量要求、安全目标、技术标准和要求、招标范围等实质性内容作出响应。

投标文件应用不褪色的材料书写或打印。投标文件格式中明确要求投标人法定代表人或其委托代理人签字之处,必须由相关人员亲笔签名,不得使用印章、签名章或其他电子制版签名代替;明确要求投标人加盖单位章之处,必须加盖单位章。其中,投标函、调价函及对投标文件的澄清和说明应加盖投标人单位章,或由投标人的法定代表人或其委托代理人签字。

投标文件应尽量避免涂改、行间插字或删除。如果出现上述情况,改动之处应加盖单位章或由投标人的法定代表人或其授权的代理人签字确认。签字或盖章的其他要求见投标人须知前附表。

投标文件正本一份,副本份数见投标人须知前附表。正本和副本的封面上应清楚地标记"正本"或"副本"的字样。当副本和正本不一致时,以正本为准。投标文件的正本与副本应分别装订成册(A4纸幅),并编制目录、逐页标注连续页码。投标文件不得采用活页夹装订,否则,招标人对由于投标文件装订松散而造成的丢失或其他后果不承担任何责任。装订的其他要求见投标人须知前附表。

3.3.2.1 "投标函及其附录"的编制

投标函及其附录的编制,见图3-2、表3-1。

投 标 函

_____(招标人名称):

1. 我方已仔细研究_____(项目名称)_____标段施工招标文件的全部内容(含补遗书第_____号至第_____号),在考察工程现场后,愿意以第二个信封(报价文件)中的投标总报价(或根据招标文件规定修正核实后确定的另一金额),按合同约定实施和完成承包工程,修补工程中的任何缺陷。

2. 我方承诺在招标文件规定的投标有效期内不撤销投标文件。

3. 工程质量:_____,安全目标:_____,工期:_____日历天。

4. 如我方中标,我方承诺:

(1) 在收到中标通知书后,在中标通知书规定的期限内与你方签订合同;

(2) 在签订合同时不向你方提出附加条件;

(3) 按照招标文件要求提交履约保证金;

(4) 在合同约定的期限内完成合同规定的全部义务;

(5) 在你方和我方进行合同谈判之前,我方将按照合同附件提出的最低要求填报派驻本标段的其他管理和技术人员及主要机械设备和试验检测设备,经你方审批后作为派驻本标段的项目管理机构主要人员和主要设备且不进行更换。如我方拟派驻的人员和设备不满足合同附件要求,你方有权取消我方中标资格。

5. 我方在此声明,所递交的投标文件及有关资料内容完整、真实和准确,且不存在招标文件第二章"投标人须知"第1.4.3项和第1.4.4项规定的任何一种情形。

图 3-2

6. 在合同协议书正式签署生效之前，本投标函连同你方的中标通知书将构成我们双方之间共同遵守的文件，对双方具有约束力。

7. ＿＿＿＿＿＿＿＿＿＿＿＿＿＿＿＿＿＿＿＿（其他补充说明）。

         投　标　人：＿＿＿＿＿＿＿＿＿＿＿＿（盖单位章）

         法定代表人或其委托代理人：＿＿＿＿＿＿（签字）

         地　址：＿＿＿＿＿＿＿＿＿＿＿＿＿＿＿＿

         网　址：＿＿＿＿＿＿＿＿＿＿＿＿＿＿＿＿

         电　话：＿＿＿＿＿＿＿＿＿＿＿＿＿＿＿＿

         传　真：＿＿＿＿＿＿＿＿＿＿＿＿＿＿＿＿

         邮政编码：＿＿＿＿＿＿＿＿＿＿＿＿＿＿

               ＿＿＿年＿＿＿月＿＿＿日

图 3-2　投标函的编制

投标函附录（示例）　　　　　　　　　　　表 3-1

序号	条款名称	合同条目号	约定内容	备注
1	缺陷责任期	1.1.4.5	自实际交工日期起计算　2　年	
2	逾期交工违约金	11.5	50000 元/天	
3	逾期交工违约金限额	11.5	10 % 签约合同价	
4	提前交工的奖金	11.6	50000 元/天	
5	提前交工的奖金限额	11.6	2 % 签约合同价	
6	价格调整的差额计算	16.1.1	见价格指数和权重表	
7	开工预付款金额	17.2.1	10 % 签约合同价	
8	材料、设备预付款	17.2.1	钢筋、钢绞线、水泥、锚具、支座　等主要材料、设备单据所列费用的60 %	
9	进度付款证书最低限额	17.3.3（1）	＿＿＿% 签约合同价或　200　万元	
10	逾期付款违约金的利率	17.3.3（2）	中国人民银行同期短期贷款基准利率‰/天	
11	质量保证金百分比	17.4.1	月支付额的　10　%	
12	质量保证金限额	17.4.1	5 % 合同价格，若交工验收时承包人具备被招标项目所在地省级交通运输主管部门评定的最高信用等级，发包人给予2 % 合同价格质量保证金的优惠，并在交工验收时向承包人返还质量保证金优惠的金额	
13	保修期	19.7	自实际交工日期起计算　5　年	

         投　标　人：＿＿＿＿＿＿＿＿＿＿＿＿（盖单位章）

         投标文件签署人签名：＿＿＿＿＿＿＿＿＿＿＿

价格指数和权重，见表 3-2。

价格指数和权重表（示例）　　　　　　　　　　　表 3-2

名　称		基本价格指数		权　重			价格指数来源
		代号	指数值	代号	允许范围	投标人建议值	
定值部分				A	0.3	0.3	××省统计局
变值部分	人工费	F_{01}		B_1	0.15至0.2	0.17	
	钢材	F_{02}		B_2	0.2至0.25	0.22	
	水泥	F_{03}		B_3	0.1至0.13	0.11	
合　计						1.00	

         投　标　人：＿＿＿＿＿＿＿＿＿＿＿＿（盖单位章）

         投标文件签署人签名：＿＿＿＿＿＿＿＿＿＿＿

投标函是投标文件的正式函件,应按招标人要求写明项目名称、总投标价、总工期和其他招标人要求的主要合同义务等。

投标函附录是表格形式,应按招标文件项目专用合同条款数据表中约定的数据内容进行填写。

价格指数和权重表约定了价格调整计算时的基础数据、基期价格指数、指投标年份(即送交投标书截止期前28天的所在年份)的价格指数,计算时采用100。权重系数由业主根据标底资料测定确定范围,在招标文件发出前填写,投标人投标时在此范围内填写各因素的权重系数,合同实施期间将按此权重系数进行调价。

3.3.2.2 "法定代表人身份证明或授权委托书"的编制(图 3-3、图 3-4)

法定代表人身份证明

投标人名称:_____

姓名:__(法定代表人亲笔签名)__ 性别:_____ 年龄:_____ 职务:_____

系_____(投标人名称)的法定代表人。

特此证明。

附:法定代表人身份证复印件。

投标人:_____(盖单位章)

____年____月____日

图 3-3　法定代表人身份证明

法定代表人身份证明是投标单位法人的身份证明文件。法定代表人的签字必须是亲笔签名,不得使用印章、签名章或其他电子制版签名。以上空格部分按投标项目的具体情况和招标人要求填写即可。

授权委托书

本人_____(姓名)系_____(投标人名称)的法定代表人,现委托____(姓名)为我方代理人。代理人根据授权,以我方名义签署、澄清、递交、撤回、修改____(项目名称)____标段施工投标文件、签订合同和处理有关事宜,其法律后果由我方承担。

委托期限:自本委托书签署之日起至投标有效期期满。

代理人无转委托权。

附:法定代表人身份证明。

申请人:_____(盖单位章)

法定代表人:_____(签字)

身份证号码:_____

委托代理人:_____(签字)

身份证号码:_____

____年____月____日

图 3-4　授权委托书

授权委托书是投标人委托有关单位或个人代表投标人参加投标活动的书面证明。法定代表人和委托代理人必须在授权书上亲笔签名,不得使用印章、签名章或其他电子制版签名。在授权委托书后应附有公证机关出具的加盖钢印、单位章并盖有公证员签名章的公证书,钢印应清晰可辨,同时公证内容完全满足招标文件规定。公证书出具的日期与授权书出具的日期同日或在其之后。以联合体形式投标的,授权委托书应由联合体牵头人的法定代表人按上述规定签署并公证。

如果由投标人的法定代表人亲自签署投标文件,则不需提交授权委托书,但需对法定代表人身份证明中法定代表人的签名、申请人的单位章的真实性进行公证。

3.3.2.3 "联合体协议书"的编制(图 3-5)

联合体是由两家或两家以上具有法人资格的承包商以协议方式组成,以联合体名义共同参加某项工程的资格审查、投标签约并共同完成承包合同的一种承包方式。

联合体协议书

　　_____(所有成员单位名称)自愿组成联合体,共同参加_____(项目名称)_____标段施工投标。现就联合体投标事宜订立如下协议。

　　1. _____(某成员单位名称)为牵头人。

　　2. 联合体牵头人合法代表联合体各成员负责本招标项目投标文件编制和合同谈判活动,代表联合体提交和接收相关的资料、信息及指示,处理与之有关的一切事务,并负责合同实施阶段的主办、组织和协调工作。

　　3. 联合体将严格按照招标文件的各项要求,递交投标文件,履行合同,并对外承担连带责任。

　　4. 联合体牵头人代表联合体签署投标文件,联合体牵头人的所有承诺均认为代表了联合体各成员。

　　5. 联合体各成员单位内部的职责分工如下:(牵头人名称)承担_____专业工程,占总工程量的____%;(成员一名称)承担_____专业工程,占总工程量的____%;……

　　6. 投标工作和联合体在中标后工程实施过程中的有关费用均按各自承担的工作量分摊。

　　7. 本协议书自签署之日起生效,合同履行完毕后自动失效。

　　8. 本协议书一式____份,联合体成员和招标人各执一份。

　　　　　　　　牵头人名称:_____(盖单位章)
　　　　　　　　法定代表人:_____(签字)
　　　　　　　　成员一名称:_____(盖单位章)
　　　　　　　　法定代表人:_____(签字)
　　　　　　　　成员二名称:_____(盖单位章)
　　　　　　　　法定代表人:_____(签字)
　　　　　　　　……
　　　　　　　　　　　　　　　　　　____年____月____日

图 3-5　联合体协议书

联合体本身不是独立的法人单位,但它是参与工程竞争与承包实施工程的实体,它必须由有独立法人的承包商联合组建,联合体是靠联合成员之间订立的联合体协议来达到合作目的。以上空格部分按联合体具体情况和招标人要求填写即可。

3.3.2.4 "投标保证金"的规定(图 3-6)

投标保证金

　　_____(招标人名称):

　　鉴于_____(投标人名称)(以下称"投标人")于____年____月____日参加(项目名称)_____标段施工的投标,_____(担保人名称,以下简称"我方")无条件地、不可撤销地保证:投标人在规定的投标文件有效期内撤销或修改其投标文件的,或者投标人不接受评标办法的规定对其投标文件中细微偏差进行澄清和补正,或者投标人提交了虚假资料,或者投标人在收到中标通知书未按招标文件规定提交履约担保或拒绝签订合同协议书的,我方承担保证责任。收到你方书面通知后,在 7 天内无条件向你方支付人民币(大写)_____元。

　　本保函在投标有效期或经延长的投标有效期期满 30 日内保持有效。要求我方承担保证责任的通知应在上述期限内送达我方。你方延长投标有效期的决定,应通知我方。

　　　　　　　　担保人名称:_____(盖单位章)
　　　　　　　　法定代表人或其委托代理人:_____(签字)
　　　　　　　　地　　址:_____
　　　　　　　　邮政编码:_____
　　　　　　　　电　　话:_____
　　　　　　　　传　　真:_____
　　　　　　　　　　　　　　　　　　____年____月____日

图 3-6　投标保证金

投标保证金主要目的是防止投标人在投标文件有效期期间随意撤回投标或拒签正式合同协议或不提交履约担保等情况发生。

投标保证金的形式有银行电汇、银行汇票、银行保函、信用证、支票、现金或招标文件中规定的其他形式。以上是银行保函基本格式，空格部分按投标项目的具体情况和招标人要求填写即可，银行保函原件应装订在投标文件的正本之中。若采用电汇，投标人应提供电汇回单的复印件。

3.3.2.5 "已标价工程量清单"的编制

工程量清单已在单元2做过详细介绍，包括工程量清单说明、投标报价说明、计日工说明、其他说明及工程量清单各项表格，投标人应该按照要求逐项进行填报。

已标价的工程量清单是投标文件的重要组成部分，是决定是否中标的主要依据，也是支付工程进度款和办理工程结算、调整工程量以及工程索赔的依据。

工程量清单中的每一子目须填入单价或价格，而且只允许有一个报价。除非合同另有规定，工程量清单中有标价的单价和总额价均已包括了为实施和完成合同工程所需的劳务、材料、机械、质检(自检)、安装、缺陷修复、管理、保险、税费、利润等费用，以及合同明示或暗示的所有责任、义务和一般风险。工程量清单中，投标人没有填入单价或价格的子目，其费用视为已分摊在工程量清单中其他相关子目的单价或价格之中。承包人必须按监理人指令完成工程量清单中未填入单价或价格的子目，但不能得到结算与支付。

符合合同条款规定的全部费用应认为已被计入有标价的工程量清单所列各子目之中，未列子目不予计量的工作，其费用应视为已分摊在合同工程的有关子目的单价或总额价之中。承包人用于合同工程的各类装备的提供、运输、维护、拆卸、拼装等支付的费用，已包括在工程量清单的单价与总额价之中。

现在招投标一般采用固化的工程量清单，招标人在出售招标文件的同时向投标人提供工程量固化清单电子文件(光盘或U盘)，投标人填写工程量清单中的单价和总额价即可完成投标工程量清单的编制。

投标人必须严格遵循工程量固化清单电子文件中的数据、格式以及运算定义，并将已填写完毕的投标工程量清单电子文件单独拷入招标人提供的光盘或U盘中，密封在投标文件正本内。严禁投标人修改工程量固化清单电子文件中的数据、格式以及运算定义。

投标人根据招标人提供的工程量固化清单电子文件填报完成并打印的投标工程量清单中的投标报价和投标函大写金额报价应一致，如果报价金额出现差异时，则以投标函大写金额报价为准。

3.3.2.6 "施工组织设计"的编制

施工组织设计是对拟建工程项目提出科学的实施计划，其主要内容是研究合理的施工组织和施工方案，科学地安排施工进度计划及资源调配计划，统筹地规划与设计施工现场平面图等。施工组织设计是编制工程造价和指导工程施工的重要依据，也是投标文件的重要组成部分及招标评标的重要内容之一。

投标人在详细研究招标文件，考察施工现场并准备和掌握足够的基础资料、信息后，即可按招标文件所附的格式和要求，编制施工组织设计文件。

施工组织设计文字宜精炼、内容要有针对性，总体控制在3万字以内，相关图表内容及格式要求在招标文件中有明确规定，投标人只需按要求编制即可。

3.3.2.7 "项目管理机构"的编制

项目管理机构是投标人拟为承包本标段工程设立的组织机构，一般以框图的方式表示，反映投标人的机构管理情况，如图3-7所示。

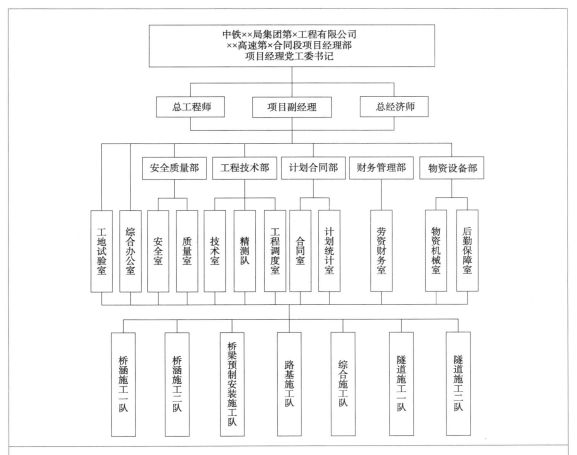

说明：根据本工程的特点、工程量和工期要求，结合我单位工程项目管理经验，如果我单位中标，拟组建中铁××局集团第×工程有限公司××公路第×合同段项目经理部，实行项目经理负责制，项目经理全面负责本标段的施工组织和管理，项目部设安全质量部、工程技术部、物资设备部、计划合同部、财务管理部、综合办公室和工地试验室（五部二室），下辖一个路基施工队、两个桥涵施工队、一个预制安装施工队、两个隧道施工队、一个综合施工队。

图 3-7　项目管理机构（示例）

项目管理机构一般根据工程的规模和特点、工程量以及工期要求，结合投标人工程项目管理经验和企业实际来编制并组建，有直线式、职能式、矩阵式等多种组织结构模式。

直线式项目管理机构，每一个工作部门只能对其直接的下属部门下达工作指令，每一个工作部门也只有一个直接的上级部门。因此，每一个工作部门只有唯一的指令源，避免了由于矛盾的指令而影响组织系统的运行。这种模式适合于技术简单、专业单一的中小型项目或可以划分为若干个相对独立子项的大中型项目的分级管理。

图 3-7 所示中铁××局集团第×工程有限公司××高速第×合同段项目经理部管理机构即为职能式项目管理机构，这是一种传统的组织结构模式，应用最广，也是现在公路工程施工项目经理部项目管理机构的主流组织结构模式。专业化分工明确，人才资源配置合理，有利于发挥专业技术人员的专业特长。不足之处在于，实际管理中每一个职能部门可根据它的管理职能对其直接和非直接的下属工作部门下达工作指令。因此，每一个工作部门可能得到其直接和非直接的上级工作部门下达的工作指令，造成多头命令责任不清，指令可能互相矛盾，协调困难。

矩阵式项目管理机构是一种较新型的组织结构模式。它将专业职能和项目职能有机结合起来,发挥专业职能部门纵向优势和项目组织的横向优势,形成了一种纵向职能部门和横向项目机构相交叉的"矩阵"型组织形式,适合于现代化大型复杂项目或多个项目同时进行的项目管理。

项目管理机构应按精干高效、便于管理和控制的原则设置,同时还应考虑与业主的协调配合,保证投标人与业主沟通的顺畅、部门机构的有效对接。

3.3.2.8 "拟分包项目情况表"的编制

该表一般填"无",如果投标人拟在中标后将中标项目的部分非主体、非关键性工作进行分包的,应符合投标人须知前附表规定的分包内容、分包金额和接受分包的第三人资质要求等限制性条件。表中应写明分包人以往做过的类似工程,包括工程名称、地点、造价、工期、交工年份和其发包人与总监理工程师的姓名和地址。选择分包要以有利于风险共担和优势互补为原则,分包工程量一般不超过合同工程量的30%。

3.3.2.9 "资格审查资料"的编制

资格审查一般分为资格预审和资格后审,对于已进行资格预审的,投标人在编制投标文件时,应按新情况更新或补充其在申请资格预审时提供的资料,以证实其各项资格条件仍能继续满足资格预审文件的要求,具备承担本标段施工的资质条件、能力和信誉。投标人一般主要更新资格预审之后新承包的工程名称、规模、进展程度和工程质量;资格预审后新交工的工程及评定的质量等级;最近的仲裁或诉讼介入情况等资料。

如果投标人在送交投标文件时,其财务状况发生变化,或发生重大安全或质量事故,或发生法人合法变更或重组,或由于其他任何情况,导致投标人不能满足资格预审的各项条件时,投标人必须在其投标文件中对上述情况进行如实说明。否则,招标人一经查实,将视为投标人弄虚作假,其投标文件按废标处理。

对于未进行资格预审的,有11种相关表格需要填写,分别是:

(1)投标人基本情况表。
(2)投标人企业组织结构框图。
(3)拟委任的项目经理和项目总工资历表。
(4)近年财务状况表、银行信贷证明。
(5)近年完成的类似项目汇总表。
(6)正在施工和新承接的项目情况表。
(7)近年发生的诉讼及仲裁情况。
(8)拟委任的其他主要管理人员和技术人员汇总表。
(9)拟委任的其他主要管理人员和技术人员资历表。
(10)拟投入本标段的主要施工机械表。
(11)拟配备本标段的主要材料试验、测量、质检仪器设备表。

其中,(8)~(11)只在采用综合评估法评标的技术特别复杂的特大桥梁和长大隧道工程时填写。以上表格具体样表见《公路工程标准施工招标文件》(2018年版)第四卷"资格审查资料"。

"投标人基本情况表"应附企业法人营业执照副本(全本)的复印件(并加盖单位章)、施工资质证书副本(全本)的复印件(并加盖单位章)、安全生产许可证副本(全本)的复印件(并加盖单位章)、基本账户开户许可证的复印件(并加盖单位章)。

"拟委任的项目经理和项目总工资历表"应附项目经理(以及备选人)和项目总工(以及备选人)的身份证、职称资格证书以及资格审查条件所要求的其他相关证书(如建造师注册证书、安全生产考核合格证书等)的复印件,并应提供其担任类似项目的项目经理和项目总工的相关业绩证明材料复印件,并应附投标人所属社保机构出具的拟委任的项目经理和项目总工参加社保的有效证明材料(并加盖社保机构单位章)。

"近年财务状况表"应附经会计师事务所或审计机构审计的财务会计报表,包括资产负债表、现金流量表、利润表和财务情况说明书的复印件,具体年份要求见投标人须知前附表。

"近年完成的类似项目汇总表"应附中标通知书和(或)合同协议书、工程接收证书(工程竣工验收证书)的复印件,具体年份要求见投标人须知前附表。每张表格只填写一个项目,并标明序号。

"正在施工和新承接的项目情况表"应附中标通知书和(或)合同协议书复印件。每张表格只填写一个项目,并标明序号。

"近年发生的诉讼及仲裁情况"应说明相关情况,并附法院或仲裁机构作出的判决、裁决等有关法律文书复印件,具体年份要求见投标人须知前附表。

投标人在投标文件中填报的项目经理(以及备选人)和项目总工(以及备选人)不允许更换。

3.3.2.10 "承诺函"的编制

承诺函是投标人对招标人作出的关于招标项目的承诺,具体格式和内容如图3-8所示。

承 诺 函

_____(招标人名称):

我方参加了_____(项目名称)_____标段施工投标,若我方中标,我方在此承诺:

若本项目资格预审文件或招标文件未要求我方在资格预审申请文件或投标文件中填报派驻本标段的其他主要管理人员和技术人员及主要机械设备和试验检测设备,在招标人向我方发出中标通知书之前,我方将按照合同附件提出的最低要求填报派驻本标段的其他主要管理人员和技术人员及主要机械设备和试验检测设备,在经招标人审批后作为派驻本标段的项目管理机构主要人员和主要设备且不进行更换。

若我方已按本项目资格预审文件或招标文件要求,在资格预审申请文件或投标文件中填报派驻本标段的其他主要管理人员和技术人员及主要机械设备和试验检测设备,我方将严格按照在资格预审申请文件或投标文件中填报的其他主要管理人员和技术人员及主要机械设备和试验检测设备组织进场施工且不进行更换。

如我方违背了上述承诺,本项目招标人有权取消我方的中标资格,并由招标人将我方的违约行为上报省级交通运输主管部门,作为不良记录纳入公路建设市场信息管理系统。

投 标 人:_____(盖单位章)
法定代表人或其委托代理人:_____(签字)
____年____月____日

图3-8 承诺函

3.3.3 投标文件的密封、标识和递交

3.3.3.1 投标文件的密封、标识

若采用双信封形式,项采用以下条款:

(1)投标文件应采用双信封形式密封。投标文件第一个信封(商务及技术文件)以及第二个信封(报价文件)应单独密封包装。商务及技术文件的正本与副本应统一密封在一个封套中。报价文件的正本与副本、投标文件电子版文件(如需要)以及填写完毕的工程量固化清单电子文件(如采用工程量固化清单形式)应统一密封在另一个封套中。封套应加贴封条,并在封套的封口处加盖投标人单位章或由投标人的法定代表人或其委托代理人签字。

采用银行保函形式提交投标保证金的,银行保函原件应密封在单独的封套中。

(2)投标文件第一个信封(商务及技术文件)、第二个信封(报价文件)以及银行保函封套上应写明的内容见投标人须知前附表。

若采用单信封形式,采用以下条款:
(1)投标文件应采用单信封形式密封。投标文件的正本与副本、投标文件电子版文件(如需要)以及填写完毕的工程量固化清单电子文件(如采用工程量固化清单形式)应统一密封在一个封套中。封套应加贴封条,并在封套的封口处加盖投标人单位章或由投标人的法定代表人或其委托代理人签字。

采用银行保函形式提交投标保证金的,银行保函原件应密封在单独的封套中。
(2)投标文件以及银行保函封套上应写明的内容见投标人须知前附表。
(3)未按要求密封的投标文件,招标人将予以拒收。

3.3.3.2 投标文件的递交与签收

投标人应按招标文件规定的投标截止时间前及指定地点递交投标文件。除投标人须知前附表另有规定外,投标人所递交的投标文件不予退还。招标人收到投标文件后,应向投标人出具签收凭证。对于逾期送达的或者未送达指定地点的投标文件,招标人有权不予受理。在特殊情况下,招标人如果决定延后递交投标截止时间,应在投标人须知前附表规定的时间前,以书面形式通知送达所有投标人,延后投标截止时间。在此情况下,招标人和投标人的权利和义务相应延后至新的投标截止时间。

3.3.3.3 投标有效期与投标保证金

投标有效期是从招标文件规定的提交投标文件截止之日起计算,为保证招标人有足够的时间在开标后完成评标、定标、合同签订等工作而要求投标人提交的投标文件在一定时间内保持有效的期限。在投标有效期内,投标人不得要求撤销或修改其投标文件。投标有效期一方面起到了约束投标人在投标有效期内不能随意更改和撤回投标的作用;另一方面也促使招标人加快评标、定标和签约过程,从而保证投标人的投标不至于由于招标人无限期拖延而增加投标人的风险。

在原投标有效期结束前,出现特殊情况的,招标人可以书面形式通知所有投标人延长投标有效期,投标人有权同意或拒绝。投标人同意延长的,不得撤销或修改其投标文件,但要相应延长其投标保证金的有效期。投标人拒绝延长的,其投标失效,但投标人有权收回其投标保证金。同意延长投标有效期的投标人少于3个的,招标人应当重新招标。

投标保证金是指投标人按照招标文件的要求向招标人出具的,以一定金额表示的投标责任担保,主要目的是防止投标人在投标文件有效期期间随意撤回投标或拒签正式合同协议或不提交履约担保等情况发生。

投标人不按招标文件要求提交投标保证金的,其投标文件做废标处理。招标人与中标人签订合同后5个工作日内,应向未中标的投标人和中标人退还投标保证金。但有下列任何情况发生时,投标保证金将被没收:
(1)投标人在投标有效期内撤销投标文件。
(2)中标人在收到中标通知书后,无正当理由不与招标人订立合同,在签订合同时向招标人提出附加条件,或不按照招标文件要求提交履约保证金。
(3)发生投标人须知前附表规定的其他可以不予退还投标保证金的情形。

3.3.3.4 投标文件修改与撤回

投标文件按要求送达招标人后,在招标文件规定的投标截止时间前,投标人可以补充、修改或撤回已提交的投标文件,但应以书面形式通知招标人。

投标人补充、修改或撤回已提交投标文件的书面通知,应按照招标文件的要求签字或盖章。招标人收到书面通知后,向投标人出具签收凭证。

补充、修改的内容为投标文件的组成部分。补充、修改的投标文件应按照招标文件规定进行编制、密封、标记和递交,并标明补充或"修改"字样。

应用案例 3-1

【应用案例】

某公路工程建设项目,招标文件规定 2020 年 4 月 20 日上午 10 点为投标截止时间。在 2020 年 4 月 20 日上午 9:00 A、B、D、E 四家单位提交了投标文件,由于交通堵塞,C 单位投标文件于 4 月 20 日上午 10:30 送达。评标时发现 B 单位投标文件有项目经理签字并盖了公章,但无法定代表人签字和授权委托书;D 单位投标报价的大写金额与小写金额不一致;E 单位漏报了某子目的单价。

请问:针对上述情况,招标人对 B、C、D、E 单位的投标文件应如何处理?

【案例评析】

B 单位投标文件因为没有法定代表人签字和授权委托书应按废标处理。

C 单位投标文件未按招标文件规定提交投标文件的时间送达,招标人应不予受理。

D 单位投标报价的大写金额与小写金额不一致,属于算数性错误,应以大写金额为准,所以 D 单位投标文件应进行算数性错误的修正。

工程量清单投标报价说明中明确指出,投标人没有填入单价或价格的子目,其费用视为已分摊在工程量清单中其他相关子目的单价或价格之中。承包人必须按监理人指令完成工程量清单中未填入单价或价格的子目,但不能得到结算与支付。E 单位漏报了某子目的单价,不影响投标文件的有效性,应按有效的投标文件处理,只是该漏报的子目承包人应完成,但不能得到结算与支付。

应用案例 3-2

【应用案例】

某公路工程项目采用公开招标的形式,有 A、B、C、D、E 5 家施工单位购买了招标文件。招标文件规定 2020 年 1 月 20 日上午 10:30 为投标文件接收终止时间。在提交投标文件的同时,需提交投标保证金 20 万元。2020 年 1 月 20 日,A、B、C、D 4 家投标单位在上午 10:30 前将投标文件送达,E 单位在上午 11:00 送达。各单位均按招标文件的规定提供了投标保证金。在上午 10:25 时,B 单位向招标人递交了一份投标价格下降 5% 的书面说明。在开标过程中,招标人发现 C 单位的标袋密封处仅有投标单位公章,没有法定代表人印章或签字。

问题:

(1)以上投标文件为废标的有哪些?说明理由。

(2)B 单位向招标人递交的书面说明是否有效?

【案例评析】

(1)C、E 两家投标文件为废标。C 单位因投标书只有单位公章未有法定代表人印章或签字,不符合投标文件的密封、标识的要求,为废标;E 单位未能在投标截止时间前送达投标文件,按规定应作为废标处理。

(2)B 单位向招标人递交的书面说明有效。投标人在招标文件要求提交投标文件的截止时间前,可以补充、修改或者撤回已提交的投标文件,补充、修改的内容作为投标文件的组成部分。

3.4 公路工程施工投标文件实例

下面以湖北某高速公路一期工程建设为背景,给出其中某土建工程施工合同段的施工投标文件,以供学习和参考。

正本

湖北省××至××高速公路一期土建工程施工××TJ-×合同段
施工招标

投 标 文 件

投标人:<u>中铁××局集团第×工程有限公司</u>(盖单位章)
<u>二〇二〇</u> 年 <u>六</u> 月 <u>十六</u> 日

目 录

一、投标函及投标函附录
 (一)投标函
 (二)投标函附录
二、法定代表人身份证明及授权委托书
 (一)法定代表人身份证明
 (二)授权委托书

三、投标保证金

投标保证金电汇银行凭证单

基本户开户许可证

四、已标价工程量清单

工程量清单说明

投标报价说明

计日工说明

五、施工组织设计

1　总体施工组织布置及规划

2　主要工程项目的施工方案、施工方法与技术措施（尤其对重点、关键和难点工程的施工方案、方法及其措施）

3　工期的保证体系和保证措施

4　工程质量的管理体系以及保证措施

5　安全生产管理体系及保证措施

6　环境保护、水土保持保证体系及保证措施

7　文明施工、文物保护保证体系及保证措施

8　项目风险预测与防范，事故应急预案

9　其他应说明的事项

附表一　施工总体计划表

附表二　分项工程进度率计划（斜率图）

附表三　工程管理曲线

附表四　分项工程生产率和施工周期表

附表五　施工总平面布置

附表六　劳动力计划表

附表七　临时用地计划表

附表八　外供电力需求计划表

附表九　合同用款估算表

六、项目管理机构

七、拟分包项目情况表

八、资格审查资料

九、承诺函

十、其他材料

湖北省信用等级评价结果（均为 A 级）

企业法人营业执照副本

施工资质证书副本

安全生产许可证副本

试验检测委托意向书

第三方试验检测资质证书

第三方计量认证合格证书

申请人计量认证证书

税务登记证
质量管理体系认证证书
职业健康安全管理体系认证证书
环境管理体系认证证书
补遗书及通知

一、投标函及投标函附录

（一）投标函

湖北省××高速公路建设指挥部：

1. 我方已仔细研究了湖北省××至××高速公路一期土建工程施工 ××TJ-× 合同段施工招标文件的全部内容(含补遗书第01号至第01号)，在考察工程现场后，愿意以人民币(大写)叁亿玖仟肆佰陆拾万零捌仟伍佰壹拾陆元(￥394608516元)的投标总报价(或根据招标文件规定修正核实后确定的另一金额)，工期25.5个月，按合同约定实施和完成承包工程，修补工程中的任何缺陷，工程质量达到标段工程交工验收的质量评定：合格；竣工验收的质量评定：优良。

2. 我方承诺在投标有效期内不修改、撤销投标文件。

3. 随同本投标函提交投标保证金一份，金额为人民币(大写)捌拾万元(￥800000.00元)。

4. 如我方中标：

(1)我方承诺在收到中标通知书后，在中标通知书规定的期限内与你方签订合同。

(2)随同本投标函递交的投标函附录属于合同文件的组成部分。

(3)我方承诺按照招标文件规定向你方递交履约担保。

(4)我方承诺在合同约定的期限内完成并移交全部合同工程。

5. 我方在此声明，所递交的投标文件及有关资料内容完整、真实和准确，而且不存在第二章"投标人须知"第1.4.3项规定的任何一种情形。

6. 在合同协议书正式签署生效之前，本投标函连同你方的中标通知书将构成我们双方之间共同遵守的文件，对双方具有约束力。

7. 我方理解，你方不一定接受最低标价的投标或你方接到的其他任何投标。同时也理解，你方不负担我方的任何投标费用。

8. 我们承诺：如我单位在所投合同段中均排名第一时，根据招标文件的有关规定，我们优先选择中标合同段的顺序依次为：××TJ-×合同段、××TJ-×合同段、××TJ-×合同段。

9. ＿无＿（其他补充说明）。

投标人：中铁×局集团第×工程有限公司(盖单位章)

法定代表人或其委托代理人：＿＿××＿＿（签字）

地址：＿＿＿＿＿××＿＿＿＿＿

网址：＿＿＿＿＿××＿＿＿＿＿

电话：＿＿＿＿＿××＿＿＿＿＿

传真：＿＿＿＿＿××＿＿＿＿＿

邮政编码：＿＿＿＿＿××＿＿＿＿＿

＿二〇二〇＿年＿六＿月＿十六＿日

(二)投标函附录

投标函附录,见标表1。

投标函附录   标表1

序号	条款名称	合同条款号	约定内容	备注
1	缺陷责任期	1.1.4.5	自实际交工日期起计算24个月	
2	逾期交工违约金	11.5	签约合同价的0.1%/天	
3	逾期交工违约金限额	11.5	10%签约合同价	
4	提前交工的奖金	11.6	在保证质量、安全、环保、廉政等情况下,发包人将根据承包人完成的阶段目标综合考评,予以奖励	
5	提前交工的奖金限额	11.6	累计奖励限额不超过2%签约合同价	
6	开工预付款金额	17.2.1	签约合同价(不含暂列金额、暂估价、计日工)的10%	
7	材料、设备预付款比例	17.2.1	钢材、钢绞线、水泥、锚具、支座、伸缩缝等主要材料报备供应合同单价及供应到场数量所开列的单据所列费用的60%	
8	进度付款证书最低限额	17.3.3(1)	200万元	
9	逾期付款违约金的利率	17.3.3(2)	中国人民银行发布的同期短期贷款基准利率	
10	质量保证金百分比	17.4.1	月支付额的10%	
11	质量保证金限额	17.4.1	5%合同价格	
12	保修期	19.7	自实际交工日期起计算5年	

投标人:中铁×局集团第×工程有限公司(盖单位章)
投标文件签署人签名:_____××_____

价格指数和权重,见标表2。

价格指数和权重表   标表2

名称		基本价格指数		权重			价格指数来源
		代号	指数值	代号	允许范围	投标人建议值	
定值部分				A	0.3	0.3	
变值部分	当地劳务	F_{01}		B_1	0.15~0.20	0.17	湖北省统计局
	钢材	F_{02}		B_2	0.20~0.25	0.22	
	水泥	F_{03}		B_3	0.10~0.13	0.11	
	燃油料	F_{04}		B_4	0.05~0.10	0.09	
	地材	F_{05}		B_5	0.10~0.12	0.11	
		合计				1.00	

投标人:_____××_____(盖单位章)
投标文件签署人签名:_____××_____

二、法定代表人身份证明及授权委托书

(一)法定代表人身份证明

投标人名称:中铁×局集团第×工程有限公司
单位性质:____有限责任公司(法人独资)____
地址:_____××_____

成立时间：　×　年　×　月　×　日
经营期限：　长　　期
姓名：_____ 性别：男 年龄：45 岁 职务：董事长
系　中铁×局集团第×工程有限公司　的法定代表人。
特此证明。

投标人：中铁×局集团第×工程有限公司（盖单位章）

二○二○　年六　月十一　日

(二)授权委托书

本人××系中铁×局集团第×工程有限公司的法定代表人，现委托××为我方代理人。代理人根据授权，以我方名义签署、澄清、说明、补正、递交、撤回、修改湖北省××至××高速公路一期土建工程施工　××TJ-×、××TJ-×、××TJ-×合同段施工投标文件、签订合同和处理有关事宜，其法律后果由我方承担。

委托期限：自授权委托之日起至签订合同之日止。

代理人无转委托权。

附：法定代表人身份证明（见前页）

投标人：中铁×局集团第×工程有限公司（盖单位章）

法定代表人：_____×× _____（签字）

身份证号码：_____×× _____

委托代理人：_____×× _____（签字）

身份证号码：_____×× _____

二○二○年六　月十一　日

三、投标保证金

投标保证金电汇银行凭证单：(略)。
基本户开户许可证：(略)。

四、已标价工程量清单(摘录)

1. 工程量清单说明(略)
2. 投标报价说明(略)
3. 计日工说明(略)

投标报价汇总，见标表3。

投标报价汇总表 标表3

合同段：××

序号	章次	科目名称	金额(元)
1	100	总则	20300317
2	200	路基	16900732
3	400	桥梁、涵洞	87113029
4	500	隧道	249882884
5	第100章至第700章合计		374196962
6	已包含在清单合计中的材料、工程设备、专业工程暂估价合计		

续上表

序号	章次	科目名称	金额(元)
7		清单合计减去材料、工程设备、专业工程暂估价合计	374196962
8		计日工合计	1701706
9		暂列金额(不含计日工总额)	18709848
10		投标报价	394608516

工程量清单,见标表4~标表7。

工程量清单表1　　　　　　　　　　　　　　　　　　　　　标表4

合同段:××

第100章　总则

子目号	子目名称	单位	数量	单价	合价
100	总则				
101-1	保险费				
101-1-a	按合同条款规定,提供建筑工程一切险	总额			895917
101-1-b	按合同条款规定,提供第三方责任险	总额			2400
102-1	竣工文件	总额	1.000	300000.00	300000
102-2	施工环保费	总额	1.000	500000.00	500000
102-3	安全生产费	总额	1.000	4002000.00	4002000
102-4	信息化系统				
102-4-a	工程管理软件系统(安全监控系统等,不含发包人提供的工程管理软件)	总额	1.000	200000.00	200000
102-4-b	发包人提供的工程管理软件(暂列金额)	总额	1.000	100000.00	100000
102-5	提前交工奖(暂列金额)	总额	1.000	4000000.00	4000000
103-1	临时道路修建、养护与拆除(包括原道路的养护费)				
103-1-a	新建便道	总额	1.000	1200000.00	1200000
103-1-b	利用或改建便道	总额	1.000	1000000.00	1000000
103-1-c	原有道路恢复补偿费(暂列金额)	总额	1.000	800000.00	800000
103-2	临时占地	总额	1.000	1000000.00	1000000
103-3	临时供电设施架设、维修与拆除	总额	1.000	1200000.00	1200000
103-4	电信设施的提供、维修与拆除	总额	1.000	300000.00	300000
103-5	供水与排污设施	总额	1.000	400000.00	400000
104-1	承包人驻地建设	总额	1.000	1800000.00	1800000
105-1	施工驻地	总额	1.000	2600000.00	2600000
…	…		…	…	…

第100章　合计　人民币20300317元

工程量清单表 2　　　　　　　　　标表 5

合同段：××

第 200 章　路基

子目号	子目名称	单位	数量	单价	合价
200	路基				
202	场地清理				
202-1	清理与掘除	总额	1.000	211336.19	211336
203	挖方路基				
203-1	路基挖方				
203-1-a	挖土石方	m^3	272863.000	22.21	6060287
203-1-b	挖除非适用材料（不包括淤泥）	m^3	1037.200	15.48	16056
203-1-c	弃方超运	$m^3 \cdot km$	201029.000	2.42	486490
203-2	改河、改渠、改路挖方				
203-2-a	挖土石方	m^3	14474.300	16.57	239839
203-3	岩石爆破及高边坡、高路堤稳定专项监测监控（暂列金额）	总额			
204	填方路基				
204-1	路基填筑（包括填前压实）				
204-1-a	利用土石方	m^3	49497.000	8.57	424189
204-1-e	结构物台背回填	m^3	9155.800	114.06	1044311
204-1-f	锥坡及台前溜坡填土	m^3	113.400	22.78	2583
204-1-i	换填透水性材料	m^3	97.900	114.06	11166
204-1-j	级配碎石回填	m^3	3354.200	161.36	541234
204-2	改河、改渠、改路填筑				
204-2-a	利用土石方	m^3	103.000	7.68	791
204-3	改路路面工程				
204-3-c	厚180mm 水泥稳定碎石	m^2	1180.200	38.65	45615
204-3-f	厚200mm 水泥混凝土路面	m^2	1070.000	86.98	93069
205	特殊地区路基处理				
205-1	软土地基处理				
205-1-d-3	双向钢塑土工格栅	m^2	16346.500	20.78	339680
205-1-d-4	双向聚酯土工格栅	m^2	6750.000	22.04	148770
205-1-p	换填碎石（包括开山石渣）	m^3	2893.800	161.36	466944
207	坡面排水				
207-1	边沟				
207-1-a	A 型路堑边沟	m	66.000	433.99	28643
…	…	…	…	…	…
…	…	…	…	…	…

第 200 章　合计　人民币　16900732 元

工程量清单表 3   标表6

合同段：××

子目号	子目名称	单位	数量	单价	合价
	第400章 桥梁、涵洞				
401	通则				
401-3	地质钻探及取样试验（暂定工程量）				
401-3-a	70mm 直径	m	200.000	200.00	40000
401-3-b	110mm 直径	m	200.000	300.00	60000
403	钢筋				
403-1	基础钢筋（包括灌注桩、承台、沉桩、沉井等）				
403-1-a	光圆钢筋（HPB235、HPB300）	kg	275443.570	5.81	1600327
403-1-b	带肋钢筋（HRB400）	kg	2261849.766	5.79	13096110
403-2	下部结构钢筋				
403-2-a	光圆钢筋（HPB235、HPB300）	kg	66401.886	5.83	387123
403-2-b	带肋钢筋（HRB400）	kg	3355131.448	5.79	19426211
403-3	上部结构钢筋				
403-3-a	光圆钢筋（HPB235、HPB300）	kg	1436207.600	6.00	8617246
403-3-b	带肋钢筋（HRB400）	kg	4760736.410	5.97	28421596
403-4	附属结构钢筋				
403-4-a	光圆钢筋（HPB235、HPB300）	kg	93750.722	6.18	579379
403-4-b	带肋钢筋（HRB400）	kg	527212.872	6.08	3205454
403-5	检修通道钢筋	kg	6439.280	6.04	38893
404	基础挖方及回填				
404-1	基坑挖土石方	m³	30178.570	24.98	753861
405-1	钻孔灌注桩				
405-1-a-1	直径 φ1.2 m	m	240.000	1773.46	425630
405-1-a-2	直径 φ1.5m	m	604.000	2227.19	1345223
405-1-a-3	直径 φ1.8 m	m	7553.000	2509.91	18957350
405-2	钻取混凝土芯样，直径70mm（暂定工程量）	m	200.000	500.00	100000
410	结构混凝土工程				
410-1	现浇混凝土基础（包括支撑梁、承台、基础系梁，但不包括桩基）				
410-1-b	C25	m³	1205.130	305.52	368191
410-1-c	C30	m³	5991.000	375.27	2248243
...	...	...	...	...	...
...	...	...	...	...	...
	第400章 合计　人民币　87113029 元				

工程量清单表 4 标表 7

合同段：××

第 500 章 隧道

子目号	子目名称	单位	数量	单价	合价
502	洞口与明洞工程				
502-1	洞口、明洞开挖				
502-1-a	挖土石方	m³	9763.010	13.45	131312
502-2	防水与排水				
502-2-a	浆砌片（块）石				
502-2-a-1	M7.5 砂浆砌片石截水沟	m³	51.570	261.23	13472
502-3	洞口坡面防护				
502-3-a	钢筋网	kg	5015.350	6.50	32600
502-3-b	C20 喷射混凝土	m³	130.100	654.88	85200
502-3-c	锚杆				
502-3-c-1	砂浆（药卷）锚杆	kg	8596.700	15.51	133335
502-4	洞门建筑				
502-4-b	混凝土				
502-4-b-2	C20 混凝土	m³	44.100	513.42	22642
502-4-b-3	C25 混凝土	m³	352.320	526.93	185648
502-4-b-4	C20 片石混凝土	m³	639.980	442.19	282993
502-5	明洞衬砌				
502-5-c	钢筋				
502-5-c-1	光圆钢筋（HPB235、HPB300）	kg	1906.940	6.02	11480
502-5-c-2	带肋钢筋（HRB400）	kg	16864.200	5.90	99499
502-7	洞顶回填				
502-7-a	回填碎石土	m³	2034.000	59.24	120494
502-7-c	回填隔水黏土层	m³	876.640	22.94	20110
502-7-d	M7.5 砂浆砌片石	m³	1211.492	226.76	274718
502-7-f	M20 水泥砂浆	m³	10.200	496.92	5069
503	洞身开挖				
503-1-a	挖土石方	m³	184776.726	102.29	18900811
503-2	洞身支护				
503-2-c-1	φ22mm 砂浆锚杆	m	17024.000	38.30	652019
503-2-c-2	φ42mm×3.5mm 钢花管	m	60019.530	54.57	3275266
…	…	…	…	…	…
…	…	…	…	…	…

第 500 章 合计 人民币 249882884 元

4. 计日工汇总表(略)

5. 计日工劳务单价表(略)

6. 计日工材料单价表(略)

7. 计日工施工机械单价表(略)

五、施工组织设计(摘录)

1 总体施工组织布置及规划

1.1 工程概况及施工条件

1.1.1 工程概况

湖北省××至××高速公路是湖北省规划的"552(五纵五横二环)"骨架公路网重要组成路段。本合同段为第×合同段,工程起点(YK160+610)位于×市×县×乡,在小漩隧道进口接第×合同段终点。路线出小漩隧道后接黄毛关大桥,穿过黄毛关隧道,设龙王沟大桥跨S305省道,穿过十转山隧道后再设潘口塘大桥到达本合同段终点YK165+500,路线全长4.890km。主要工程有小漩隧道、黄毛关隧道、十转山隧道、黄毛关大桥、龙王沟大桥、潘口塘大桥。主要工程数量见标表8。

主要工程数量表　　标表8

序号	工程名称			单位	数量	备注
1	路基工程	挖方		m³	260091	
		利用土方		m³	50991	
		土工格栅		m²	23096.5	
2	桥涵工程	黄毛关大桥	左幅	m	334	桩基础、扩大基础、U台、双柱墩、实心墩、30m T梁
			右幅		304	
		龙王沟大桥	左幅	m	371.66	桩基础、扩大基础、U台、双柱墩、30m T梁
			右幅		491.5	
		潘口塘大桥	左幅	m	310	桩基础、扩大基础、U台、双柱墩、30m T梁
			右幅		304	
		龙王沟中桥	左幅	m	45.58	桩基础、扩大基础、U台、双柱墩、30m T梁
			右幅		109	
		涵洞工程		m/道	112.62m/2	暗涵
3	隧道工程	小漩隧道	左线	m	1009	分离式隧道
			右线		1065	
		黄毛关隧道	左线	m	625	分离式隧道
			右线		615	
		十转山隧道	左线	m	1450	分离式隧道
			右线		1447	
4	防护及排水工程	M7.5浆砌片石		m	5086.6	含边沟、排水沟、截水沟
		预应力框架锚杆		kg	4428.9	
		系统锚杆加固		kg	5402	
		C20片石混凝土挡土墙		m³	4792	
		喷播植草		m²	12634	

本项目地处中纬度,属亚热带季风气候区,气候温和,四季分明,日照充足,雨量充沛。年平均气温 9～16℃,无霜期长。本区降水多集中在夏季,年平均雨量约 920mm,年最大为1750mm,年最小为470mm。竹山县极端最高气温可达43.4℃,极端最低气温可达-10.4℃,平均相对湿度74%。气候条件对项目建设影响不大,但受海拔高度、坡向等地形地貌因素影响,区内山地小气候具多样性,夏季灾害性天气较多,常有干旱、暴雨、强降雨出现,其中暴雨、强降雨可引发山体滑坡、崩塌等地质灾害。

本合同段按设计地震动峰值加速度 $0.1g$,相应地震烈度为Ⅶ度。

1.1.2 施工条件

交通条件:本合同段路线所经区域有 S305 省道,基本与本线路平行,可以直达本合同段的多个主要工点,运输条件较好。

水电条件:合同段内地下水以及河流水丰富,基本无污染,可直接作为工程和生活用水。

沿线城镇、输电线路较多,项目供电条件较好。生活用电可就近接入附近电网。施工用电初期采用自发电,以后考虑在当地搭接用电,架设电力线路,同时配备发电机备用。

筑路材料:沿线石料、碎石质量好、储量丰富,易于开采,汽车运输较为方便;但沿线没有符合要求的天然石英砂场,可就地进行机制砂的加工,用于桥梁下部结构和涵洞的施工。水泥、钢材等可从××县或××购买。

1.2 总体施工部署

1.2.1 施工组织机构

根据本工程的特点、工程量和工期要求,结合我单位工程项目管理经验,如果我单位中标,拟组建中铁×局集团第×工程有限公司××至××高速公路第×合同段项目经理部,实行项目经理负责制,项目经理全面负责本合同段施工组织和管理。项目部设安全质量部、工程技术部、物资设备部、计划合同部、财务管理部、综合办公室和工地实验室(五部二室),下辖 1 个路基施工队、2 个桥涵施工队、1 个预制安装施工队、2 个隧道施工队、1 个综合施工队(7 个专业化施工队伍)。

1.2.2 施工任务划分

施工任务划分,见标表9。

施工任务划分表　　　　　　　　　　　　　　　　　　　标表9

施 工 队	人员	任 务 划 分	施工队驻地
路基施工队	60	负责本合同段路基土石方工程施工	YK163+400 右侧
桥涵施工一队	110	负责黄毛关大桥、龙王沟大桥基础及下部构造施工; K163+459.361 钢筋混凝土盖板暗涵	YK162+750 右侧
桥涵施工二队	90	负责龙王沟中桥、潘口塘大桥基础及下部构造施工; K164+947.455 钢筋混凝土盖板暗涵	ZK165+100 左侧
桥梁预制安装施工队	100	负责本合同段桥梁 30m T 梁预制安装施工	ZK163+100 右侧
隧道施工一队	210	负责小璇隧道左、右洞,黄毛关隧道左、右洞的施工	YK161+750 右侧
隧道施工二队	180	负责十转山隧道左、右洞的施工	YK163+450 右侧
综合施工队	120	负责本合同段路基防护、排水及其他工程的施工	ZK162+500 左侧

1.2.3 施工工期安排

本工程业主计划开工日期:2020 年 7 月 26 日,总工期26 个月。我单位计划开工日期

2020年7月26日,总工期25.5个月,提前半个月达到工程交工验收条件。

施工总体计划详见施工总体计划表(附表一)。

1.2.4 施工总体平面布置

根据本合同段段工程特点及对施工现场的踏勘情况,现场设3座混凝土拌和站、2座预制场,以S305省道、县乡公路及村镇公路为运输主干道,进场后分别修筑纵横向便道至各工点,架设施工用电、用水线路,修建钢筋库、水泥库、钢筋加工场、砂、石料储料场等生产房屋和场地。

施工现场平面布置详见施工总平面图(附表五)。

1.2.5 主要临时工程

(1)施工便道。

利用S305省道、县乡公路及村镇公路作为机械设备、人员、材料进场的主要通道,进场后沿线路修筑施工便道至各工点,遇沟渠修建便桥或埋设圆管涵。便道路基宽度不小于4.5m,路面宽度不小于3.5m,曲线或地形复杂地段适当加宽;每300m设置会车道一处,错车道路基宽度不小于6.5m,路面宽度不小于5.5m,长度不小于20m。路面结构层土质路基采用20cm厚泥结碎(砾)石路面,石质路基采用泥结碎(砾)石找平,并设置好排水系统。便道急弯、陡坡等危险地段设安全护栏和醒目的安全警示标志。施工期间派专人对便道养护和维修,确保畅通无阻。

(2)临时生活、办公、生产房屋。

项目经理部驻地生活、办公用房租用民房,各施工队驻地生活、办公用房在线路附近征地建造,工地值班、看守等拟在各工点搭设活动板房;钢材、水泥库房及其他材料库房,以修建砖砌房屋为主,工程用砂、石料置于水泥硬化场地内露天堆放。

(3)水、电。

沿线河流水系发达,水质良好,对混凝土不具腐蚀性,可作为施工和生活用水。拌和站、预制场修建蓄水池,隧道洞顶修建高山水池。路基填筑洒水,施工便道防尘污染采用洒水车拉运;施工用电可通过与当地电力部门协商驳接当地电网,在拌和站、预制场、隧道洞口及桥梁施工处安装变压器,同时配备发电机,以满足临时停电之用。

(4)拌和站和预制场。

拌和站设置3座:1号拌和站设在YK161+750右侧;2号拌和站设在YK163+000右侧;3号拌和站设在ZK165+200左侧;预制场2座:1号预制场设在主线K162+900~K163+400段路基上,2号预制场设置在潘口大桥桥下。各拌和站的场地进行硬化处理,料场采用隔墙分开,配备带自动计量的混凝土集中拌和站,拌和站四周设置围墙,进出场设置大门,采用封闭式管理,并悬挂安全、生产标语。各拌和站和预制场地表面采用15cm厚C15混凝土面层进行硬化。集中排水,设污水处理沉淀池。拌和站布置如标图1所示;预制场布置,如标图2所示。

(5)工地试验室建设。

在项目部设工地试验室,配备具有专业资格的检验和试验人员和能满足工程所需的试验检测设备,工地试验室取得省质量监督站相应资质要求后,方可使用。试验室工作内容有:工地各种进场原材料的取样及质量试验检测;各种等级混凝土、砂浆配合比的选配;工地混凝土、砂浆的标准试件制作及钢筋焊接试验;路基、路面填料标准击实,填料颗粒筛分,液、塑限测定,CBR值强度试验及工地压实度、成型路基弯沉试验检测等工作。

(6)临时通信。

项目经理部、各施工队分别安装程控电话互通信息,保持内外联系,主要管理人员配移动电话。工程测量、桥梁架设、隧道洞内外配备对讲机解决通信、联络问题。项目经理部配备台式或笔记本电脑，项目经理部电脑全部接入高速宽带网络，利用内部办公室系统统一管理，与甲方及监理建立网络管理平台，实现对项目全程动态管理和实时监控。

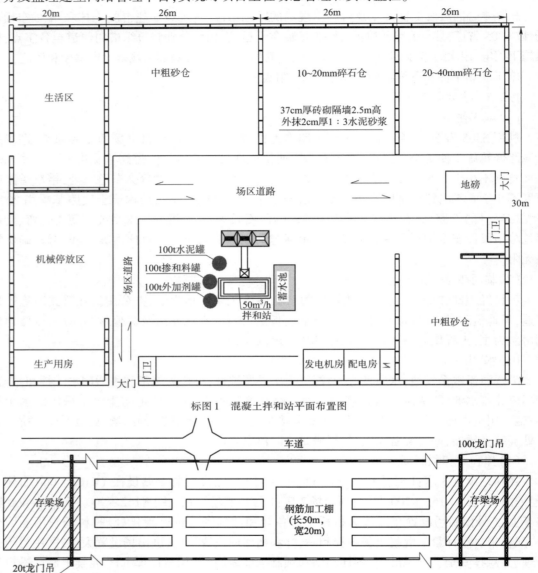

标图 1　混凝土拌和站平面布置图

标图 2　预制场平面布置示意图

说明：
1.本预制场为布置示意图，具体布置根据场地条件做适当调整。
2.1号预制场设置30mT梁台座12个、中梁模板3套、边梁模板半套；2号预制场设置台座7个、中梁模板2套、边梁模板半套。
3.本预制场配备100t龙门吊2部进行移梁施工，同时配备20t龙门吊1部用于梁体混凝土浇筑。
4.1号预制场梁板混凝土由位于YK163+100右侧的2号拌和站提供；2号预制场混凝土由位于ZK165+200左侧3号拌和站提供。
5.生活、办公设施布置在YK163+400处主线上。

（7）弃土、弃渣场。

为防止水土流失，保持生态平衡，施工弃土、渣严格按照图纸设计进行。弃土、渣前修筑好防排水设施，工程完工时，弃土、渣场进行复耕或还林。

(8)施工供风。

在小璇隧道、十转山隧道施工口设置空压机房,配备 $20m^3/min$ 的电动空压机,通过供风管道供风,黄毛关隧道采用自然通风。

(9)炸药库、雷管库。

炸药库和雷管库分开设置,间距不小于50m,采用砖墙房屋、楼板盖顶,周围铁丝网防护,防护门采用防盗门,雷管库采用保险柜。

(10)消防设施。

在工地建立临时消防系统,制定和实施严格的消防管理制度,配置灭火器、灭火桶、消防砂等设施,杜绝火灾发生。

临时用地计划详见临时用地计划表(附表七)。

2 主要工程项目的施工方案、施工方法与技术措施(尤其对重点、关键和难点工程的施工方案、方法及其措施)

本合同段重点、关键和难点工程为隧道工程。

2.1 路基工程

2.1.1 路基土石方工程施工方案(略)

2.1.2 路基土石方工程施工方法(略)

2.1.3 特殊路基施工

(1)与构造物连接路堤。

路堤与桥台、横向构造物连接处设置过渡段,路基压实度不小于96%,过渡段内路堤采用砂砾石等渗水性材料填筑。过渡段长度按3倍路堤填土高度确定。对于陡坡路段或填高大于等于6m的桥台背,铺设高强土工隔栅进行加筋处理。

(2)半填半挖或填挖交界路段填筑。

半填半挖路基的挖方在路槽下超挖80cm后再以土方回填,以减少路基横向不均匀沉降。填挖交界段施工进行挖台阶埋设双向土工格栅进行处理,台阶宽度不小于2m,高1m。

(3)陡坡填方路基加固施工。

陡坡路基采用双向焊接土工格栅,土工格栅横向设置于齐平填方平台处,钉在开挖出的台阶上。铺设土工格栅时,要注意格栅间联结与拉平顺直,纵、横向接缝用专用U形钉连接;土工格栅铺设完成后,在48h内填筑填料,每层遵循"先两边后中部"的原则进行填筑,一切车辆、施工机械不得直接在铺好的土工格栅上横向行走,只能沿路堤轴线方向行驶。

(4)高填方路堤。

高填土路堤在地面横坡不陡于1:2.5且填高大于18m时,于路面地面以下铺设3层土工格栅;在填筑时应分层铺筑,严格控制压实度,以防填土沉降过多,但在其路面铺筑前仍有一定的自然沉降量,故在铺筑路床土方时应适当超填以清除高填土的工后沉降,确保填土高程满足设计要求,同时高填方路堤一律进行冲击碾压,每2m厚为一层、分层碾压,碾压遍数通过现场试验确定。路堤填筑时间不少于6个月,施工时要匀速填筑。

(5)深路堑路基。

对路堑高边坡土石方的开挖,严格按设计要求进行,对有锚固工程的高边坡,严格按照从上到下的逐级开挖顺序进行开挖,待上一级边坡锚固工程全部实施并产生加固作用后,进行下级边坡的土石方开挖作业,逐级开挖、逐级防护,直至防护工程结束。石方边坡开挖一律采用光面控制爆破,减少对岩体结构的破坏和影响。

路基施工过程中同时进行边坡的稳定性监测,对地表变形、地下位移和地下水位进行监控量测,以验证边坡治理的效果,确保运营期间高边坡的稳定。

2.2 防护排水工程

2.2.1 防护排水工程施工方案

防护及排水工程浆砌片石采用挤浆法砌筑,外露面用面平的大块片石大致加工方正,丁顺相间砌筑。现浇混凝土采用混凝土拌和站集中拌制,混凝土输送车运输至工点吊装入模,插入式振捣器振捣密实。所需的混凝土预制块在桥梁工程预制场集中预制,运至工地后安装。

2.2.2 防护排水工程施工方法

2.2.2.1 浆砌片石护坡

边坡完成后,按设计要求对骨架间距进行准确测量放样,按测量放样的石灰线,从坡顶向坡脚逐段人工开挖骨架土方,开挖、修整完毕,自下而上进行骨架砌筑。先砌筑骨架护脚,然后砌筑骨架,最后砌筑平台封顶或坡顶封顶。骨架砌体勾缝前,先将砌体灰缝修凿至规范要求,然后用水泥砂浆勾缝。拱形骨架护坡沉降缝严格按图纸要求设置,最后种植草皮。护坡浆砌片石砌筑采用挤浆法分层、分段砌筑。

2.2.2.2 挡土墙

挡土墙基底承载力检测合格后,开始施工。浆砌片(块)石砌体采用挤浆法分层、分段砌筑,石块丁顺相间,交错排列,砌筑完后保湿养护;沉降缝按设计要求设置,墙背填料应符合设计要求,并做到分层填筑,分层夯实。

片石混凝土挡土墙施工时,挡土墙基底承载力检测合格后,按设计尺寸支立模板,检查合格后,开始浇筑混凝土,混凝土由拌和站集中拌和,运输车运至工地,插入式振捣器振捣。沉降缝按设计要求设置,浇筑完后进行养护。

挡墙每10m设置一道变形缝,缝宽2cm,缝内用沥青麻絮填塞,墙体设置泄水孔,间距为2.0m,采用ϕ50cm PVC 管,泄水孔应上下交错梅花状布置。

2.2.2.3 挂网喷播混生植物防护

施工工序为:清理、平整坡面→规划放样→锚杆钻孔→安装锚杆→锚杆加工→挂网→潮润坡面→喷射基材混合物→植被种植→交验前养护管理。

2.2.2.4 排水工程

按设计对水沟逐段测量放样,核对沟底高程与各涵洞进、出口是否相一致,线型是否顺直。土方沟槽采用人工开挖,其断面尺寸、沟底纵坡等检验合格后,按设计厚度铺设沟底砂砾垫层,并夯实。

在沟槽内挂线进行片石砌筑(方法同浆砌护坡),砂浆终凝后保持湿润养生不少于7天。水沟按设计设沉降缝,缝宽2cm,内填沥青防水材料,沟底应铺2cm厚碎石垫层。现浇C25混凝土采用混凝土拌和站集中拌制,混凝土输送车运输至工点,插入式振捣器振捣密实。沟槽盖板采用混凝土预制块。

2.3 桥梁工程

2.3.1 桥梁工程施工方案

本合同段共有大桥3座、中桥1座,桥梁基础类型为桩基础和扩大基础,下部构造主要为双圆柱墩、实心矩形墩、桩柱式桥台、U形桥台,上部构造均为30m后张法预应力T梁。

扩大基础采用人工配合机械开挖;桩基础采用钻孔桩、冲击钻机或回旋钻机成孔,导管灌注水下混凝土;墩台采用大块整体钢模,混凝土在拌和站集中拌和,混凝土运输车运输,混凝土输送泵入模,机械捣固成型。预应力混凝土T梁在预制场集中预制,采用轨道运输和运梁车运输、架桥机架设。

2.3.2 桥梁工程施工方法

2.3.2.1 施工准备

按监理工程师批复的路线控制导线点、水准基点复测成果以及增设的主要控制转点桩,对各桥梁的桥位及基础测量放样并编制测量成果资料,上报审批。对拟用的砂石料及水泥、钢材等材料按设计及规范进行试验,对桥梁所需各级别的混凝土进行试配并报监理工程师审批。做好施工场地的临时防、排水,使之始终处于良好的排水状态。

2.3.2.2 桥梁基础施工方法

(1)明挖扩大基础。

施工放样,挖掘机开挖基坑至底高程30cm后,人工清理,基底检查合格后,绑扎钢筋,支立模板,支撑牢固、稳定后进行混凝土浇筑。混凝土采用拌和站集中拌和,混凝土输送车送至工点串筒浇筑,机械振捣成型,对墩柱接触面进行凿毛。

(2)钻孔桩基础施工。

根据工程地质情况采用回旋钻机或冲击钻机成孔。

①护筒埋设。工作平台设置后,定出桩位,布置附属设施,经监理工程师检查合格后,埋设钢护筒,将钻机准确就位。

②护壁泥浆。护壁采用黏土泥浆,就近挖坑设置泥浆池,架设泥浆泵,形成泥浆循环。

③钻孔。

回旋钻机成孔:钻机安装平稳后开钻。开钻前先起动泥浆泵和转盘,空转一段时间,待泥浆输进钻孔中一定数量后,开始低挡慢速钻进,待钻进深度超过护筒刃脚处后,按正常速度钻进。

冲击钻机钻孔:钻机安装平稳后开钻,开始钻进要缓慢,采用小冲程钻进,待通过护筒底口后方可正常钻进。

④验孔、清孔。孔底高程达到设计要求后停钻,对孔位中心、孔径、孔深、垂直度、沉渣厚度等采用测量仪器、测绳、验孔器等工具进行检查,经监理工程师签认后,换浆清孔。清孔至孔底沉渣厚度、泥浆质量指标满足规范要求。

⑤安装钢筋笼及导管。验孔、清孔并经监理工程师检查合格后,安放钢筋笼。钢筋笼在钢筋加工场按设计图下料加工,垂直缓慢吊放。全部钢筋笼安放至设计高程后,用4根直径为25mm的定位钢筋将钢筋笼焊在护筒或钻孔平台上,以防止钢筋笼在灌注混凝土时上浮。用超声波检测桩基时,将声测管固定于钢筋笼上,与钢筋笼同时吊放。

钢筋笼安放完成后(将声测管上口封严),安放混凝土灌注导管,导管安放前先试拼,并进行水密、承压和接头抗拉试验。合格后缓慢分节下放拼装,防止碰挂钢筋笼。导管长度根据孔深、漏斗高度等计算确定,导管底距孔底距离为25~40cm。

⑥灌注水下混凝土。导管下放完成后,二次清孔至孔底沉渣厚度满足要求,然后及时快速灌注首盘混凝土,初灌漏斗的容量与首盘混凝土量必须满足水下混凝土的灌注高度高出导管底1m,灌注必须连续进行。导管的埋深控制在2~6m,当混凝土灌注至比设计桩顶高程高出0.5~1.0m时停止,以保证桩顶混凝土强度。

2.3.2.3 桩基质量检测及承台或系梁施工方法

桩基混凝土灌注完毕后,开挖承台或系梁基坑土方,凿除桩头,待混凝土达到设计强度后,按设计要求进行桩基检测。检测合格后,清理承台或系梁基底土方,按设计及规范要求进行基底处理,安装承台或系梁钢筋(注意预埋墩柱钢筋),采用大块组合式钢模板,模板支撑牢固后,监理工程师检查验收合格后,浇筑承台或系梁混凝土。

2.3.2.4 墩柱、台身、盖梁、台帽施工方法

先将桩顶凿毛冲洗干净,整理预留钢筋并绑扎安装墩柱或台身钢筋,安装模板。墩柱采用整体式钢模分段拼装,台身采用大块组合钢模板,钢模板的钢板厚度为6mm,模板缝内用海绵条垫紧,支撑牢靠后,均匀擦抹模板脱模剂,确保脱模的混凝土内实外美。墩柱模板采用4条缆风绳收紧、调正、加固。钢筋、模板安装经监理工程师检验合格后浇筑墩身或台身混凝土。连续刚构T梁在浇筑桥墩时,按图纸要求,准确预留和预埋连接钢筋及其他连接件。

墩柱、台身混凝土拆模、养护经监理工程师检验合格后,安装盖梁或台帽模板,调正预埋钢筋,安装盖梁或台帽钢筋。盖梁或台帽模板采用特制整体式大块钢模拼装。盖梁支架采用抱箍式支架支撑法,检查合格后,浇筑盖梁或台帽混凝土。

2.3.2.5 下部构造混凝土供应与浇筑

下部构造混凝土均在混凝土拌和站集中拌和,用混凝土输送车运输至浇筑点,混凝土输送泵注入模内,采用插入式振动器分层振捣密实,浇筑中注意做好未浇筑混凝土部分模板的保护,以免受水泥浆污染而影响混凝土外观质量。墩、台混凝土一次浇筑成型,浇筑完毕,采用塑料薄膜包裹洒水保湿养护。

2.3.2.6 预应力混凝土T梁的预制

2.3.2.6.1 预制场位置,梁板底座布置、模板数量、移梁设备安排

本合同段由于地形的限制,计划设置2座预制场,1号预制场设置在主线K162+900~K163+400范围内,2号预制场设置在潘口大桥下,由桥梁预制安装队的两个工班负责预制安装施工。

1号预制场计划设置30m T梁12个底座,3套中梁模板、半套边梁模板施工;计划平均每月生产T梁30片;2号预制场计划设置30m T梁7个底座,2套中梁模板、半套边梁模板施工;计划平均每月生产T梁20片。

预制场设置2部100t龙门吊进行移梁作业。

2.3.2.6.2 梁板混凝土拌和及运输设备安排

1号预制场T梁的混凝土由2号拌和站提供,该拌和站安装3台拌和楼,配备3辆容积$8m^3$的混凝土罐车;2号预制场T梁的混凝土由3号拌和站提供,该拌和站安装1台拌和楼,配备3辆容积$8m^3$的混凝土罐车,以保证T梁的混凝土施工。

2.3.2.6.3 预应力混凝土T梁的预制施工方法

(1)模型制作。

场地平整压实后,按梁底座平面尺寸放样,开挖基坑浇筑基座基础,然后按梁底尺寸立模,浇筑混凝土底座,混凝土底座沿纵向间隔预埋角钢,底座上铺钢板作为底模。侧模板采用框架式结构,分别为中梁模板和边梁模板及封头模板,框架采用型钢焊接,面板采用钢板。

(2)钢筋及波纹管制作安装。

钢筋:首先在台座底模板上标出主筋、箍筋、横隔板、梁端模板、变截面位置。然后按尺寸摆放主筋,依次绑扎其他钢筋。钢筋安装时,先安装梁肋钢筋骨架和波纹管,T梁侧模安装后再安装上部翼缘板钢筋,端梁支座钢板,在绑扎梁端钢筋前按设计位置安装。

波纹管:波纹管安装前,按每米间距用坐标放样,准确确定波纹管起弯控制点位置,各控制

点用固定筋与骨架钢筋焊牢,并在固定筋上用红漆标明波纹管位置。将制好的符合要求的波纹管装进钢筋骨架,依次用 12 号铁丝捆绑固定于固定筋标明的位置上。波纹管安装就位后装入锚垫板,经检验合格,安装模板。

(3)模板安装。

台座两侧及模板拼接处粘贴止浆海绵胶条,模板表面涂刷脱模剂,并将锚垫板固定端模,安装模板以标设位置的端模开始,接着安装端侧模;同时进行密封波纹管与锚垫板结合处,将螺旋筋调整至与锚垫板结合位处。

侧模利用楔形垫块调整高度,利用上下拉杆固定,用垂线或者靠尺检查侧模是否垂直于梁底平面,最后装梁端侧模。

(4)梁体混凝土浇筑。

混凝土采用龙门吊运送入模。混凝土灌注从梁的一端循序进行至另一端,水平分层,竖向分段,每层厚度不得大于30cm,上下层时间间隔不超过1h。振捣以附着式振动器振捣为主,插入式振捣器振捣为辅。

(5)梁体混凝土养护。

①蒸汽养护。梁体混凝土蒸气养护分静停、升温、恒温、降温四个阶段,静停期间应保持棚内温度不低于5℃,浇筑完4h后开始升温,升温速度不应大于10℃/h,恒温时蒸汽温度不宜超过45℃,梁体芯部混凝土温度不超过60℃,降温速度不大于10℃/h。蒸养期间及撤除保温设施时,梁体混凝土芯部与表层、表层与环境温差不超过15℃。蒸汽养护每半小时进行一次记录。蒸汽养护结束后,立即进入洒水养护。

蒸汽由两台2t的蒸汽锅炉供应,通过分汽缸和主管沟、附管沟,在T梁两端头接入T梁内部布设的蒸汽管道。整个养护过程由专人测温,分别对养护棚内和环境温度进行监控,采取合理的养护方案防止因温差造成梁体开裂。

②自然养护。自然养护采用土工布覆盖洒水,并在其上覆盖塑料薄膜养护。洒水养护采用自动喷水系统和喷雾器进行,保证养护不间断。洒水次数以能保持混凝土表面充分潮湿为度。当环境相对湿度小于60%时,养护不少于28天;相对湿度在60%以上时,养护不少于14天。当环境温度低于5℃时,预制梁表面应喷涂养护剂,并采取保温措施,不得对混凝土洒水。

(6)预应力张拉。

①张拉机具。

锚具:采用设计规定的锚具。

千斤顶:采用的千斤顶、压力表经校正后,并根据千斤顶型号及校正系数与油表、压力表、设计张拉吨位换算控制张拉应力。

②穿钢绞线。先将梁端部预埋锚垫板上的灰渣清除干净,并试通预留波纹管道。按设计每束钢绞线根数和计算的张拉下料长度下料,并将每束钢绞线按不大于1.5m间距用铁丝将钢绞线捆绑成束,穿入预应力管道内,调整两端施工外露长度。

③张拉。梁体混凝土强度达到设计张拉强度时,开始张拉。张拉按钢束的束号顺序对称张拉,预应力钢束张拉采用双控张拉,同时控制张拉力及伸长量。主张拉程序:0→10%δ_k初应力(量测初始伸长值)→控制应力(δ_k持荷2min,量测最终伸长值)→锚固。张拉时由专职质检员旁站监督操作人员,严格按设计张拉顺序对称逐级进行,观察记录压力表读数值,测量记录伸长值。

(7)梁体封端。压浆结束,待浆液凝固后,拆除压浆管阀门,将梁端面凿毛,绑扎封锚端钢筋,立模浇筑封锚端混凝土。

(8)移梁存放。当封端混凝土强度达到设计强度后,采用2部100t龙门吊将梁体吊至存梁场存放。

2.3.2.7　T梁架设及结构连续

T梁架设采用EBG50/150架桥机。

(1)架桥机架设T梁。

①首先在桥头路基上组装架桥机,并进行试运转,检验架桥机及各电气设备是否正常运转。

②用架桥机自配的两台自行式运梁车,将梁从存梁场运至架桥机处。

③捆梁、吊梁的钢丝绳安全系数采用10,使用专用夹具吊梁;当梁体吊离运梁车时,观察各重要受力部位和关键位置,确认一切正常后起吊。

④通过前后转向车在横移轨道上行走来实现梁的横移就位,整机吊梁横移时预制梁尽量落下,贴近墩台横移。边梁要慢速架设,并检查其限位距离是否准确。

⑤支座底面中心线应与墩台支撑垫石顶面画出的十字线重合,梁缝应符合设计规定尺寸。支座底面与墩台支撑垫石顶面密贴,梁在支座上落稳就位后,打好支撑,拆卸吊具。

架桥机架梁流程图,见标图3。

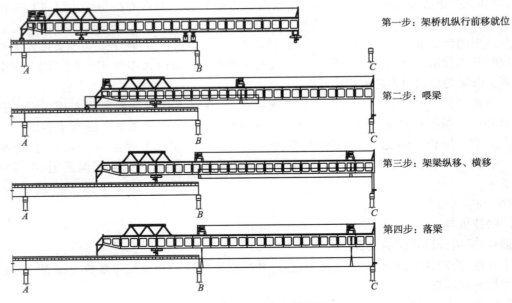

标图3　架桥机架梁流程图

(2)梁体结构连续施工。

①将预制梁准确就位于临时支座上,使其处于简支状态。

②每片梁体安装后,及时设置保险垛或支撑,并焊接横隔板。

③将梁体端部、横梁侧面凿毛并清洗干净,连接梁端及横梁伸出钢筋,布置梁体的负弯矩区预应力钢束。

④安装墩顶现浇横梁模板,安放永久支座于盖(帽)梁支座垫石上,然后逐孔浇筑现浇横梁混凝土,待混凝土达到设计要求的强度时,二次张拉负弯矩区预应力钢束及管道压浆。

⑤梁体体系转换,现浇横梁施加预应力,管道压浆强度达到设计强度后,拆除临时支座,使整个现浇横梁支承于永久支座上,形成结构连续体系。

⑥按规范要求,预制T梁与横向湿接缝的龄期相差不能大于3个月。

2.3.2.8 桥面系施工

(1)桥面铺装。

桥面铺装防水层:水泥混凝土防水层采用三轴式混凝土摊铺机一次浇筑,混凝土采用泵送,平板振捣器振捣。

(2)护栏。

进行护栏施工时,将预埋钢筋校正后按设计绑扎护栏钢筋;模板采用特制的框架式可调整体钢模且支立牢固;混凝土浇筑过程中保证振捣密实,保持混凝土湿润状态下养护14天。

(3)伸缩缝及泄水管。

桥面伸缩缝按设计图规格型号,由业主批准后订货,在厂家的指导下,按规定的施工步骤和操作方法程序进行安装,并根据安装时环境温度调节缝宽。

2.4 隧道工程(重点、关键和难点工程)

本合同段共有三座隧道,分别为:小璇隧道、黄毛关隧道、十转山隧道,计划安排两个队伍进行施工。

2.4.1 隧道工程施工方案

按照新奥法原理组织隧道施工,坚持"超前预报,光面爆破、支护紧跟、监控量测,及时反馈和修正,及时采取应急措施的原则",施工开挖采用风镐、光面爆破或预裂爆破。

各隧道采用单向掘进,Ⅲ级围岩采用全断面开挖施工,围岩条件较差地段采用上下台阶法;Ⅳ级围岩采用上下台阶法开挖施工,必要时配合超前锚杆等措施防止坍塌;Ⅴ级围岩采用小导管预注浆超前支护,主洞采用弧形导坑加上下台阶法开挖,断层破碎带和小净距段采用CD法开挖施工。Ⅳ级围岩采用超前锚杆进行超前预支护;Ⅴ级围岩进、出口采用管棚预支护或小导管注浆预支护,开挖时采用人工挖掘或预裂爆破开挖,注意掌子面的观察并及时支护。Ⅲ级围岩采用风动凿岩机钻孔,塑料导爆管毫秒雷管微差爆破开挖,周边轮廓采用光面爆破技术;出渣采用侧卸式装渣机装渣,自卸车出渣。初期支护中空注浆系统采用专用钻机钻孔安装锚杆,人工配合机械安装钢拱架,人工安装钢筋网,锚喷混凝土采用湿喷机作业;全断面液压整体式钢模衬砌台车、泵送混凝土灌注二次衬砌混凝土。混凝土全部采用自动计量拌和站生产,输送罐车运输。

2.4.2 隧道工程的施工方法

2.4.2.1 洞口工程

(1)开挖及防护。

洞口开挖前做好天沟、截水沟等防排水系统,开挖由外向里、从上至下分台阶、分层分段开挖,分层、分段支护。洞口开挖后的边坡坡面及时整修平整,按设计进行锚喷网联合支护。

(2)套拱施作。

隧道开挖至临时成洞面后,立即施作套拱混凝土,基础采用C25混凝土浇筑,套拱施工采取在支架上用组合式钢模板先拼装内层模板,然后架设U25型钢支撑,预埋钢套管,拼装外模后浇筑混凝土。当混凝土强度达到70%后,施作管棚。

(3)明洞施工。

管棚施工完成后,开始施工明洞,明洞采用明挖法施工,先将衬砌台车就位,然后绑扎钢筋,拼装外层模板,最后浇筑混凝土。当拱圈混凝土强度达到设计强度的 70% 后,拱圈背部以砂浆涂抹平整,铺设 1.5mm 厚单面自黏复合防水层,而后设置 2cm 厚的 M20 水泥砂浆,拱背回填土石,进行人工夯实,顶上铺黏土隔水层,表层植铺草皮。

2.4.2.2 洞身施工

(1) Ⅴ、Ⅳ级围岩的开挖和支护。

Ⅴ级围岩洞口及洞身段采用弧形导坑加上下台阶法,断层破碎带和小净距段采用 CD 法开挖施工,先进行超前管棚或小导管注浆预支护,再进行侧壁导坑开挖,开挖主要采用人工配合弱爆破,装载机装渣,自卸汽车运渣。每次开挖循环进尺以设计的两榀钢架间距为限,循环进尺 0.5~0.7m,并及时施作初期支护和临时钢支撑,然后再开挖导坑,使初期支护尽早闭合成环。

Ⅳ级围岩采用半断面正台阶法光面爆破施工,先施工上台阶开挖,再进行上台阶初期支护,后进行下台阶开挖、支护,每循环进尺 1.2~1.5m,上台阶始终超前 10~15m。塑料导爆管非电起爆系统,毫秒微差有序起爆。开挖采用凿岩机钻眼,初期支护采用钢格栅喷锚支护。采用装载机出渣,混凝土衬砌采用全断面液压钢模衬砌台车、泵送混凝土作业。Ⅴ、Ⅳ级围岩的开挖顺序见标图 4~标图 8。

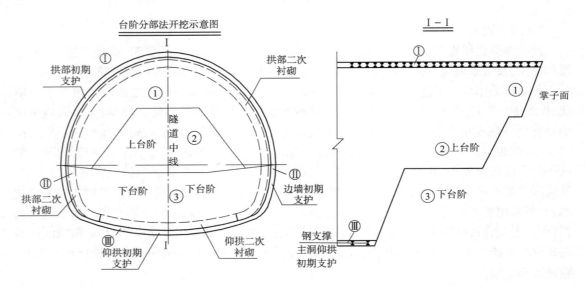

标图 4　主洞 Ⅴ 级围岩施工工序示意图

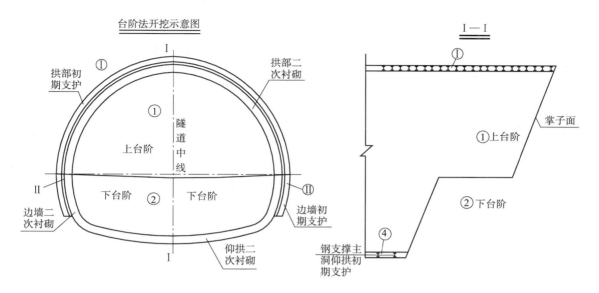

附注:

1. 本法适用于主洞Ⅳ级围岩地段。
2. 施工主要步骤:

　　①开挖导坑上半断面;

　　Ⅰ上导坑拱部初期支护;

　　②开挖导坑下半断面;

　　③下导坑边墙初期支护;

　　④仰拱初期支护;

　　Ⅱ边墙初期支护。

标图5　主洞Ⅳ级围岩施工工序示意图

(2) Ⅲ级围岩的开挖和支护。

Ⅲ级围岩主要采用全断面法光面爆破施工,塑料导爆管非电起爆系统,毫秒微差有序起爆。每循环进尺 3.0~3.5m。开挖采用三臂液压钻孔台车钻眼,初期支护采用锚杆台车施作锚杆,湿喷机进行喷混凝土作业。侧卸式装载机扒渣、装渣,自卸汽车运输。

(3) 钻爆设计。

①爆破器材选用:采用塑料导爆管、毫秒雷管起爆系统,毫秒雷管采用13段别毫秒雷管;炸药采用2号岩石铵锑炸药或乳化炸药(有水地段),选用 $\phi25$、$\phi32$、$\phi40$ 三种规格,其中 $\phi25$ 为周边眼使用的光爆药卷,其中 $\phi32$ 为辅助眼药卷,$\phi40$ 为掏槽眼掘进眼用药卷。

②炮孔布置、雷管段别布置、爆破网络布置见标图9。

③钻爆作业:采用风动凿岩机钻孔,人工装药起爆。钻爆作业按照爆破设计进行钻眼、装药、接线和引爆。炮孔的装药、堵塞和引爆线路的连接,均由持证的爆破工负责。

2.4.2.3　超前支护和初期支护

(1) 长管棚施工方法。

套拱施工:首先在明洞轮廓线以外,紧贴掌子面处施作现浇混凝土套拱作为长管棚施工支撑,套拱内预埋孔口管,作为导向孔。

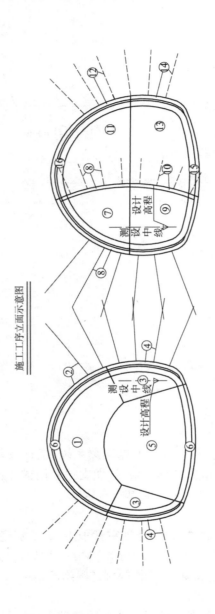

施工工序立面示意图

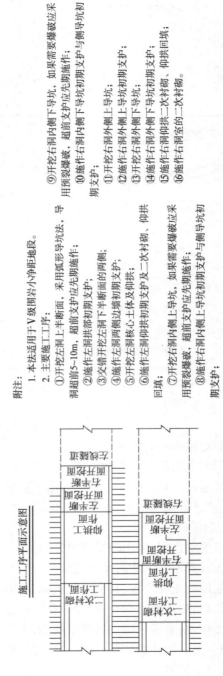

施工工序平面示意图

附注：
1. 本法适用于V级围岩小净距地段。
2. 主要施工工序：
①开挖左洞上半断面，采用弧形导坑法，导洞超前5~10m，超前支护应先期施作；
②施作左洞拱部初期支护；
③交错开挖左洞下半断面的两侧；
④施作左洞两侧边墙初期支护；
⑤施作左洞核心土主体及仰拱；
⑥施作左洞仰拱初期支护及一次衬砌、仰拱回填；
⑦施作左洞内侧上导坑，超前支护应先期施作，如果需要爆破应采用预裂爆破；
⑧施作右洞内侧上导坑上侧初期支护与侧导坑初期支护；
⑨开挖右洞内侧下导坑，如果需要爆破应采用预裂爆破，超前支护应先期施作；
⑩施作右洞内侧下导坑初期支护与侧导坑初期支护；
⑪开挖右洞外侧上导坑；
⑫施作右洞外侧上导坑初期支护；
⑬开挖右洞外侧下导坑；
⑭施作右洞外侧下导坑初期支护；
⑮施作右洞仰拱二次衬砌、仰拱回填；
⑯施作右洞室的二次衬砌。

标图6　V级围岩小净距段施工工序示意图

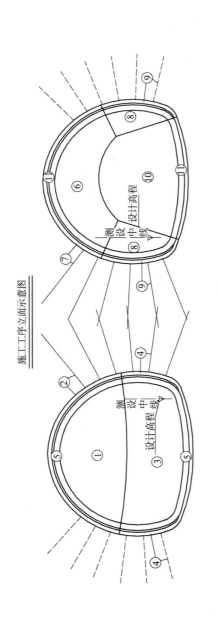

标图7 Ⅳ级围岩小净距段施工工序示意图

附注:
1. 本法适用于Ⅳ级围岩小净距地段。
2. 主要施工工序:
①开挖左洞上半断面,导洞超前10~15m,超前支护应先期施作;
②施作左洞拱部初期支护;
③开挖左洞下半断面;
④施作左洞下半断面初期支护;
⑤施作左洞二次衬砌、仰拱回填;
⑥开挖右洞上半断面,采用弧形导坑法,导洞超前5~10m,超前支护应先期施作;
⑦施作右洞拱部初期支护;
⑧交错开挖右洞下半断面的两侧;
⑨施作右洞两侧边墙初期支护;
⑩开挖右洞核心土及仰拱;
⑪施作右洞仰拱初期支护及二次衬砌、仰拱回填。

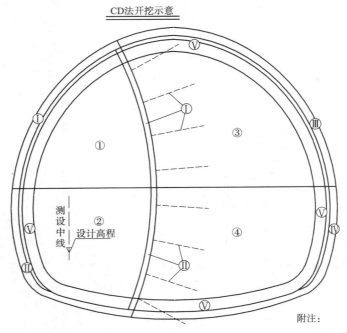

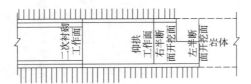

标图 8　主洞断层破碎带施工工序示意图

钻孔：管棚施工采用电动油压钻机沿导向孔钻孔，并顶进管棚钢管，考虑钻进中钻机的下垂，钻孔方向较钢管设计方向上偏 1°～2°，钻机轴线方向必须准确控制，以保证孔口的孔向正确。

安装注浆管：清孔、检查钻孔合格后，安装钢管，每钻完一孔便顶进一根钢管。钢管采用 3m、6m 管节逐段接长，连接接头采用厚壁箍，上满丝扣，丝扣长 15cm。相邻钢管接头相互错开。

注浆：孔号为偶数孔管棚完成后，对这部分管棚进行注浆。采用水泥—水玻璃双液浆，水泥浆水灰比为 1:1，水玻璃浓度为 35 波美度，水玻璃模数 2.4。注浆分段进行，浆液扩散半径不小于 0.5m，注浆初压 0.5～1.0MPa，终压 2.0MPa。

注浆结束标准：进浆量小于 20～30L/min；注浆压力逐步升高，达到设计终压后稳定 15min 以上；注浆结束后，采用 M30 水泥砂浆填充无缝钢管。

（2）超前小导管施工。

钻孔：施工采用 YTP-28 风动凿岩机钻孔。

Ⅲ、Ⅳ级围岩短台阶开挖光面爆破参数表

部位	序号	段号	炮眼名称	炮眼深度(m)	炮眼(个)	单眼装药量(kg) φ25	φ32	民装药量(kg)	附注
上断面	1	1	掏槽眼	0.8	6		0.3	1.8	主要指标：炮眼数137个断面积：88.39m² 炸药单耗：0.65kg/m³ 单位面积炮眼数1.55个/m²
	2	3	掏槽眼	1.8	6		0.9	5.4	
	3	5	掏槽眼	1.8	6		0.9	5.4	
	4	7	掘进眼	1.6	11		0.75	8.25	
	5	9	内圈眼	1.6	16		0.75	12	
	6	11	周边眼	1.6	25	0.4		10	
	7	11	底板眼	1.6	14		0.75	10.5	
下断面	8	3	掘进眼	1.6	9		0.75	6.75	
	9	5	掘进眼	1.6	9		0.75	6.75	
	10	7	掘进眼	1.6	9		0.75	6.75	
	12	9	内圈眼	1.6	8		0.75	6	
	13	11	周边眼	1.6	9	0.4		3.6	
	14	11	底板眼	1.8	9		0.9	8.1	
合计					150			91.55	

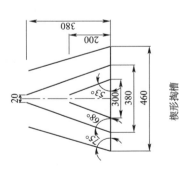

标图9　Ⅲ、Ⅳ级围岩开挖爆破炮眼布置图(尺寸单位：cm)

小导管加工:小导管采用外径 $\phi 42mm$、壁厚 3.5mm 的热轧无缝钢管,前端加工成尖锥状,尾部焊 $\phi 8$ 加劲箍,管壁四周按 15cm 间距梅花形钻设 6mm 压浆孔,尾部 1.0m 不设压浆孔。

小导管安装:小导管外插角 10°~15°,环向间距、纵向间距按设计布设,相互平行打入拱部围岩。

(3)锚杆施工。

①中空注浆锚杆施工。采用手持凿岩机钻孔,使用高压风吹净钻孔,将锚头与锚杆端头组合,装上垫片与螺母;把组装好的锚杆打入钻孔,将止浆塞穿入锚杆末端,与孔口齐平并与杆体固紧,锚杆末端装上垫板,然后拧紧螺母,注浆时孔口溢出浆液时,停止注浆,砂浆随拌随用。

②普通砂浆锚杆。采用风动凿岩机沿设计位置钻孔,钻孔直径大于锚杆直径 15mm,专用注浆泵压注早强水泥浆,水灰比为 0.45~0.5,注浆时注浆管要插至距孔底 5~10cm 处,随水泥浆的注入缓缓匀速拔出,随即迅速将杆体插入,杆体插入孔内长度不得短于设计长度的 95%。若孔口无砂浆溢出,要将杆体拔出重新注浆。

③药卷锚杆。采用风动凿岩机沿设计位置钻孔,先将"药卷"在水中浸泡,但不能过久。施工时,用锚杆的杆体将"药卷"匀速地顶入锚杆安装孔,边顶边转动杆体,使"药卷"水泥在杆体周围均布密实,但不可过搅。安装好后,用钢筋头,在孔口将杆体固定。

(4)钢拱架(格栅)支立。

根据设计要求,分节加工制作;临时支护钢拱架按设计分节严格加工,便于拆除;钢拱架(格栅)分节运至开挖面,就地拼装。架设时中线、高程和垂直度由测量技术人员严格控制;相邻钢架之间用钢筋连接为一体;将锚杆与钢架格栅焊接连为整体。

(5)挂钢筋网。

钢筋网采用钢筋加工成方格网片,纵横钢筋相交处可点焊成块,也可用铁丝绑扎成一体。有钢支撑(格栅)时,将钢筋网点焊在两榀钢支撑的外弧上;无钢支撑(格栅)时,通过与锚杆焊接固定在开挖的轮廓面上,而且随岩面起伏铺设。

(6)喷射混凝土。

喷射混凝土均采用湿喷法。施工过程:将水泥、砂、石子、水、硅粉和高效减水剂按配合比投入强制式搅拌机进行拌和,由搅拌运输车运至洞内,卸至喷射机进料口,在喷嘴处再加入液态速凝剂 4%~7% 后,人工抱喷嘴喷射岩面上。

喷射作业分段、分片、分层,由下而上,依次进行,如有较大凹洼时,填平。

设有格栅时,格栅钢架与岩面之间的间隙必须用喷射混凝土充填密实,喷射顺序先下后上,对称进行,先喷格栅钢架与围岩之间空隙,后喷格栅之间,格栅钢架被喷射混凝土所覆盖,保护层不得小于 4cm。

混凝土分 2~3 次喷射,拱部一次喷射厚度 5~6cm,边墙一次喷射厚度 7~10cm,分层喷射的间隔时间一般为 15~20min。

2.4.2.4 隧道结构防排水

为确保隧道衬砌的不渗不漏,隧道的临时防、排水要与永久防、排水设施相结合,以"防、截、排、堵相结合,因地制宜,综合治理"的原则进行。

(1)防水层施工。

①防水板+无纺布须在洞外宽敞平整的场地上,将幅面较窄的防水卷材拼接成大幅面防

水板。防水板搭接宽为10cm,采用热焊黏结,并对焊缝进行检查。

②吊挂防水板+无纺布的台车就位后,将初期支护外露的锚杆头、钢筋网头等铁件齐根切除,并用砂浆抹平。

③防水板+无纺布采用无钉悬挂铺设,用手持电钻打孔钉入木塞,打入钢钉,将吊挂条固定在钢钉上。拱部固定点间距约0.5m,边墙固定点间距约1m,梅花形布置。防水板+无纺布的全幅中部对准隧道中线,根据防水板幅面大小,将防水板托起贴着喷锚支护表面铺设,松紧适度。

(2)盲管、泄水孔安装。

盲管泄水孔的尺寸、安装位置符合设计要求,做到管管通畅,确保排水效果。

(3)施工缝处止水带、止水条施工。

全断面液压钢模衬砌台车就位后,按照钢模挡头板编号安装钢模挡头板,将背贴式止水带紧贴复合式防水板安装好,同时将挡头板中间预留止水槽,在浇混凝土前将施工缝进行人工凿毛处理并用高压风加水冲洗干净,将止水条固定在二衬中间部位,然后进行混凝土的浇注。

(4)沉降缝处止水带、止水条施工。

沉降缝设置在结构变化和围岩变化较大处。变形缝设三道防水线进行防水。第一道为背贴式PVC止水带,第二道为结构混凝土中部埋设内置式膨胀橡胶止水带,第三道为后设沥青麻絮填缝料。衬砌台架就位后,按照编号安装钢模挡头板,同时将止水带沿隧道环向夹在挡头板中间,并用$\phi 8$的钢筋固定,两块挡头板用U形卡固定,预留一半橡胶止水带浇筑在下一循环混凝土衬砌中。

2.4.2.5 洞内出渣运输

洞内出渣均采用侧卸式装载机装渣,自卸汽车运渣至指定地点。

2.4.2.6 二次衬砌施工

(1)钢筋绑扎。

按设计要求加工和绑扎钢筋,绑扎过程中不得碰撞防水板,尽量减少现场焊接,若必须焊接,在防水板上面加垫木板或石棉板隔热层,以免防水板被烧坏。

(2)仰拱施工。

待初期支护全断面施作完成后,及时开挖并灌注仰拱混凝土及部分填充或铺底,使支护尽早闭合成环,并为施工运输提供良好的条件。

(3)衬砌台车定位。

首先测量放线,定出隧道设计中心线和设计高程,中线和高程铺设衬砌台车轨道,使用标准枕木和鱼尾板;轨距与台车轮距一致,左右轨面高差<10mm。起动电动机使衬砌台车就位,然后对台车中线、高程测量复核,无误后涂刷脱模剂、安装挡头板。

(4)洞身二次衬砌施工。

二次衬砌模筑混凝土采用全断面液压衬砌台车整体浇注,一次衬砌长度12m,混凝土输送泵泵送入模。

测量放样,根据技术交底中线和高程铺设衬砌台车轨道,起动电动机使衬砌台车就位,涂刷脱模剂;起动衬砌台车液压系统,根据测量资料使钢模定位;装设钢制挡头模板,按设计要求装设橡胶止水条,并自检防水系统设置情况;检查合格后进行混凝土灌筑;当混凝土衬砌强度达到设计强度70%时,拆模;若二次衬砌处于受力状态时,混凝土强度须达到设计强度100%

时方可拆模。拆模后进行养护。

(5)二次衬砌背后注浆。

二次衬砌施工时在拱顶预埋衬砌厚度检查孔,间距5m,并作为拱背后注浆孔。二次衬砌之后采用雷达检测衬砌厚度,根据检测结果确定注浆量和注浆参数。

2.4.2.7 洞内附属结构(略)

2.4.2.8 防、排水施工(略)

2.4.2.9 隧道监控量测(略)

2.4.2.10 施工通风(略)

2.4.2.11 超前地质预报(略)

2.4.2.12 不良地质地段施工

(1)断层破碎带及富水地段隧道施工。

①施工原则。隧道在穿越断层破碎带及富水地段时,需按照合理的施工方法,必须遵循超前支护、分步开挖、随挖随护、密闭支撑、围岩量测、及早衬砌的原则。

②施工要求。通过断层带时,应及早施作初期支护,减少岩层的暴露、松动,各施工工序的距离尽量缩短。

遵循新奥法原理,根据富水情况采用帷幕注浆或者超前小导管注浆预加固地层,分步开挖按先软后硬顺序交错进行。尽量采用人工开挖,采用爆破法掘进时,严格掌握炮眼数量、深度及装药量,以减少爆破震动对围岩的影响。如果出现大量涌水,采取排、堵相结合的处理措施。

采用分部开挖时,下部开挖分左右前后交错作业。开挖有水流出时,凿眼安置套管集中引排,使其不漫流,并随工作面向前推进,做好排水沟,并避免积水浸泡拱、墙脚。

断层带支护宁强勿弱,并严格监控量测,及时掌握围岩收敛变形信息,修改设计支护参数。

(2)炭质岩层、存在有害气体段施工。

小璇隧道为含炭质岩层,不排除含有瓦斯等有害气体的可能,在施工过程中要查明炭质岩层位置、产状及预测瓦斯突出的可能性,加强有害气体监测,做好预报和施工通风工作。此段施工采取的措施主要有:

利用超前探孔提前探测,必要时加密探孔。

实行湿式作业,尽快封闭衬砌结构,采取必要的防爆措施。

加强施工通风,在通过煤层时应不间断通风。

结合隧道穿越此段的工程措施,通过实施注浆,减少瓦斯气体逸出。拱部、边墙及仰拱的初期支护与衬砌间设置高密度PE板隔离层,高密度PE板外衬闭孔PE泡沫垫层,垫层厚不小于4cm。衬砌施工缝在先后浇筑混凝土界面处掺界面剂,并预埋橡胶止水带;衬砌采用气密性防渗混凝土,混凝土掺气密剂后透气系数不大于$10 \sim 12 cm/s$。

洞内设瓦斯监测点,设专人随时监测瓦斯浓度,使其控制在0.5%以内,当瓦斯浓度超标时,立即停止施工,施工人员撤离到安全地带。

(3)突水、突泥地段施工。

①突水、突泥地段地质预报。利用地震波反射法(TSP203)、红外探水、地质雷达、常规地质法等方法,对施工掌子面前方30~100m范围内的山体进行探测,结合各种探测资料分析前方围岩情况、是否有潜水、水源补给、涌水量大小、突水突泥压力等情况。

通过正洞已开挖地段实测涌水量来推断未开挖地段的涌水量。

超前水平钻孔:当采用物探法探测前方有可能出现突泥、突水时,利用水平钻机钻孔,探水孔直径一般为 50~120mm,钻孔外插角为 10°,每次钻进 20~30m,保留 5m 止浆盘岩,暂时封闭水量较小的探孔,只留一个喷距最大的探孔量测喷出水的距离。

②通过突水、突泥地段的施工原则。突水、突泥地段施工原则:"以堵为主、限量排放、排堵结合、综合治理的方法",具体方法是:采用帷幕注浆、超前导管,堵塞渗水通道,结合管道排水。

尽可能将绝大部分地下水封堵在围岩外,少量水由隧道排放,避免洞内出现大量水而影响施工。对于间歇性涌水,采用泄水孔进行排水。配足大型抽水设备,以备施工段发生突水时急用。

③突水、突泥处理。如果仅仅是岩溶裂隙或砂岩裂隙面状出水,可采用"围截注浆法"止水,先在出水点周围适当的范围内采用超前导管、浅孔注浆,填充与大裂隙相通的小裂隙,既加强了这部分围岩的整体性,又起到堵水的作用。每轮超前钻 5m,注浆 5m,开挖 2m,再进行下一轮的超前钻孔注浆。

如果遇岩溶管道涌水,一般在出水口附近钻一些分流孔,以减少流量和水压,分流孔的个数视具体情况而定,分流孔深度要与溶隙交汇。在出水口及分流孔口安设孔口管,并对孔口管与孔壁之间用堵水材料有效封堵,最后进行注浆止水。

对于可能发生大涌水、突水、突泥的地段,采用超前帷幕注浆,在隧道以外 3m 范围形成全封闭的堵水固结圈,预防突涌水事故的发生。帷幕注浆方法见前所述。

对于规模较大的富水管道式暗河,由于地下水补给充分、流量大、水流急,采月注浆堵水难以成效,则通过埋设暗管或凿泄水洞进行引流。

(4)隧道坍方预防措施。

①先排水:采取相应的防排水措施,确保施工全过程中隧道地基不积水软化。

②短开挖:各开挖工序间的距离要尽量缩短,以减少围岩暴露时间。

③弱爆破:在爆破时,要用浅眼、密眼,并严格控制用药量。

④快、强支护:每部开挖后要及时进行初期支护,针对地质情况,确保支护结构有足够的强度。

⑤快衬砌:衬砌紧跟开挖工作面,力求衬砌尽快成环。

⑥勤检查、勤量测。发现围岩变形或异状,立即采取有效措施及时处理隐患。

2.4.2.13　应急预案

建立突发事件应急机制,制定相应的应急预案,成立应对突发事件领导小组、对突发事件及时采取各种措施,将造成的损失降到最低。

为了保证抢险工作的顺利进行,项目经理部建立专门的抢险领导小组,在隧道施工中一旦出现涌水、突泥的险情,快速反应、积极应对,完成抢险工作。

2.5　涵洞工程(略)

2.6　确保工程质量的技术措施

2.6.1　保证路基填筑工程质量的技术措施

(1)路基施工中,做好原地面临时排水设施,与永久排水设施相结合,开挖路基两侧临时排水沟以降低潜水位。

(2)采用机械化快速施工,严格按照设计要求进行地基土的处理,认真彻底清除耕植土及河塘的淤泥。

(3)路堤填筑按设计要求严格控制摊铺厚度、压实过程填料的含水率和边缘压实质量,保证当天摊铺的填料当天压实成型。

2.6.2 保证桥梁工程质量的技术措施

（1）模板须经设计计算，确保有足够的强度和刚度。加工完成且验收合格后方可用于工程。安装时要涂脱模剂，并在涂刷时保证均匀、不流不滴，模板接缝加海绵条防止漏浆。

（2）钢筋焊接操作人员必须持证上岗，试焊检验合格后，才可上岗。在混凝土浇筑中，过程必须派钢筋工值班，防止发生钢筋及预埋件移位等问题。

（3）混凝土浇筑时，派试验人员在拌和站监督检查配合比执行情况、校准称量器以及拌和时间、坍落度是否符合规范要求，并制备混凝土试件。

（4）浇筑混凝土前，全部模板和钢筋清理干净，保证混凝土内实外美；混凝土浇筑时，要严格控制分层厚度和混凝土自由下落高度，超过2m要使用串筒、溜槽，以免混凝土产生离析；混凝土浇筑作业连续进行，如因故发生中断且超过初凝时间，必须采取相应的处理措施，并立即向监理工程师报告。施工缝的处理，在浇筑混凝土前，必须将旧混凝土表面凿毛并清洗干净。

（5）预应力张拉采用双控（张拉力和伸长量），以张拉力为主，当伸长量超出允许值时，找出原因，再进行施工，确保预应力张拉质量。油泵在使用前要经过检查和标定，确保压力和运转正常。预应力施工时要有专人负责指挥且专职质检员旁站监督，操作时严禁摸碰及碰撞受力钢筋。施工过程中和施工完毕后，认真检查滑丝及断丝情况，遇到情况及时处理。千斤顶支架必须与梁端垫板接触良好，位置正直对称，确保受力均匀，而且防止支架不稳或受力不均倾倒伤人。冬季施工环境最低温度低于5℃时，对管道及梁体预加温，然后压浆。气温达0℃时应停止压浆。

2.6.3 保证隧道工程质量的技术措施

（1）隧道采用新奥法施工，抓好"光面爆破、喷锚支护、围岩量测"三个环节，不同的围岩选用不同的爆破参数，严格控制超欠挖，实现光面爆破。

（2）湿喷混凝土施工前先将围岩表面冲洗干净，保证混凝土与岩面粘贴紧密。初期支护时，由专业施工人员及时按设计喷锚封闭，架设格栅、钢架，确保支护质量。

（3）EVA复合防水板采用无钉铺设技术，确保隧道不渗不漏。

（4）衬砌混凝土采用泵送直接入模，全断面一次成型，以提高衬砌混凝土整体性。有仰拱地段，仰拱先于边墙施工，以利围岩封闭。

（5）加强施工量测，根据量测情况及时调整衬砌和仰拱的施作时间，保证衬砌混凝土及时封闭成环。

2.6.4 保证涵洞工程质量的技术措施

（1）施工前先复核涵洞位置是否满足其使用功能，发现不符时及时上报解决。

（2）涵洞基础施工时，做好排水防护工作，防止浸泡基底和塌方。

（3）基坑开挖至设计高程后，检验地基承载力是否符合设计及规范要求，经监理工程师检查签认后方可进行基础施工。

2.6.5 保证防护及排水工程质量的技术措施

（1）浆砌所用的原材料，必须经试验检验合格方可使用。

（2）砂浆采用磅秤计量，并用砂浆拌和机进行拌和。

（3）砌筑采用挤浆法，保证砂浆饱满。

（4）勾缝统一，以保证砌体质量和美观。

3 工期的保证体系和保证措施(略)
3.1 工期保证体系
3.2 保证措施
4 工程质量的管理体系以及保证措施(略)
4.1 质量保证体系
4.2 保证措施
5 安全生产管理体系及保证措施(略)
5.1 安全生产管理体系
5.2 安全保证措施
6 环境保护、水土保持保证体系及保证措施(略)
6.1 环境保护、水土保持保证体系
6.2 环境保护保证措施
6.3 水土保持保证措施
7 文明施工、文物保护保证体系及保证措施(略)
7.1 文明施工、文物保护保证体系
7.2 文明施工保证措施
7.3 文物保护措施
8 项目风险预测与防范,事故应急预案(略)
8.1 项目风险预测与防范措施
8.2 突发事件应急救援预案
9 其他应说明的事项(略)

附表一 施工总体计划表

年度\月份 主要工程项目	2018年						2019年												2020年								
	7	8	9	10	11	12	1	2	3	4	5	6	7	8	9	10	11	12	1	2	3	4	5	6	7	8	9
1.施工准备	━																										
2.靠基处理		━	━	━	━																						
3.路基填筑		━	━	━	━	━	━	━	━	━																	
4.涵洞		━	━	━	━	━																						
5.通道																											
6.防护及排水		━	━	━	━	━	━	━	━	━	━	━	━														
7.桥梁工程																											
(1)基础工程			━	━	━	━	━	━	━	━	━																
(2)墩台工程				━	━	━	━	━	━	━	━	━	━	━	━												
(3)梁体工程						━	━	━	━	━	━	━	━	━													
(4)梁体安装								━	━	━	━	━	━	━	━	━											
(5)桥面铺装及人行道									━	━	━	━	━	━	━	━	━	━									
8.隧道																											
(1)隧道掘进与初期支护		━	━	━	━	━	━	━	━	━	━	━	━	━	━	━											
(2)隧道衬砌				━	━	━	━	━	━	━	━	━	━	━	━	━	━										
(3)隧道路面							━	━	━	━	━	━	━	━	━	━	━										
9.其他																								━	━		

附表二 分项工程进度率计划(斜率图)

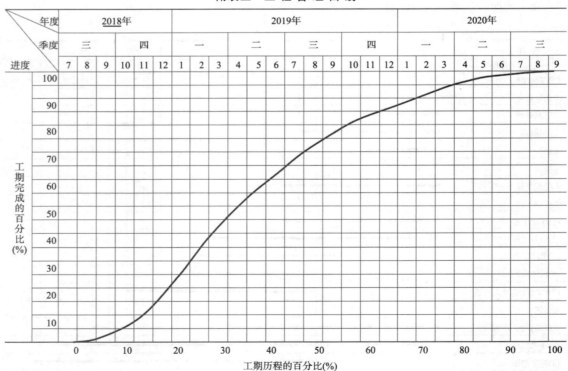

图例:
施工准备 ———
路基填筑 ━━━
防护及排水 ·········
涵洞及通道 —··—··
桥梁下部工程 ════
桥梁上部工程 ════
隧道掘进 ----
隧道衬砌 —·—·

注:各个项目的进程可用线条的长短来表示。

附表三 工程管理曲线

附表四 分项工程生产率和施工周期表

序号	工程项目	单位	数量	平均每生产单位规模(一人,各种机械一台)	平均每单位生产率(数量/每周)	每生产单位平均施工时间(周)	生产单位总数(个)
1	特殊路基处理	公里	0.726	30人,20台	0.06	12	1
2	路基填筑	万 m²	5.09	30人,20台	0.16	32	1
3	路基防护及排水	km	0.678	100人,10台	0.02	44	1
4	涵洞	道	5	45人,10台	0.16	16	2
5	桥梁墩台	根	164	40人,10台	2.28	36	2
6	桥梁墩台	座	124	45人,14台	1.29	48	2
7	桥梁预制安装	片	365	150人,9台	8.30	44	1
8	隧道掘进	m	6208	140人,50台	36.95	84	2
9	隧道衬砌	m	6208	90人,20台	36.95	84	2

注：互通立交、分离立交的匝道、匝道涵洞、通道、桥梁分别归入表中相关的项目内。

附表五 施工总平面布置

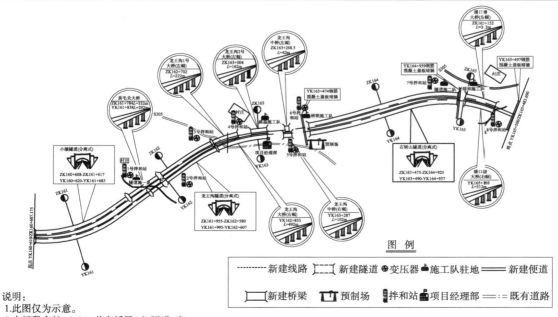

说明：
1.此图仅为示意。
2.本标段全长4.39km,共有桥梁8座、隧道4座。
3.本标段为分离式路基。
4.进场后,有既有路的利用既有路,若无既有路,沿线路两侧修建施工便道至隧道口、拌和站、预制场以及桥梁施工各工点。

附表六 劳动力计划表

单位：人

工 种	按工程施工阶段投入劳动力情况								
	2018年		2019年				2020年		
	三季度	四季度	一季度	二季度	三季度	四季度	一季度	二季度	三季度
钢筋工	10	40	40	40	40	35	30	20	1
混凝土工	20	45	45	45	45	32	22	15	2
模板工	10	30	30	30	30	26	20	15	2
电工	6	7	7	7	7	6	3	2	1
爆破工	10	90	90	90	90	90	90	90	
电焊工	10	38	38	38	38	20	15	10	
修理工	5	20	20	20	15	10	10	6	
喷锚工	15	60	60	60	60	60	60	60	
混凝土拌和机驾驶员	8	16	16	16	16	14	14	6	2
混凝土输送车驾驶员	16	32	32	32	32	26	24	12	1
砌筑工	10	30	30	30	30	6	6	6	
挖掘机驾驶员	10	12	12	12	8	3	3	2	
装载机驾驶员	8	16	16	16	16	16	16	4	
推土机驾驶员	1	2	2	2	2	0	0	0	
自卸车驾驶员	10	30	30	30	30	20	20	10	
平地机驾驶员	1	2	2	2	2	0	0	0	
洒水车驾驶员	1	2	2	2	2	2	2	2	1
压路机驾驶员	2	4	4	4	2	0	0	0	
发电机驾驶员	8	8	8	8	8	6	6	3	
普工	80	180	180	180	180	180	80	80	10
试验员	10	15	15	15	15	15	10	5	1
测量工	10	15	15	15	15	15	5	5	1
质检员	10	15	15	15	15	12	6	6	1
安全员	5	20	20	20	20	12	6	6	1
技术人员	10	22	22	22	22	10	10	10	1
管理人员	15	25	25	25	25	20	20	12	5
合计	295	776	776	776	765	636	476	390	30

附表七　临时用地计划表

用　途	面积(m²)					需用时间 ＿＿年＿＿月至 ＿＿年＿＿月	用　地　位　置		
	菜地	水田	旱地	果园	荒地		桩号	左侧 （m）	右侧 （m）
一、临时工程									
1. 便道			14000			2018.7—2020.9	沿线		
2. 弃土场			79786						
二、生产及生活临时设施									
1. 临时住房					5000	2018.7—2020.9	ZK163+100 右侧 YK163+450 右侧 YK161+750 右侧 YK162+750 右侧 ZK165+100 左侧		
2. 办公等公用房屋					2000	2018.7—2020.9	ZK163+100 右侧 YK163+450 右侧 YK161+750 右侧 YK162+750 右侧 ZK165+100 左侧		
3. 拌和站			30000			2018.7—2020.9	YK161+750 右侧 YK163+000 右侧 ZK165+200 右侧		
4. 预制场					4000	2019.1—2019.12	ZK165+200 右侧		
租用面积合计			123786		11000				

附表八　外供电力需求计划表

用　电　位　置		计划用电数量 （kW·h）	用　途	需用时间 ＿＿年＿＿月至 ＿＿年＿＿月	备注
桩　号	左或右 （m）				
K160+610～K165+500	沿线	27140	路基、防护	2018.7—2019.7	
K162+700	左50m	2047372	桥梁、涵洞、通道	2018.7—2020.1	
K165+200	左50m	1023685	桥梁	2018.7—2019.10	
K161+640	左150m	5776660	小璇隧道	2018.7—2020.9	
K163+400	右100m	8068941	十转山隧道	2018.7—2020.9	
K162+700	左50m	3445386	黄毛关隧道	2018.7—2019.7	

附表九　合同用款估算表

从开工月算起的时间（月）	投标人的估算			
	分期		累计	
	金额(元)	(%)	金额(元)	(%)
第一次开工预付款	26193787	7	26193787	7
第二次开工预付款	11225909	3	37419696	10
1～3	33677727	9	71097423	19
4～6	44903635	12	116001058	31
7～9	44903635	12	160904694	43
10～12	44903635	12	205808329	55
13～15	44903635	12	250711965	67
16～18	41161666	11	291873630	78
19～21	33677727	9	325551357	87
22～24	26193787	7	351745144	94
25～26	3741970	1	355487114	95
缺陷责任期	18709848	5	374196962	100
小计	374196962	100		

投标价：394608516(元)

说明	1. 本表按附表一的工程进度估算填写。 2. 用款额按所报单价和总额价估算，不包括价格调整和暂列金额、暂估价，考虑了开工预付款的扣回、质量保证金的扣留以及签发付款证书后到实际支付的时间间隔。 3. 投标价为投标总报价

六、项目管理机构

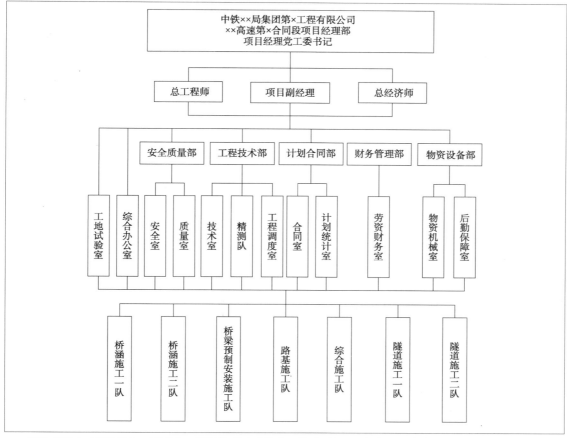

说明:根据本工程的特点、工程量和工期要求,结合我单位工程项目管理经验,如果我单位中标,拟组建中铁××局集团第×工程有限公司××公路第×合同段项目经理部,实行项目经理负责制,项目经理全面负责本标段的施工组织和管理,项目部设安全质量部、工程技术部、物资设备部、计划合同部、财务管理部、综合办公室和工地试验室(五部二室),下辖1个路基施工队、2个桥涵施工队、1个预制安装施工队、2个隧道施工队、1个综合施工队。

七、拟分包项目情况表

(无)

八、资格审查资料

(无更新和补充)

注:若我公司有幸中标,将在资格预审申请文件中已填报的主要人员的基础上,依据本项目招标文件"附录一:湖北省××至××高速公路×期土建工程施工招标补充专用条款"的要求和施工需要配足其他人员。

九、承诺函

湖北省××高速公路建设指挥部:
我方参加了湖北省××至××高速公路一期土建工程施工 ××TJ-×合同段施工投标,

若我方中标,我方在此承诺:

我方将严格按照在资格预审申请文件中填报的其他主要管理人员和技术人员及主要机械设备和试验检测设备组织进场施工,在经招标人审批后作为派驻本标段的项目管理机构主要人员和主要设备且不进行更换。

如我方违背了上述承诺,本项目招标人有权取消我方的中标资格,并由招标人将我方的违约行为上报省级交通主管部门,作为不良记录纳入公路建设市场信用信息管理系统。

投标人: ___中铁××局集团第×工程有限公司___ (盖单位章)
法定代表人或其委托代理人:_____××_____ (签字)
二〇二〇年六月十六日

十、其他材料(略)

应用案例3-3

【案例概况】

某工程项目招标。一投标人在投标截止日期前一天递交了一份合乎要求的投标文件,其报价为1亿元。在投标截止期前1h,他又交了一封按投标文件要求密封的信,在该补充信中声明:"出于友好目的,本投标人决定将计算总标价及所有单价都降低5%。"但招标单位有关工作人员认为,投标人不得递交两份投标文件,因而拒收该投标人的补充材料。

问题:

1. 招标单位有关工作人员的做法合适吗?
2. 如果投标人在其信中提出将其报价比评标价最低的投标降低5%,是否可以?
3. 投标人采用了什么报价技巧?

【案例评析】

1. 招标单位有关工作人员的做法是错误的。他不应该拒收投标人的补充材料,因为,投标人在投标截止期之前所提交的任何书面文件都是有效文件,都是投标文件的有效组成部分,补充投标资料与原已经递交的投标文件共同构成一份投标文件,而不是两份互相独立的投标文件。对于投标人在投标截止期前修改的报价信在开标时应与原投标文件一起开读。

2. 投标人在其信中提出将其报价比评标价最低的投标降低5%的情况是不能被接受的。因为这样做有以低于成本价竞标的嫌疑。这样的投标应视为不符合要求而予以拒绝。

3. 投标人采用了突然降价法。原投标文件的递交时间比投标截止期提前一天,这既符合常理,又为竞争对手调整、确定最终报价留有余地,起到了迷惑竞争对手的作用。而在开标前1h突然递交一份补充材料,这时竞争对手已不可能再调整报价了。

应用案例3-4

【案例概况】

某桥梁工程项目招标文件合同条款中规定:动员预付款金额为合同价的30%,工程进度款按季度支付。某施工单位欲投该标,经造价工程师估算,总价为8000万元,其中基础工程估价为1200万元,下部结构工程估价为3800万元,上部结构工程估价为3000万元。该施工单位决定采用不平衡报价法对造价工程师的原估价做适当调整,基础工程调整为1300万元,下部结构工程调整为4000万元,上部结构工程调整为2700万元。另外,该施工单位考虑到工程进度款按季度支付不利于资金周转,决定除按上述调整后的数额报价外,还建议业主将支付条件改为:预付款为合同价的15%,工程进度款按月支付,其余条款不变。

问题:
1. 该施工单位所运用的不平衡报价法是否恰当?为什么?
2. 除了不平衡报价法,该施工单位还运用了哪一种报价技巧?运用是否得当?

【案例评析】

1. 恰当。因为该施工单位是将属于前期工程的基础工程和下部结构工程的报价调高,而将属于后期工程的上部结构工程的报价调低,可以在施工的早期阶段收到较多的工程款,从而可以提高施工单位所得工程款的现值,而且调整幅度均在10%以内,属于合理范围。

2. 该施工单位运用的另一种投标技巧是多方案报价法,该报价技巧运用恰当,因为施工单位的报价既适用于原付款条件也适用于建议的付款条件,若业主同意,则对缓解业主和施工单位的资金压力都有好处。

本模块小结

投标工作主要有:申请投标资格、购买标书、考察现场、办理投标保函、算标、编制和投送标书等。

标前调查、现场踏勘是承包商投标时全面了解现场施工环境和施工风险的重要途径,是投标人搞好投标报价的先决条件。

施工组织设计既是评标、定标的重要资料,也是投标人编制商务标书和报价文件的依据。其主要内容包括合理的施工组织和施工方案,科学的施工进度计划及资源调配计划,统筹的规划与设计施工现场平面图等。

我国公路工程施工招投标一般都采用工程量清单计价模式、单价合同。投标人必须按招标人提供的工程量清单进行组价,并按综合单价的形式进行报价。清单计价包含三部分:分部分项工程项目计价、措施项目计价及其他项目计价。招标人提供的工程量清单是分部分项工程项目清单中的工程量,措施项目中的工程量及施工方案工程量,由投标人在投标时按设计文件及施工组织设计、施工方案进行二次计算,以价格的形式分摊到报价内。

投标报价策略包括生存型报价策略、竞争型报价策略、盈利型报价策略,投标报价技巧有不平衡报价法、多方案报价法、突然降价法、先亏后盈法、许诺优惠条件等。

投标文件可分为商务标书、技术标书和报价文件3部分,根据招标文件要求,可采用单信封或双信封形式进行组标。当采用单信封形式时,以上3部分内容同时密封在一个信封内。若采用双信封形式,商务标书和技术标书密封在第一个信封内,报价文件密封在第二个信封内。

投标人应按招标文件规定的投标截止时间前及指定地点递交投标文件。

投标有效期指从招标文件规定的提交投标文件截止之日起计算,到发出中标通知书之日止的一段时间。在投标有效期内,招标人不得要求撤销或修改其投标文件。

投标保证金是指投标人按照招标文件的要求向招标人出具的,以一定金额表示的投标责任担保,主要目的是防止投标人在投标文件有效期期间随意撤回投标或拒签正式合同协议或不提交履约担保等情况发生。

投标文件按要求送达招标人后,在招标文件规定的投标截止时间前,投标人可以补充、修改或撤回已提交的投标文件,但应以书面形式通知招标人。

模块训练

一、单选题

1. 下列各种情况,投标文件有效的是(　　)。
   A. 投标文件未密封
   B. 投标文件逾期送达
   C. 投标文件封面无投标单位盖章
   D. 投标单位未参加开标会议,而且拒绝承认开标结果

2. 现场考察时,招标人应向投标人介绍工程场地和相关的周边环境情况,投标人由此得出的推论应由(　　)负责。
   A. 发包人　　　　B. 监理人　　　　C. 承包人　　　　D. 发包人与承包人共同

3. 为了提高中标概率,投标人在选择投标项目过程中应(　　)。
   A. 投标项目越多越好
   B. 选择风险大利润高的标投
   C. 选择风险小利润低的标投
   D. 综合权衡后量力而行选择能发挥自身优势把握大的标投

4. 投标单位在投标报价中,对工程量清单中的每一单项均需计算填写单价和合价,在开标后,发现投标单位没有填写单价和合价的项目,则(　　)。
   A. 允许投标单位补充填写
   B. 视为废标
   C. 退回投标书
   D. 认为此项费用已包括在工程量清单的其他单价和合价中

5. 工程量清单是招标单位按国家颁布《工程量清单计价规范》的工程量计算规则,根据施工图纸计算工程量,提供给投标单位作为投标报价的基础。结算拨付工程款时以(　　)为依据。
   A. 工程量清单　　　　　　　　B. 实际工程量
   C. 承包方报送的工程量　　　　D. 合同中的工程量

6. 招标人对招标文件的书面答疑、修改和补遗,应以编号的补遗书的方式寄给(　　)。
   A. 购买招标文件的所有投标人　　B. 提出质疑的投标人
   C. 部分投标人　　　　　　　　　D. 与此利益相关的投标人

7. 关于业主或招标人的口头澄清或答复,投标人据此为依据来确定标价出现失误其责任应由(　　)承担。
   A. 承包人　　　　　　　　　　B. 监理人
   C. 招标人与承包人共同　　　　D. 业主

8. 施工组织设计除采用文字表述外一般还应附上相关图表,以下图表不需提供的有(　　)。
   A. 施工总平面图　　B. 施工总体计划表　　C. 工程管理曲线　　D. 组织机构图

9. 一个工程项目的投标报价在总价确定后,通过调整内部各个项目的报价使得不提高总

价、不影响中标,又能在结算时得到更理想的经济效益的投标技巧称之为( )。
   A. 突然降价法   B. 先亏后盈法   C. 多方案报价法   D. 不平衡报价法
10. 对于能够早日结算的项目,预计今后工程量会增加的项目,投标报价时可以( )。
   A. 适当降低   B. 适当提高   C. 正常报价   D. 以上都对
11. 当采用双信封形式进行组标时,应密封在第二个信封内的资料是( )。
   A. 法定代表人身份证明   B. 投标保证金
   C. 已标价工程量清单   D. 施工组织设计
12. 基期价格指数指送交投标书截止期前( )天的所在年份的价格指数,计算时采用100。
   A. 30   B. 28   C. 20   D. 14
13. 投标工程量清单中的投标报价和投标函大写金额报价出现差异时应以( )为准。
   A. 投标函大写金额报价   B. 工程量清单中的投标报价
   C. 金额小的   D. 评标委员会确定
14. 投标人拟在中标后将中标项目的部分非主体、非关键性工作进行分包的,应符合投标人须知前附表规定的分包内容、分包金额和接受分包的第三人资质要求等限制性条件,分包工程量一般不超过合同工程量的( )。
   A. 40%   B. 30%   C. 20%   D. 10%
15. 投标人对其过低的报价不能合理说明或者不能提供相应证明材料的,可认定投标人以低于成本报价竞标,其投标应( )。
   A. 扣分   B. 按废标处理   C. 评标委员会决定   D. 修改后重报

二、多选题

1. 投标人应具备的条件和要求有( )。
   A. 资质条件   B. 财务要求   C. 业绩要求
   D. 信誉要求   E. 项目经理资格和项目总工资格
2. 招标文件内容广泛,投标人在阅读时应重点研究( )。
   A. 投标人须知   B. 合同条款   C. 技术规范
   D. 招标图纸   E. 工程量清单
3. 施工组织设计应包括的主要内容有( )。
   A. 总体施工组织布置及规划   B. 施工方案、方法与技术措施
   C. 技术规范   D. 各项保证体系及保证措施
   E. 应急预案
4. 施工组织设计文件应符合招标文件的规定格式和要求,编制时注意( )。
   A. 选择技术可行、成本最低的施工方法   B. 就地取材,降低工程成本
   C. 选择合适的施工机械均衡施工   D. 集中所有资源以最短时间完成
   E. 留有余地,不能满打满算
5. 投标清单报价的组成内容包括( )。
   A. 投标成本   B. 施工成本   C. 风险金
   D. 利润税金   E. 总部管理费用
6. 投标报价策略包括( )。
   A. 生存型报价策略   B. 盈利型报价策略   C. 保守型报价策略

D. 竞争型报价策略 E. 冒险型报价策略

7. 投标报价的技巧有(　　)。
A. 突然降价法　　B. 先亏后盈法　　C. 多方案报价法
D. 不平衡报价法　　E. 低于成本报价法

8. 投标文件的组成包括(　　)。
A. 报价文件　　B. 商务标书　　C. 技术标书
D. 澄清资料　　E. 工程量清单

9. 当采用双信封形式进行组标时,应密封在第一个信封内的资料是(　　)。
A. 法定代表人身份证明　　　　B. 投标保证金
C. 已标价工程量清单　　　　　D. 施工组织设计
E. 资格审查资料

10. 投标保证金的形式有(　　)。
A. 银行汇票　　B. 银行保函　　C. 支票
D. 现金　　E. 银行电汇

三、简答题
1. 简述投标的一般程序。
2. 简述施工组织设计编制的一般程序。
3. 投标文件组成内容有哪些?
4. 简述投标文件如何进行密封和标识。

四、案例分析题
1. 案例背景:某公路项目,施工过程中承包人无法在施工现场附近找到满足技术规范要求的砂石料,只得去较远地方外购,运输距离长加之路况差,造成承包人运输负担沉重,工期滞后,成本直线上升,承包人以在投标时发包人没有在招标文件中预先告知这种情况,所报单价没有考虑额外增加费用为由,提出补偿材料差价。

问题:
(1)承包人能否获得补偿? 说明理由。
(2)承包人应吸取什么经验教训?

2. 案例背景:某公路工程建设项目,建设单位要求参加投标的施工单位资质为一级资质。有A、B、C、D、E、F、G等施工单位参加投标,各单位均在投标截止时间前递交了投标文件。评标时发现,B施工单位投标报价明显低于其他投标单位报价且未能合理说明理由;D施工单位提供的施工组织设计(含关键工程技术方案)不够完善;F施工单位投标文件提供的工程验收办法不符合招标文件的要求;G施工单位经核实实际施工资质为二级资质。

问题:
针对上述情况,招标人对B、D、F、G单位的投标文件应如何处理?

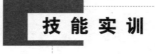

模块3 在线测试

在学完模块2和本模块后,请结合模块2技能实训编制的招标文件资料,以《公路工程标准施工招标文件》(2018年版)为范本编写一份施工投标文件。

模块 4　公路工程施工开标、评标与定标

知识目标
通过公路工程施工开标、评标、定标的具体业务,掌握开标、评标、定标各个阶段的主要工作内容、常用的评标方法。熟悉开标、评标、定标的组织工作、签订合同协议的基本要求。

能力目标
1. 能够按照招标文件规定的开标程序组织开标;
2. 能够按要求正确组建评标委员会;
3. 能够组织评标委员会按招标文件规定的方法、标准和程序对投标文件进行评审;
4. 能够确定中标人,编制中标通知书;
5. 能够按规定的格式拟订和签订合同协议书。

引例
A、B、C、D、E 五家公路工程施工单位在某工程项目的招标投标中,收到了招标单位发来的资格预审合格通知书后,购买了招标文件,并参加了现场勘察和投标预备会,进行了投标前的准备,编制了投标文件并递交给招标人,经过开标、评标和定标后,由 A 施工单位获得了该工程项目的施工任务。

其中,招标文件规定:2020 年 4 月 20 日下午 4 时为投标截止时间,2020 年 5 月 10 日为发出中标通知书日。

具体开标、评标和定标过程如下:在 2020 年 4 月 20 日上午 A、B、D、E 四家企业提交了投标文件,但 C 企业于 2020 年 4 月 20 日下午 5 时才送达。当地投标监督管理办公室主持进行了公开开标,评标委员会共由 7 人组成,其中当地招标监督管理办公室 1 人,公证处 1 人,招标人 1 人,技术、经济专家 4 人。评标时发现 B 企业投标文件有项目经理签字并盖了公章,但无法定代表人签字和授权委托书;D 企业投标报价的大写金额与小写金额不一致;E 企业对某分项工程报价有漏项。招标人于 2020 年 5 月 10 日向 A 企业发出了中标通知书,双方于 2020 年 6 月 12 日签订了书面合同。

请思考:
1. 开标的目的是什么?评标是由谁来评定?定标应以什么为依据?
2. 分别指出对 B 企业、C 企业、D 企业和 E 企业的投标文件应如何处理?并说明理由。
3. 指出评标委员会人员组成的不妥之处。

4.1 公路工程施工开标

码4-1 工程项目开标

开标是指在招标投标活动中,由招标人主持、邀请所有投标人和行政监督部门或公证机构人员参加的情况下,在招标文件预先约定的时间和地点当众对投标文件进行开启的法定流程。

招标人应按招标文件中规定的投标截止时间和地点,对所有已接收的投标文件进行公开开标。开标应邀请所有投标人的法定代表人或其委托代理人准时参加,并通知有关监督机构代表到场监督,如需要也可邀请公证机构人员到场公证。投标人若未派人参加开标,视为该投标人默认开标结果。

开标会议的参加人、开标时间、开标地点等要求必须事先在招标文件里交代清楚、准确,并在开标前做好周密的组织和安排。招标文件中规定的开标时间、地点、程序和内容一般不得改变,如有特殊原因而需要变更,则应按招标文件的约定,及时发函通知所有潜在投标人。

4.1.1 开标准备工作

4.1.1.1 投标文件的接收

招标人应当安排专人,在招标文件指定地点接收投标人递交的投标文件(包括投标保证金),详细记录投标文件送达人、送达时间、份数、包装密封、标识等查验情况,经投标人确认后,向其出具投标文件和投标保证金的接收凭证。招标人应妥善保存已受理的投标文件并保证投标文件不丢失、不损坏、不泄密。

未按招标文件要求密封和标识的投标文件,招标人将不予受理,在投标截止时间前,应当允许投标人在投标文件接收场地之外自行更正修补。在投标截止时间后递交的投标文件,招标人应当拒绝接收。

至投标截止时间提交投标文件的投标人少于3家的,不得开标,招标人应将接收的投标文件原封退回投标人,并依法重新组织招标。重新招标后投标人仍少于3个的,属于必须审批的工程建设项目,报经原审批部门批准后可以不再进行招标;其他工程建设项目,招标人可自行决定不再进行招标。

4.1.1.2 开标资料

招标人应准备好开标所需资料,包括开标记录表、招标控制价(标底)文件(如有)、投标文件接收登记表、签收凭证等。招标人还应准备好相关国家法律法规、招标文件及其澄清和修改内容,以备必要时使用。

4.1.1.3 开标现场

招标人应精细、周全地准备好开标现场,包括提前布置好开标会议室、准备好开标需要的设备、设施和服务等。另外,招标人应组织工作人员将已受理的投标文件及可能的撤销函运送到开标地点。

4.1.1.4 工作人员

招标人参与开标会议的有关工作人员包括主持人、开标人、唱标人、记录人及其他辅助人员等,应按时到达开标现场。

4.1.2 开标程序与注意事项

4.1.2.1 开标程序

招标人应按照招标文件规定的程序进行开标,开标程序一般为:

(1)宣布开标纪律。主持人宣布开标纪律,对参与开标会议的人员提出会场要求,如开标过程中不得喧哗;通信工具调整到静音状态;约定提问方式等。任何人不得干扰正常的开标程序。

(2)确认投标人代表身份。招标人可以按照招标文件的约定,安排出席开标的投标人代表签到,当场核验参加开标会议的投标人法定代表人的身份证明或授权代表的授权委托书及有效身份证件,并留存复印件,以确认投标人代表身份的真实性。

(3)公布在投标截止时间前接收投标文件的情况。招标人当场宣布在投标截止时间前递交投标文件的投标人名称、时间等。

(4)宣布有关人员姓名。开标主持人介绍招标人代表、招标代理机构代表、监督人代表或公证人员等,依次宣布开标人、唱标人、记录人等有关人员姓名。

(5)按照投标人须知前附表规定由投标人推选的代表检查投标文件的密封情况。目的在于检查开标现场的投标文件密封状况是否与招标文件约定和受理时的密封状况一致。

(6)宣布投标文件的开标顺序。主持人宣布开标顺序,如招标文件未约定开标顺序的,一般按照投标文件递交的逆顺序进行唱标。

(7)计算并宣布评标基准价。

(8)唱标。由唱标人按照宣布的开标顺序当众开标。唱标人应按照招标文件约定的唱标内容,严格依据投标函,公布投标人名称、标段名称、投标保证金的递交情况、投标报价、质量目标、工期以及备选方案报价(如有)等内容,并记录在案。若投标函的投标价大小写金额不一致时,应以大写金额为准。

(9)开标记录签字确认。投标人代表、招标人代表、记录人等有关人员在开标记录上签字确认。

若投标人对唱标记录提出异议,开标工作人员应立即对投标函与唱标记录的内容进行核对,并决定是否应该调整唱标记录。开标记录表格式,见表4-1。

(10)开标结束。完成开标会议全部程序和内容后,主持人宣布开标会议结束。

(项目名称)_____标段施工开标记录表　　　　　　表4-1

开标时间:____年____月____日____时____分

序号	投标人	送达情况	密封情况	投标报价(元)	是否超过投标控制价上限	备注	签名
1							
2							
3							
4							

续上表

序号	投标人	送达情况	密封情况	投标报价(元)	是否超过投标控制价上限	备注	签名
5							
…							
招标人编制的标底或投标控制价上限(如有)							

招标人代表：_____ 记录人：_____

　　　　　　　　　　　　　　　　　　　　　　　　　年___月___日

4.1.2.2　开标当场宣布为废标的情况

按《公路工程标准施工招标文件》（2018年版）规定，开标过程中，若招标人发现投标文件出现以下任意情况，经监标人确认后，当场宣布为废标：

（1）未在投标函上填写投标总价。

（2）投标报价或调价函中的报价超出招标人公布的投标控制价上限（如有）。

4.1.2.3　开标注意事项

开标过程中应注意：

（1）开标会议的参加人、开标时间、开标地点等要求都应在招标文件明确写明。一般不得改变，如特殊原因而需要变更，则应按招标文件的约定，及时发函通知所有潜在投标人。

（2）在投标截止时间前，投标人书面通知招标人撤回其投标的，无须进入开标程序。

（3）依据投标函及投标函附录（正本）唱标，其中投标报价大小写不一致，以大写金额为准，单价与数量乘积与总价不一致，以单价为准。

（4）开标时，开标工作人员应认真核验并如实记录投标文件的密封、标识以及投标报价、投标保证金等开标、唱标情况，发现投标文件存在问题或投标人提出异议的，特别是涉及影响评标委员会对投标文件评审结论的，应如实记录在开标记录上。但招标人不应在开标现场对投标文件是否有效作出判断和决定，应递交评标委员会评定。

（5）投标人对开标有异议的，应当在开标现场提出，招标人应当当场作出答复，并制作记录。

4.2　公路工程施工评标

码4-2　工程项目评标

　　评标是指按照规定的评标标准和方法，对各投标人的投标文件进行评价比较和分析，从中选出最佳投标人的过程。评标是招标投标活动中十分重要的阶段，评标是否真正做到公开、公平、公正，决定着整个招标投标活动是否公平和公正；评标的质量决定着能否从众多投标竞争者中选出最能满足招标项目各项要求的中标者。

招标项目一般在开标后即组织评标。评标工作由招标人依法组建的评标委员会进行，评标委员会应按照招标文件中规定的评标方法、标准和程序对投标文件进行评审，招标文件中没有规定的方法和标准，不得作为评标的依据。

任何单位和个人不得非法干预或者影响评标过程和结果。招标人应当采取必要措施，保证评标活动在严格保密的情况下进行。

评标的有关工作内容包括:评标委员会的组建、评标的准备工作、按规定程序对投标文件进行评审,以及编写评标报告等。

4.2.1 评标委员会的组建

评标委员会由招标人依法组建,负责评标活动,向招标人推荐中标候选人或者根据招标人的授权直接确定中标人。评标委员会成员名单一般应于开标前确定,在中标结果确定前应当保密。

4.2.1.1 评标委员会的组成

评标委员会由招标人代表和有关技术、经济等方面的专家组成,成员人数为5人以上单数,其中技术、经济等方面的专家不得少于成员总数的2/3。例如,组建7人的评标委员会,其中招标人代表不得超过2人,技术、经济等方面的专家不得少于5人。

招标人代表应熟悉招标项目的相关业务,能够胜任评标工作。若招标代理机构代表参加,其身份定位为招标人代表。

评标委员会中技术、经济专家的比例、人数以及专业、地域分布等应能满足项目专业和公正评价的需要。根据《中华人民共和国招标投标法》的规定,依法必须进行招标的项目,其评标专家一般由招标人从国务院有关部门或者省、自治区、直辖市人民政府有关部门或者招标代理机构的专家库内的相关专业的专家名单中确定;一般招标项目应采取随机抽取方式选择确定;技术特别复杂、专业性要求特别高或者国家有特殊要求,采取随机抽取方式确定的专家难以胜任的项目,可以由招标人从专家库中直接确定。根据《公路工程建设项目招标投标管理办法》(自2016年2月1日起施行)的规定,国家审批或者核准的高速公路、一级公路、独立桥梁和独立隧道项目,评标委员会专家应当由招标人从国家重点公路工程建设项目评标专家库相关专业中随机抽取;其他公路工程建设项目的评标委员会专家可以从省级公路工程建设项目评标专家库相关专业中随机抽取。交通运输部负责国家重点公路工程建设项目评标专家库的管理工作。省级人民政府交通运输主管部门负责本行政区域公路工程建设项目评标专家库的管理工作。任何单位和个人不得以明示、暗示等任何方式指定或者变相指定参加评标委员会的专家成员。

评标委员会设负责人的,负责人由评标委员会成员推举产生或者由招标人确定,负责组织协调评标委员会成员开展评标工作。评标委员会负责人与评标委员会的其他成员有同等的表决权。

根据《公路工程建设项目招标投标管理办法》(自2016年2月1日起施行)的规定,
(1)为负责招标项目监督管理的交通运输主管部门的工作人员;
(2)与投标人法定代表人或其委托代理人有近亲属关系;
(3)为投标人的工作人员或退休人员;
(4)与投标人有其他利害关系,可能影响评标活动公正性;
(5)在与招标投标有关的活动中有过违法违规行为、曾受过行政处罚或刑事处罚。

招标人可以要求评标专家签署承诺书,确认其不存在上述法定回避的情形。评标中,如发现某个评标专家存在法定回避情形的,该评标专家已经完成的评标结果无效,招标人应重新确定满足要求的专家替代。

4.2.1.2 评标专家的资格、权利和义务

1)评标专家的资格条件

根据《中华人民共和国招标投标法》《评标委员会和评标方法暂行规定》和《评标专家和评标专家库管理暂行办法》的规定,评标专家必须具备如下条件:

(1)从事相关领域工作满8年并具有高级职称或同等专业水平。

(2)熟悉有关招标投标的法律法规,并具有与招标项目相关的实践经验。

(3)能够认真、公正、诚实、廉洁地履行职责。

(4)身体健康,能够承担评标工作。

2)评标专家的权利

(1)接受专家库组建机构的邀请,成为专家库成员。

(2)接受招标人依法选聘,担任招标项目评标委员会成员。

(3)熟悉招标文件的有关技术、经济、管理特征和需求,依法对投标文件进行客观评审,独立提出评审意见,抵制任何单位和个人的不正当干预。

(4)获取参加评标活动的劳务报酬。

(5)法律法规规定的其他权利。

3)评标专家的义务

(1)接受建立专家库机构的资格审查和培训、考核,如实申报个人有关信息资料。

(2)属于法规规定的不得担任评标委员会成员的情形之一的,应当主动提出回避。

(3)为招标人负责,维护招标、投标双方的合法利益,认真、客观、公正地对投标文件进行评审。

(4)遵守评标工作程序和纪律的规定,不得私自接触投标人,不得收受投标人、中介人或其他利害关系人的任何好处,不得透露对投标文件的评审和比较、中标候选人的推荐情况以及与评标有关的其他情况。

(5)自觉依法监督、抵制、反映和核查招标、投标、代理、评标活动中的虚假、违法和不规范行为。

(6)接受和配合有关行政监督部门的监督、检查。

(7)法律法规规定的其他义务。

4.2.1.3 评标的基本要求

1)评标原则与依据

评标活动应当遵循公平、公正、科学、择优的原则。评标委员会成员应当按上述原则履行职责,遵守职业道德,对所提出的评审意见承担个人责任。

评标委员会应依据招标文件规定的评标方法、程序和标准,对投标文件进行系统的评审和比较,客观、公正地对投标文件提出评审意见。招标文件中没有规定的方法和标准,评标时不得采用。

2)评标纪律

(1)评标活动由评标委员会依法进行,任何单位和个人不得非法干预或者影响评标过程和结果。无关人员不得参加评标会议。

(2)评标委员会成员不得与任何投标人或者与招标有利害关系的人私下接触,不得收受投标人、中介人以及其他利害关系人的财物或其他好处。

(3)招标人或其委托的招标代理机构应当采取必要措施,保证评标工作不受外界干扰,保证评标工作在严格保密的情况下进行。有关评标参与人员应当严格遵守保密规则,不得泄露与评标有关的任何情况,如评标地点和场所、评标委员会成员名单、投标文件的评审和比较情况、中标候选人的推荐情况以及与评标有关的其他情况等。

为此,招标人应采取有效措施。必要时,可以集中管理和使用与外界联系的通信工具等,同时禁止任何人员私自携带与评标活动有关的资料离开评标现场。

(4)评标委员会不得向招标人征询确定中标人的意向,不得接受任何单位或者个人明示或者暗示提出的倾向或者排斥特定投标人的要求,不得有其他不客观、不公正履行职务的行为。

3）评标时间

招标人应当根据项目规模和技术复杂程度等因素合理确定评标时间,超过 1/3 的评标委员会成员认为评标时间不够的,招标人应当适当延长。评标和定标应当在投标有效期结束日 30 个工作日前完成,不能在投标有效期结束日 30 个工作日前完成的,招标人应当通知所有投标人延长投标有效期。

4.2.2 评标方法

4.2.2.1 评标方法的分类

公路工程施工招标的评标方法一般分为合理低价法、技术评分最低标价法、综合评分法和经评审的最低投标价法四种评价方法。

《招标投标法》第四十一条规定,中标人的投标应当符合下列条件之一：

（1）能够最大限度地满足招标文件中规定的各项综合评价标准。

（2）能够满足招标文件的实质性要求,并且经评审的投标价格最低,但是投标价格低于成本的除外。

码4-3 四种评标方法目录

4.2.2.2 四种评标方法的特征和适用范围

公路工程施工招标评标,一般采用合理低价法或技术评分最低标价法。技术特别复杂的特大桥梁和特长隧道项目主体工程,可以采用综合评分法。工程规模较小、技术含量较低的工程,可以采用经评审的最低投标价法。

1）合理低价法

评标委员会对满足招标文件实质要求的投标文件,根据招标文件中规定的评分标准进行打分,并按得分由高到低顺序推荐中标候选人,或根据招标人授权直接确定中标人。除技术特别复杂的特大桥和长大隧道工程外,公路工程施工招标评标一般应当使用合理低价法。

码4-4 合理低价法

2）综合评分法

评标委员会对满足招标文件实质要求的投标文件,根据招标文件中规定的评分标准,对评标价、施工组织设计、项目管理机构以及其他因素进行综合打分,并按得分由高到低顺序推荐中标候选人,或根据招标人授权直接确定中标人。本办法仅使用于技术特别复杂的特大桥梁和长大隧道工程。

码4-5 综合评分法

可以看出,"合理低价法"是综合评估法的评分因素中评标价分值为 100 分、其他评分因素分值为 0 分的特例。

对于以上两种方法,当评分相等时,以投标报价低的优先；投标报价也相等的,招标人可采用被招标项目所在地省级交通运输主管部门评为较高信用等级的投标人优先或递交投标文件时间较前的投标人优先或采用其他方法确定优先者。

3）经评审的最低投标价法

评标委员会对满足招标文件实质要求的投标文件,根据招标文件中规定的量化因素及量化标准进行价格折算,按照经评审的投标价由低到高的顺序推荐中标候选人,或根据招标人授权直接确定中标人。经评审的投标价相等时,投标报价低的优先；投标报价也相等的,招标人可采用被招标项目所在地省级交通运输主管部门评为较高信用等级的投标人优先或递交

码4-6 经评审的最低投标价法

投标文件时间较前的投标人优先或采用其他方法确定优先者。

本办法适用于使用世界银行、亚洲开发银行等国际金融组织贷款的项目,或工程规模较小、技术含量较低的项目。

当采用经评审的最低投标价法评标时,为防止投标人以低于成本价抢标,减少由于低价中标带来的实施阶段的问题,建议招标人设立标底。在签订合同时,要特别明确施工人员、设备的进场要求、工程进度要求,以及违约责任和处理措施。

4)技术评分最低标价法

码4-7 技术评分最低标价法

评标委员会对满足招标文件实质性要求的投标文件的施工组织设计、主要人员、技术能力等因素进行评分,按照得分由高到低排序,对排名在招标文件规定数量以内的投标人的报价文件进行评审,按照评标价由低到高的顺序推荐中标候选人,或根据招标人授权直接确定中标人,但投标报价低于其成本的除外。评标价相等时,评标委员会应按照评标办法前附表规定的优先次序推荐中标候选人或确定中标人。

不论采用哪一种评标方法,投标报价均不能低于其成本价。否则,其投标作废标处理。

4.2.3 评标程序

评标分为初步评审和详细评审两个阶段,在评审过程中,还可能要求投标人对其投标文件进行澄清和补正。

4.2.3.1 评标准备工作

招标人及其招标代理机构应为评标委员会评标做好以下评标前的准备工作:

(1)准备评标需用的资料。如招标文件及其澄清与修改、招标控制价(标底)文件、开标记录等。

(2)准备评标相关表格。

(3)选择评标地点和评标场所。

(4)布置评标现场,准备评标工作所需工具。

(5)妥善保管开标后的投标文件并运到评标现场。

(6)做好评标安全、保密和服务等有关工作。

评标委员会应根据评标工作量和工程特点,制订工作计划,明确分工。在评标工作开始之前,首先要听取招标人或者其委托的招标代理机构关于工程情况的说明,并认真研读招标文件,以获取评标所需的重要信息和数据。主要内容包括:招标项目建设规模、标准和工程特点;招标文件规定的评标方法和标准;工程的主要技术要求、质量标准以及其他与评标有关的内容。

《中华人民共和国招标投标法实施条例》(2019年修订)规定,招标人应当向评标委员会提供评标所必需的信息,但不得明示或者暗示其倾向或者排斥特定投标人。

4.2.3.2 初步评审

初步评审也称对投标书的响应性审查,此阶段不是比较各投标书的优劣,而是评标委员会按照招标文件确定的评审因素和标准,对投标文件是否存在重大偏离,是否实质上响应了招标文件的要求进行的审查。经评审认定投标文件没有重大偏离,实质上响应招标文件要求的,才能通过初步评审进入详细评审。

初步评审的目的是,从投标书中筛选出符合要求的合格投标书,剔除所有无效投标和严重违法的投标书,同时也减少详细评审的工作量,保证评审工作的顺利进行。

初步评审的内容包括形式评审、资格评审、响应性评审以及对投标报价错误进行修正,当采用经评审的最低投标价法评标时,还应对施工组织设计和项目管理机构的合格响应性进行初步评审。

评标委员会依据招标文件规定的评审标准对投标文件进行初步评审。有一项不符合评审标准的,其投标作废标处理。

1)形式评审与响应性评审标准

《公路工程标准施工招标文件》(2018年版)中规定的评审标准如下:

(1)投标文件按照招标文件规定的格式、内容填写,字迹清晰可辨。

(2)投标文件上法定代表人或其授权代理人的签字、投标人的单位章盖章齐全,符合招标文件规定。

(3)与申请资格预审时比较,投标人资格没有实质性下降。

(4)投标人按照招标文件规定的金额、形式、时效和内容提供了投标担保。

(5)投标人法定代表人的授权代理人,提交了附有法定代表人身份证明的授权委托书,并符合招标文件要求。

(6)投标人法定代表人若亲自签署投标文件的,提供了法定代表人身份证明,并符合招标文件要求。

(7)投标人以联合体形式投标时,联合体协议书满足招标文件的要求。

(8)投标人如有分包计划,应按招标文件规定的格式要求填写"拟分包项目情况表",而且专业分包的工程量累计未超过总工程量的30%。

(9)一份投标文件应只有一个投标报价,在招标文件没有规定的情况下,未提交选择性报价。

(10)投标人若提交调价函,调价函符合招标文件要求。

(11)投标人若填写工程量固化清单,填写完毕的工程量清单未对工程量固化清单电子文件中的数据、格式和运算定义进行修改。

(12)投标文件载明的招标项目完成期限未超过招标文件规定的时限。

(13)投标文件未附有招标人不能接受的条件。

(14)权利和义务符合招标文件规定。

对于已进行资格预审的情况,当投标人资格预审申请文件的内容发生重大变化时,评标委员会应依据资格预审文件中规定的详细审查标准对其更新资料进行评审。

2)资格评审标准(未进行资格预审的情况)

对于未进行资格预审的情况,《公路工程标准施工招标文件》(2018年版)中规定的评审标准为:

(1)投标人具备有效的营业执照、资质证书和安全生产许可证和基本账户开户许可证。

(2)投标人的资质等级符合招标文件规定。

(3)投标人的财务状况符合招标文件规定。

(4)投标人的类似项目业绩符合招标文件规定。

(5)投标人的信誉符合招标文件规定。

(6)投标人的项目经理(包括备选人)和项目总工(包括备选人)资格符合招标文件规定。

(7)对于采用综合评估法进行评标的技术特别复杂的特大桥梁和长大隧道工程,其他主要管理人员和技术人员以及主要机械设备和试验检测设备符合招标文件规定。

(8)投标人不存在招标文件第二章"投标人须知"第1.4.3项规定的任何一种情形。

3)对施工组织设计和项目管理机构的评审

若采用经评审的最低投标价法评标,还应评审施工组织设计和项目管理机构的内容是否响应招标文件的要求。

施工组织设计的评审因素主要有:

(1)内容完整性和编制水平。

(2)总体施工组织布置及规划。

(3)施工方案、方法及技术措施。

(4)工期保证体系和保证措施。

(5)工程质量管理体系及保证措施。

(6)安全生产管理体系及保证措施。

(7)环境保护体系和保证措施。

(8)文明施工、文物保护保证体系和保证措施。

(9)项目风险预测与防范,事故应急预案。

项目管理机构的评审因素主要有:

(1)项目管理机构设置的合理性。

(2)项目经理和总工的任职资格与工程业绩。

(3)其他主要人员的任职资格与工程业绩。

4)废标的情形

按照《公路工程标准施工招标文件》(2018年版)的规定,投标人有以下情形之一的,其投标作废标处理:

(1)招标文件第二章"投标人须知"第1.4.3项规定的任何一种情形的。

(2)串通投标或弄虚作假或有其他违法行为的。

(3)不按评标委员会要求澄清、说明或补正的。

5)对投标报价错误进行修正

投标报价有算术错误的,评标委员会按以下原则对投标报价进行修正,修正的价格经投标人书面确认后具有约束力。投标人不接受修正价格的,其投标作废标处理,并没收其投标担保。

(1)修正原则。投标报价有算术错误的,评标委员会按以下原则进行修正:

①投标文件中的大写金额与小写金额不一致的,以大写金额为准。

②总价金额与依据单价计算出的结果不一致的,以单价金额为准修正总价,但单价金额小数点有明显错误的除外。

③当单价与数量相乘不等于合价时,以单价计算为准,如果单价有明显的小数点位置差错,应以标出的合价为准,同时对单价予以修正。

④当各子目的合价累计不等于总价时,应以各子目合价累计数为准,修正总价。

工程量清单中的投标报价有其他错误的,评标委员会按以下原则进行修正:

①在招标人给定的工程量清单中漏报了某个工程子目的单价、合价或总额价,或所报单价、合价或总额价减少了报价范围,则漏报的工程子目单价、合价和总额价或单价、合价和总额价中减少的报价内容视为已含入其他工程子目的单价、合价和总额价之中。

②在招标人给定的工程量清单中多报了某个工程子目的单价、合价或总额价,或所报单价、合价或总额价增加了报价范围,则从投标报价中扣除多报的工程子目报价或工程子目报价中增加了报价范围的部分报价。

③当单价与数量的乘积与合价(金额)虽然一致,但投标人修改了该子目的工程数量,则其合价按招标人给定的工程数量乘以投标人所报单价予以修正。

(2)修正结果。修正后的最终投标报价若超过投标控制价上限(如有),投标人的投标文件作废标处理。

对于修正结果,评标委员会应通过招标人向投标人进行书面澄清,要求投标人予以确认。在修正结果正确无误的前提下,投标人不接受修正价格的,其投标作废标处理,并没收其投标担保。

若通过初步评审的有效投标文件不足三个,投标明显缺乏竞争的,评标委员会可以否决所有投标,招标人应当依法重新招标。

4.2.3.3 详细评审

详细评审是评标委员会根据招标文件规定的评标标准和方法,对通过初步评审的投标文件做进一步的评审、量化比较,从而评定出优劣次序。

1)合理低价法的详细评审

评标委员会按招标文件规定的评分标准对评标价进行打分,并按得分由高到低顺序推荐中标候选人,或根据招标人授权直接确定中标人。

按照《公路工程标准施工招标文件》(2018年版)规定,对评标价进行评分的过程如下。

(1)计算评标基准价。

①确定评标价。评标委员会对投标报价的评审,应在投标报价修正和扣除非竞争性因素后,以计算出的评标价进行。评标价的确定方法如下。

A. 方法一:评标价 = 投标函文字报价

B. 方法二:评标价 = 投标函文字报价 − 暂估价 − 暂列金额(不含计日工总额)

②计算评标价平均值。除开标现场被宣布为废标的投标报价之外,去掉一个最高值和一个最低值后的算术平均值即为评标价平均值,如果参与评标价平均值计算的有效投标人少于5家时,则计算评标价平均值时不去掉最高值和最低值。

③确定评标基准价。评标基准价是衡量合理报价的评价基准,表示投标报价等于评标基准价时认为是最合理报价,其报价评分将得满分,偏离该评标基准价的投标报价将按设定的规则扣分。

评标基准价可由招标人在开标现场当场计算并宣布。确定的主要方法如下。

A. 方法一:将评标价平均值直接作为评标基准价。

B. 方法二:将评标价平均值下浮若干百分点作为评标基准价。

C. 方法三:招标人设置评标基准价系数,由投标人代表现场抽取,将评标价平均值乘以现场抽取的评标基准价系数作为评标基准价。

确认后的评标基准价在整个评标期间保持不变,不随任何因素发生变化。

(2)计算评标价得分(采用百分制)。

评标价得分计算公式示例:

①如果投标人的评标价 > 评标基准价,则评标价得分 = $100 - 偏差率 \times 100 \times E_1$。

②如果投标人的评标价 ≤ 评标基准价,则评标价得分 = $100 + 偏差率 \times 100 \times E_2$。

其中偏差率 = 100% × (投标人评标价 − 评标基准价) / 评标基准价; $E1$ 是评标价每高于评标基准价一个百分点的扣分值; $E2$ 是评标价每低于评标基准价一个百分点的扣分值。招标人可依据招标项目具体特点和实际需要设置 $E1$、$E2$, 但 $E1$ 应大于 $E2$。

应用案例 4-1

【案例概况】

某标段公路投资 1200 万元, 经咨询公司测算的标底为 1200 万元, 工期 300 天, 每天工期损益价为 2.5 万元, 甲、乙、丙 3 家企业的工期和报价以及经评标委员会评审后的报价如下。

评审报价表

企业名称	报价(万元)	工期(天)	工期损益价格(万元)	经评审综合价(万元)
甲	1000	260	650	1650
乙	1100	200	500	1600
丙	800	310	775	1575

综合考虑报价和工期因素后, 以经评审的综合价作为选定中标候选人的依据。因此, 最后选定乙企业为中标候选人。

评审的综合价格是符合招标实质性条件的全部费用, 报价不是定标的唯一依据。上述 3 家工期中丙报价最低, 但工期已经超过了标底的工期, 因此不予考虑。甲企业报价虽比乙企业低, 但综合考虑工期的损益价后, 乙公司较甲公司的价格低, 最后选定乙企业为中标候选人。

【案例评析】

本案例说明, 工程报价最低并不是工程评审综合价格最低。在评审时要将所有实质性要求, 如工期、质量等因素综合考虑到评审价格中。如工期提前可能为投资者节约各种利息, 项目及时投入使用后及早回收建设资金, 创造经济效益; 又如, 可能因工程质量问题给投资者带来不良社会影响等问题。因此, 招标人要合理确定利用最低评审价格法的具体操作步骤和价格因素, 这样才可能使评标更加合理、科学。

2) 综合评分法的详细评审

评标委员会根据招标文件中规定的评分标准, 对评标价、施工组织设计、项目管理机构以及财务能力、设备配置、业绩、履约信誉等因素进行综合评分, 并拟订"综合评分排序表", 按得分由高到低顺序确定中标候选人, 或根据招标人授权直接确定中标人。

招标人应事先在招标文件中规定各评分因素及其所占权重分值, 并制定各评分因素的评分标准。各评分因素权重分值合计应为 100 分。

评标价的评分方法同合理低价法, 其他各项因素按相应的评分标准进行评分。各评分因素得分应以评标委员会各成员打分去掉一个最高和一个最低分后的平均值确定。评标委员会成员对某一项评分因素的评分低于权重分值 60% 的, 应在评标报告中作出说明。

应用案例 4-2

综合评分法评标案例

某公路工程施工项目采用资格预审方式招标, 并采用综合评分法进行评标。其中, 投标报价权重为 60 分; 其他部分权重为 40 分, 包括施工组织设计 10 分, 项目管理机构 10 分, 设备配置 5 分, 财务能力 5 分, 业绩与信誉 10 分。

共有5个投标人进行投标,所有5个投标人均通过了初步评审,评标委员按照招标文件规定的评标办法对施工组织设计、项目管理机构、设备配置、财务能力、业绩与信誉进行详细评审打分。

1. 投标报价的评审

除开标现场被宣布为废标的投标报价之外,所有投标人的投标价去掉一个最高值和一个最低值后的算术平均值即为投标价平均值(如果参与投标价平均值计算的有效投标人少于5家时,则计算投标价平均值时不去掉最高值和最低值)。

将投标价平均值直接作为评标基准价。

评标委员会按下述原则计算各投标文件的投标价得分:当投标人的投标价等于评标基准价时得60分,每高于评标基准价一个百分点扣2分,每低于评标基准价一个百分点扣1分,中间值按比例内插(得分精确到小数点后2位,四舍五入)。

各投标人投标报价得分情况如下。

投标报价得分情况表

投 标 人	投标报价(万元)	投标报价平均值(万元)	投标报价得分
A	1000	1000	60 分
B	950		55 分
C	980		58 分
D	1050		50 分
E	1020		56 分

2. 其他因素的评审

其评审内容主要包括施工组织设计、项目管理机构、设备配置、财务能力、业绩与信誉。

(1)施工组织设计(10分)的评分标准为:

①施工总平面布置基本合理,组织机构图较清晰,施工方案基本合理;施工方法基本可行,有安全措施及雨季施工措施,并具有一定的操作性和针对性,施工重点难点分析绞突出,较清晰,得基本分6分。

②施工总平面布置合理,组织机构图清晰,施工方案合理,施工方法可行,安全措施及雨季施工措施齐全,并具有较强的操作性和针对性,施工重点难点分析突出、清晰,得7~8分。

③施工总平面布置合理且周密细致,组织机构图清晰,施工方案具体、详细、科学,施工方法先进,施工工序安排合理,安全措施及雨季施工措施齐全,操作性和针对性强,施工重点难点分析突出、清晰,对项目有很好的针对性和指导作用,得9~10分。

(2)项目管理机构(10分)的评分标准为:

①项目管理机构设置基本合理,项目经理、技术负责人、其他主要技术人员的任职资格与业绩满足招标文件的最低要求,得6分。

②项目管理机构设置合理,项目经理、技术负责人、其他主要技术人员的任职资格与业绩高于招标文件的最低要求,评标委员会酌情加1~4分。

(3)设备配置(5分)的评分标准为:

设备满足招标文件最低要求,得3分;设备超出招标文件最低要求,评标委员会酌情考虑加1~2分。

(4)财务能力(5分)的评分标准为:

财务能力满足招标文件最低要求,得3分;财务能力超出招标文件最低要求,评标委员会酌情考虑加 1~2 分。

(5) 业绩与信誉(10 分)的评分标准为：

业绩与信誉满足招标文件最低要求,得 6 分;业绩与信誉超出招标文件最低要求,评标委员会酌情考虑加 1~4 分。

各投标人其他因素得分情况如下。

其他因素得分情况表

序号	评审因素	满分	投标人 A	投标人 B	投标人 C	投标人 D	投标人 E
1	施工组织设计	10 分	8 分	9 分	8 分	7 分	8 分
2	项目管理机构	10 分	7 分	9 分	6 分	8 分	8 分
3	设备配置	5 分	4 分	4 分	3 分	3 分	4 分
4	财务能力	5 分	3 分	4 分	4 分	5 分	3 分
5	业绩与信誉	10 分	7 分	10 分	9 分	6 分	8 分
	合计	40 分	29 分	36 分	30 分	29 分	31 分

3. 综合评分

综合评分及排序如下。

综合评分及排序表

投标人	报价得分	其他因素得分	总 分	排 序
投标人 A	60 分	29 分	89 分	2
投标人 B	55 分	36 分	91 分	1
投标人 C	58 分	30 分	88 分	3
投标人 D	50 分	29 分	79 分	5
投标人 E	56 分	31 分	87 分	4

根据综合评分排序,评委会依次推荐投标人 B、A、C 为中标候选人。

3) 经评审的最低投标价法的详细评审

本方法只适用于工程规模较小、技术含量较低的工程。评标委员会根据招标文件中规定的量化因素及量化标准进行价格折算,计算出评标价,并编制价格比较一览表,按照评标价由低到高的顺序确定中标候选人,或根据招标人授权直接确定中标人。

价格折算的因素通常包括招标文件引起的报价内容范围差异、投标人遗漏的费用、投标方案租用临时用地的费用(如果由发包人提供临时用地)、提前竣工的效益等直接反映价格的因素。使用外币项目,应根据招标文件约定,将不同外币报价金额转换为约定的货币金额进行比较。

 应用案例 4-3

经评审的最低投标价法评标案例

某工程施工项目采用资格预审方式招标,并采用经评审最低投标价法进行评标。招标文件规定:工期为 30 个月,工期每提前一个月给招标人带来的预期效益为 50 万元;招标人提供临时用地 500 亩,临时用地每亩用地费为 6000 元。

评标价的折算考虑以下两个因素:投标人所报的租用临时用地的数量;提前竣工的效益。共有 3 个投标人进行投标,情况如下。

投标人 A：算术性修正后的投标报价为 6000 万元，提出需要临时用地 400 亩。承诺的工期为 28 个月。

投标人 B：算术性修正后的投标报价为 5500 万元，提出需要临时用地 500 亩，承诺的工期为 29 个月。

投标人 C：算术性修正后的投标报价为 5000 万元，提出需要临时用地 550 亩，承诺的工期为 30 个月。

这 3 个投标人均通过了初步评审，评标委员会对经算术性修正后的投标报价进行详细评审情况如下。

临时用地因素的调整：

投标人 A 为（400 - 500）× 6000 = - 600000（元）

投标人 B 为（500 - 500）× 6000 = 0（元）

投标人 C 为（550 - 500）× 6000 = 300000（元）

提前竣工因素的调整：

投标人 A 为（28 - 30）× 500000 = - 1000000（元）

投标人 B 为（29 - 30）× 500000 = - 500000（元）

投标人 C 为（30 — 30）× 50000 = 0（元）

评标价格比较表如下。

评标价格比较表

项　　目	投标人 A	投标人 B	投标人 C
算术性修正后的投标报价（万元）	60000000	55000000	50000000
临时用地因素导致投标报价的调整（万元）	- 600000	0	300000
提前竣工因素导致投标报价的调整（万元）	- 1000000	- 500000	0
评标价（万元）	58400000	54500000	50300000
排序	3	2	1

经评审，投标人 C 的投标价最低，因此，评标委员会推荐投标人 C 为第一中标候选人。

4）低于成本价竞标的认定和处理

评标委员会对投标报价进行评审前，若发现投标人的投标价或主要单项工程报价明显低于其他投标人报价或者在设有标底时明显低于标底（一般控制在低于标底15% 左右），应当要求该投标人对相应投标报价作出单价构成说明，并提供相关证明材料，以证明按该报价能够按招标文件规定的质量标准和工期要求完成招标工程。如果投标人不能提供相关证明材料，评标委员会应当认定该投标人以低于成本价竞标，作废标处理。

如果投标人提供了证明材料，评标委员会也没有充分的证据证明投标人以低于成本价竞标，评标委员会应当接受该投标人的报价。为减少招标人风险，招标人有权要求投标人在中标后增加履约保证金。一般可在确定中标候选人之前，要求投标人先对此要求作出书面承诺。若投标人未作出书面承诺或虽承诺但未按规定的时间和额度提交履约担保，招标人可取消其中标资格或宣布其中标无效，并没收其投标担保。

4.2.3.4　投标文件的澄清和补正

在评标过程中，若发现投标文件中有含义不明确、对同类问题表述不一致、明显文字或计算错误的内容，如有必要，评标委员会可以书面形式要求投标人对此进行书面澄清或补正，但是不得向投标人提出带有暗示性或诱导性的问题，并且不接受投标人主动提出的澄清或补正。

投标人的澄清或补正应当以书面形式进行,并不得超出投标文件的范围或者改变投标文件的实质性内容(投标报价错误修正的除外)。投标人的书面澄清和补正内容属于投标文件的组成部分。

评标委员会的问题澄清通知,如图 4-1 所示。

```
                        问题澄清通知
                              编号：_____
    _____(投标人名称)：
    _____(项目名称)____标段施工招标的评标委员会,对你方的投标文件进行了仔细的审查,现需你方对下列问题以书面形式予以澄清：
    1.
    2.
    ...
    请将上述问题的澄清于_____年___月___日____时前递交至_____(详细地址)或传真至_____(传真号码)。采用传真方式的,应在_____年___月___日____时前将原件递交至_____(详细地址)。

                        评标委员会授权的招标人或招标代理机构：_____(签字或盖单位章)
                                                      _____年____月____日
```

图 4-1　问题澄清通知

投标人的问题的澄清格式,如图 4-2 所示。

```
                          问题的澄清
                              编号：_____
    _____(项目名称)_____标段施工招标评标委员会：
    问题澄清通知(编号：_____)已收悉,现澄清如下：
    1.
    2.
    ...
                    投标人：_____(盖单位章)
                    法定代表人或其委托代理人：_____(签字)
                                      ___年___月___日
```

图 4-2　问题的澄清

应用案例 4-4

【案例概况】

我国鲁布革水电站引水工程采用国际公开招标的有关投标文件的澄清情况。

从投标报价来看,排在前三位的是日本大成、日本前田和意美联营的英波吉洛公司,而且报价比较接近。居第四位的两家公司的报价与前三名相差 2720 万 ~ 3660 万元。根据国际评标惯例,第四名及以后的几家企业已经不具备竞争能力。因此,前三名可确定为评标对象。

为了进一步弄清 3 家企业在各自投标文件中存在的问题,分别对 3 家企业进行了为时各 3 天的投标澄清会谈。在投标澄清会上,3 家公司为取得中标,在工期不变、报价不变的前提下,都表示愿意按照中方的意愿修改施工方案和施工布置；此外,还提出了不少优惠条件吸引业主,以达到中标目的。

例如:

(1) 在原投标书中,大成和前田公司都在进水口附近布置了一条施工支洞。这种施工布置就引水系统工程而言是合理的,但却会对其他承包商在首部枢纽工程施工时产生干扰。经过澄清会上说明,大成公司同意放弃施工支洞。前田公司也同意取消,但改用接近首部的1号支洞。澄清会后,前田公司意识到这方面处于劣势,又立即电传答复放弃使用1号支洞,从而改善首部工程施工条件。

(2) 关于投标书上压力钢管外混凝土的输送方式,大成和前田公司分别采用溜槽和溜管,但这对于倾角48°、高差达308.8m的长斜井施工难于保证质量,也缺少先例。澄清会谈结束后,为符合业主意愿,大成公司电传表示改变原施工方法,用设有操纵阀的混凝土泵代替。尽管由此会增加水泥用量,但大成公司表示不会因此增加报价。前田公司电传表示原施工方法,用混凝土运输车沿铁轨运送混凝土,仍然保证工期,不改变原报价。

(3) 根据投标书,前田公司投入的施工设备最强,不仅开挖和混凝土施工设备数量多,而且全部是新设备。为吸引业主,在澄清会上,前田公司提出在完工后将全部施工设备无偿赠送我国,并赠送84万元备件。英波吉洛公司为缩小和大成、前田公司在报价的差距,在澄清会上提出了书面声明,若能中标可向鲁布革工程提供2500万美元的软贷款,贷款利率为2.5%。同时,还表示愿与我国的昆水公司实行标后联营,还愿同业主的下属公司联营共同开展海外合作。大成公司为保住报价最低的优势,也提出以41台新设备替换原标书中所列的旧施工设备,在完工后也都赠予我国。而且,还提出免费培训中国技术工人,免费对一些新技术转让的建议。

(4) 我国第十四水电工程局在昆明附近早已建成一座钢管厂。投标企业能否将高压钢管的制造与运输分包给该厂,这也是业主十分关心的问题。在原投标书中,前田公司不分包,已委托外国分包商施工。大成公司也只把部分项目分包给十四局。通过澄清会谈,当了解业主意图后,两家都表示愿意将钢管的制作、运输、安装全部分包给十四局钢管厂。

(5) 在澄清会上,业主认为大成公司在水工隧洞方面的施工经验不及前田公司,大成公司立即递交大量工程履历,并作出了与前田公司的施工经历对比表,以争取业主的信任。

【案例评析】

评标委员会可以分别召集投标人对投标书中某些含义不明确的内容进行澄清或说明,但澄清和说明的内容不得超出投标文件的范围或改变投标文件的实质性内容。是否有实质性改动的一个重要方面反映在投标人给发包人提出的优惠条件,写在投标书中的优惠条件开标时要当众公布以体现招标和投标的公平、公开和公正,评标时予以考虑。

本例中,在澄清会上的有关优惠条件评标委员会结合考虑国际惯例和国家的实际利益进行了分析比较。英波吉洛公司提出的中标后的贷款优惠和与中方公司的施工企业联营,都属于对投标书进行了实质性改动而不予考虑。钢管制作分包给中国制造商对投标人的基本义务没有影响,而且该分包商是发包方同意接受的分包单位。对大成和前田公司的设备赠予、技术合作和免费培训及钢管分包,在评标时作为考虑因素。

4.2.3.5　编写评标报告

完成评标后,评标委员会应当向招标人提交书面评标报告和中标候选人名单,并抄送有关行政监督部门。中标候选人应当不超过3个,并标明排序。

向招标人提交书面评标报告后,评标委员会应将评标过程中使用的文件、表格以及其他资料应当即时归还招标人。

1) 评标报告的内容

评标报告应按行政监督部门规定的内容和格式编写,一般情况下,评标报告应当如实记载以下内容:

(1)招标项目基本情况和数据。

(2)招标过程。

(3)开标记录。

(4)评标委员会成员名单。

(5)评标工作情况,包括评标办法与标准、初步评审、详细评审,以及废标说明。

(6)评标结果,包括对投标人的评价、符合要求的投标人情况及排序、推荐的中标候选人名单。

(7)评标附表及有关澄清记录。

2) 评标报告的签字

评标委员会所有成员应在评标报告上签字。评标委员会成员对评标结论有异议的,应以书面方式在评标报告中阐述其不同意见和理由。评标委员会成员拒绝在评标报告上签字且不陈述其不同意见和理由的,视为同意评标结论。评标委员会应当对此作出书面说明并记录在案。

3) 评标结果公示

按照《中华人民共和国招标投标法实施条例》的规定,依法必须进行招标的项目,招标人应当自收到评标报告之日起3日内在有关网站或其他媒体上公示中标候选人,接受社会监督,公示期不得少于3日。投标人或者其他利害关系人对依法必须进行招标的项目的评标结果有异议的,应当在中标候选人公示期间提出。招标人应当自收到异议之日起3日内作出答复,作出答复前,应当暂停招标投标活动。

4.2.3.6 否决投标和重新招标

国家发改委等九部门2013年第23号令(2013年5月1日起施行)中对《评标委员会和评标办法暂行规定》做了修订,规定了否决投标的4类情况:

(1)在评标过程中,评标委员会发现投标人以他人的名义投标、串通投标、以行贿手段谋取中标或者以其他弄虚作假方式投标的,应当否决该投标人的投标。

(2)在评标过程中,评标委员会发现投标人的报价明显低于其他投标报价或者在设有标底时明显低于标底,使得其投标报价可能低于其个别成本的,应当要求该投标人作出书面说明并提供相关证明材料。投标人不能合理说明或者不能提供相关证明材料的,由评标委员会认定该投标人以低于成本报价竞标,应当否决其投标。

(3)评标委员会应当审查每一投标文件是否对招标文件提出的所有实质性要求和条件作出响应。未能在实质上响应的投标,应当予以否决。

(4)投标文件有下述情形之一的,视为非实质性响应标,作否决投标处理。

①没有按照招标文件要求提供投标担保或者所提供的投标担保有瑕疵。

②没有按照招标文件要求由投标人授权代表签字并加盖公章。

③投标文件记载的招标项目完成期限超过招标文件规定的完成期限。

④明显不符合技术规格、技术标准的要求。

⑤投标文件记载的货物包装方式、检验标准和方法等不符合招标文件的要求。

⑥投标附有招标人不能接受的条件。

⑦不符合招标文件中规定的其他实质性要求。

《中华人民共和国招标投标法实施条例》(2019年第3次修订)规定否决投标的情况：下列情形之一的，评标委员会应当否决其投标。

①投标文件未经投标单位盖章和单位负责人签字。

②投标联合体没有提交共同投标协议。

③投标人不符合国家或者招标文件规定的资格条件。

④同一投标人提交两个以上不同的投标文件或者投标报价，但招标文件要求提交备选投标的除外。

⑤投标报价低于成本或者高于招标文件设定的最高投标限价。

⑥投标文件没有对招标文件的实质性要求和条件作出响应。

⑦投标人有串通投标、弄虚作假、行贿等违法行为。

有下列情形之一的，招标人将重新招标：投标截止时间止，投标人少于3个的；经评标委员会评审后否决所有投标的；否决部分投标后剩余不足3个的；中标候选人均未与招标人签订合同的；法律规定的其他情形。

【知识拓展】

1. 双信封评标法

招标人采用合理低价法、综合评分法或经评审的最低投标价法评标时，也可采用双信封形式进行，即所谓的双信封评标法。此时，投标文件应采用双信封密封，第一个信封内为商务及技术文件，第二个信封内为投标报价和工程量清单，在开标前同时提交给招标人。

评标程序简介如下：

(1)招标人对投标文件第一个信封(商务及技术文件)进行开标。

(2)评标委员会首先对第一个信封进行评审，确定通过第一个信封评审的投标人名单。若采用综合评分法，还应对通过评审的第一个信封进行综合评分。

(3)招标人对通过第一个信封评审的投标文件的第二个信封(投标报价和工程量清单)进行开标。

(4)评标委员会对第二个信封进行评审，若采用综合评分法，还应对通过评审的第二个信封进行综合评分。最后，推荐中标候选人。

需要注意的问题：

(1)投标文件第一个信封(商务及技术文件)不得出现有关投标报价的内容，否则评标委员会将对投标文件第一个信封(商务及技术文件)作废标处理。

(2)采用本办法评标程序比较复杂、时间较长，但可以消除技术部分和投标报价的相互影响，更显公平。应特别注意技术评标期间的信息保密和报价信封的保管工作。

2. 招标人对投标人不平衡报价法的防范措施

在招标和评标过程中，对于投标人可能采用的不平衡报价法，招标人应当采取一定的防范措施，以避免在合同签订及实施过程中出现过大的损失。招标人可以采取的主要措施如下：

(1)提高招标图纸的设计深度和质量。招标图纸是招标人编制工程量清单、投标人投标报价的重要依据。有些工程在招投标时，设计图纸还未满足施工需要，在施工过程中还会出现大量的补充设计和设计变更，导致招标时的工程量清单跟实际施工的工程量相差甚远。若施工合同采用固定单价计价模式，按照实际完成工程量进行工程结算，将会给投标人通过实施不平衡报价获取额外收益带来机会。因此，招标人要认真审查图纸的设计深度和质量，尽量避免出现"边设计,边招标"的情况,尽可能使用施工图招标,从源头上减少工程变更的出现。

(2)提高工程量清单编制质量,以免给不平衡报价留有余地。招标人要重视工程量清单的编制质量,消除把工程量清单作为参考,最终按实际工程量进行结算的依赖思想,而把工程量清单作为投标报价和竣工结算的重要依据。工程量的准确性是工程项目造价控制的核心、是限制不平衡报价的关键。不平衡报价一般是抓住工程量清单中漏项、计算失误等错误,因此,要安排有经验的专业人员负责该工作。工程量清单的编制要严格执行有关标准和规范,要尽可能用全、详尽,具有可预见性,工程数量要准确,避免错项和漏项,从而防止投标单位利用清单中工程量的可能变化进行不平衡报价。

(3)限制严重的不平衡报价。如果投标人采取过于明显的不平衡报价,招标人可以限制其中标,主要方法是在招标文件中写明对各种不平衡报价的惩罚措施,如某项不平衡报价幅度大于某临界值时,招标人有权要求投标人必须调整投标报价中的不平衡报价。通常,判断不平衡报价是否过于明显的方法是编制合理的工程招标控制价。招标控制价是招标人对所招标工程造价的控制线,除了包括总价控制价之外,还包括清单各个子目的单价控制价,以此为各子目的控制线,超过此价格的投标报价将被视为废标。这样,可以很好地起到防范投标人采取过于明显的不平衡报价策略的作用。

(4)改善评标委员会的专家结构。在评标专家组成员中,要尽可能多地安排工程造价管理人员参与,适当提高造价专家在商务标评标小组中的比例。完善清标、评标、询标、定标制度,对商务标中含糊不清的事项,要求投标人予以书面澄清或承诺,尽量不留隐患。同时,确保商务标的评审时间,决不能走过场,使评审流于形式。在评标时,要对投标单位报价中的不平衡报价项目逐一分析,汇总整理,形成书面材料,对涉及数额较大的不平衡报价,可予以废除。

4.3 公路工程施工定标与签订合同

定标是指招标人最终确定中标单位,并签订合同的过程,是招标人决定中标人的过程。在这一阶段,招标单位要进行的工作有:决定中标人;通知中标人其投标已经被接受;向中标人发放中标通知书;通知所有未中标的投标人,并向他们退还投标保函等。

4.3.1 定标

4.3.1.1 确定中标人的时间

招标人一般应当在评标委员会提出书面评标报告后的 15 日内,在评标结果已经公示、没有质疑、投诉或质疑、投诉均已处理完毕时确定中标人,最迟也应当在投标有效期结束日 30 日前确定。

码 4-8 工程项目定标

4.3.1.2 确定中标人的方法

评估完成后,评标委员会应向招标人提交书面评标报告和中标候选人名单。中标候选人应当不超过 3 个,并标明排序。招标人应当接受评标委员会推荐的中标候选人,不得在评标委员会推荐的中标候选人之外确定中标人。

按照《中华人民共和国招标投标法实施条例》(2019 年修订)的规定,国有资金占控股或者主导地位的依法必须进行招标的项目,招标人应当根据评标委员会推荐的中标候选人,确定排名第一的中标候选人为中标人。排名第一的中标候选人放弃中标、因不可抗力不能履行合同、不按照招标文件要求提交履约保证金,或者被查实存在影响中标结果的违法行为等情形,不符合中标条件的,招标人可以按照评标委员会提出的中标候选人名单排序依次确定其他中标候选人为中标人。依次确定其他中标候选人与招标人预期差距较大,或者对招标人明显不利的,招标人可以重新招标。

由于招标人、招标代理人或投标人的违法行为,导致中标无效的,招标人应当依法重新招标。

4.3.2 发出中标通知书

中标人确定后,招标人应当在投标有效期内向中标人发出中标通知书,同时将中标结果通知所有未中标的投标人。

4.3.2.1 中标通知书

1)中标通知书的内容与格式

中标通知书是指招标人在确定中标人后向中标人发出的书面文件。中标通知书的内容应当简明扼要,应明确中标人的中标项目(标段)、中标价格以及工期、质量标准、项目经理、和项目总工等内容,并载明签订合同的时间、地点以及提交履约担保的要求。需要对合同细节进行谈判的,中标通知书上需要载明合同谈判的有关安排。

中标通知书应按招标文件规定的格式编制,《公路工程标准施工招标文件》(2018年版)规定的中标通知书格式,如图4-3所示。

```
                              中标通知书

    _____(中标人名称):
        你方于_____(投标日期)所递交的_____(项目名称)_____标段施工投标文件已被我方接受,被确
    定为中标人。
        中标价:_____元。
        工期:_____日历天。
        工程质量:符合_____标准。
        工程安全目标:_____。
        项目经理:_____(姓名)。
        项目总工:_____(姓名)。
        请你方在接到本通知书后的____日内到_____(指定地点)与我方签订施工承包合同,在此之前按招标文
    件第二章"投标人须知"第7.7款规定向我方提交履约保证金。
        特此通知。

                                                        招标人:_____(盖单位章)
                                                        招标代理:_____(盖单位章)
                                                        _____年____月____日
```

图4-3 中标通知书

2)中标通知书的法律效力

向中标人发中标通知书,在法律上属于承诺。中标通知书为合同的组成部分,自发出之日起,双方的合同法律关系即已形成,对招标人和中标人均具有法律效力。中标通知书发出后,招标人改变中标结果的,或者中标人放弃中标的,应当依法承担相应的法律责任。

当中标通知书的发出条件不成熟,而业主又希望向投标人表达中标意向时,可向投标人签发承包合同意向书,但承包合同意向书的签发不是承诺,对业主无法律约束力。

中标候选人的经营、财务状况发生较大变化或者存在违法行为,招标人认为可能影响其履约能力的,应当在发出中标通知书前由原评标委员会按照招标文件规定的标准和方法审查确认。

4.3.2.2 中标结果通知书

招标人应将中标结果以中标结果通知书的书面方式通知所有未中标的投标人。中标结果通知书的格式见《公路工程标准施工招标文件》(2018年版)中附表格式。

【知识拓展】

1. 中标人的义务

中标人应当按照合同约定履行义务,完成中标项目。中标人不得向他人转让中标项目,也不得将中标项目肢解后分别向他人转让。

中标人按照合同约定或者经招标人同意,可以将中标项目的部分非主体、非关键性工作分包给他人完成。接受分包的单位应当具备相应的资格条件,并不得再次分包。

中标人应当就分包项目向招标人负责,接受分包的单位就分包项目承担连带责任。

2. 投诉与处理

投标人或者其他利害关系人认为招标投标活动不符合法律、行政法规规定的,可以自知道或者应当知道之日起10日内向有关行政监督部门投诉。投诉应当有明确的请求和必要的证明材料。

投诉人就同一事项向两个以上有权受理的行政监督部门投诉的,由最先收到投诉的行政监督部门负责处理。

行政监督部门应当自收到投诉之日起3个工作日内决定是否受理投诉,并自受理投诉之日起30个工作日内作出书面处理决定;需要检验、检测、鉴定、专家评审的,所需时间不计算在内。

4.3.3 签订合同

工程施工承包合同是指招标人与中标人为完成工程项目的建设任务而达成的明确双方的权利和义务关系的具有法律效力的文件,是工程建设项目施工的依据。

在整个招投标过程中,招标是要约邀请,投标是要约,中标通知书是承诺,通过招标、投标和定标,最后招标人和中标人签订合同。通过书面合同的签订最终确定合同价格,当事人双方就合同的权利、义务及合同主要条款达成一致。

4.3.3.1 合同协议书的签订

1) 签订合同的基本要求

招标人和中标人应当自中标通知书发出之日起30天内,根据招标文件和中标人的投标文件订立书面合同。中标人无正当理由拒签合同的,招标人取消其中标资格,其投标保证金不予退还,给招标人造成的损失超过投标保证金数额的,中标人还应当对超过部分予以赔偿,对依法必须进行招标的项目的中标人,由有关行政监督部门责令改正,可以处中标项目金额10‰以下的罚款;招标人无正当理由拒签合同的,招标人向中标人退还投标保证金,给中标人造成损失的,还应当赔偿损失。

招标人不得向中标人提出压低报价、增加工作量、缩短工期或其他违背中标人意愿的要求,以此作为发出中标通知书和签订合同的条件。

2）合同文件的组成

合同协议书格式见《公路工程标准施工招标文件》(2018年版)中的附件。

根据合同协议书，构成合同文件的组成内容为：

(1) 合同协议书及各种合同附件(含评标期间和合同谈判过程中的澄清文件和补充资料)。

(2) 中标通知书。

(3) 投标函及投标函附录。

(4) 项目专用合同条款。

(5) 公路工程专用合同条款。

(6) 通用合同条款。

(7) 技术规范。

(8) 图纸。

(9) 已标价工程量清单。

(10) 承包人有关人员、设备投入的承诺及投标文件中的施工组织设计。

(11) 其他合同文件。

上述文件互相补充和解释，如有不明确或不一致之处，以合同约定次序在先者为准。

3）合同谈判

在合同签订前，合同双方通常需进行合同谈判，谈判的主要内容有：承包人应承担的工作范围和内容、合同价格、工期、验收方法，以及违约责任等。在保证招标要求和中标结果的基础上，合同双方应对有关合同细节内容进行认真仔细的商讨，对非实质性差异内容通过协商取得一致意见，对招投标过程中达成的协议进行具体化或做某些增补与删改，最终订立一份对双方都具有法律约束力的合同文件。

4）合同协议书的签订

《公路工程标准施工招标文件》(2018年版)中附件一合同协议书格式，如图4-4所示。

合 同 协 议 书

_____(发包人名称，以下简称"发包人")为实施_____(项目名称)，已接受_____(承包人名称，以下简称"承包人")对该项目_____标段施工的投标。发包人和承包人共同达成如下协议：

1. 第_____标段由 K_____ + _____ 至 K_____ + _____ ，长约_____km，公路等级为_____，设计速度为_____，_____路面，有_____立交_____处；特大桥_____座，计长_____m；大中桥_____座，计长_____m；隧道_____座，计长_____m；以及其他构造物工程等。

2. 下列文件应视为构成合同文件的组成部分：

(1) 本协议书及各种合同附件(含评标期间和合同谈判过程中的澄清文件和补充资料)；

(2) 中标通知书；

(3) 投标函及投标函附录；

(4) 项目专用合同条款；

(5) 公路工程专用合同条款；

(6) 通用合同条款；

(7) 工程量清单计量规则；

(8) 技术规范；

图 4-4

> (9)图纸;
> (10)已标价工程量清单;
> (11)承包人有关人员、设备投入的承诺及投标文件中的施工组织设计;
> (12)其他合同文件。
> 上述合同文件互相补充和解释。如果合同文件之间存在矛盾或不一致之处,以上述文件的排列顺序在先者为准。
> 3.根据工程量清单所列的预计数量和单价或总额价计算的签约合同价:人民币(大写)_____元(￥_____)。
> 4.承包人项目经理:_____。承包人项目总工:_____。
> 5.工程质量符合_____标准。工程安全目标:_____。
> 6.承包人承诺按合同约定承担工程的实施、完成及缺陷修复。
> 7.发包人承诺按合同约定的条件、时间和方式向承包人支付合同价款。
> 8.承包人应按照监理人指示开工,工期为_____日历天。
> 9.本协议书在承包人提供履约保证金后,由双方法定代表人或其委托代理人签署并加盖单位章后生效。全部工程完工后经交工验收合格、缺陷责任期满签发缺陷责任终止证书后失效。
> 10.本协议书正本二份、副本_____份,合同双方各执正本一份、副本_____份,当正本与副本的内容不一致时,以正本为准。
> 11.合同未尽事宜,双方另行签订补充协议。补充协议是合同的组成部分。
>
> 发包人:　　　　　(盖单位章)　　承包人:　　　　　(盖单位章)
> 法定代表人或其委托代理人:　(签字)　法定代表人或其委托代理人:　(签字)
> 　　　　　　　　　　　　　　年　月　日　　　　　　　　　　　　　　年　月　日

图 4-4　合同协议书

合同协议书经双方法定代表人或其授权的代理人签署并加盖单位章后生效。若为联合体投标,则联合体各成员的法定代表人或其授权的代理人都应在合同协议书上签署并加盖单位章。发包人和中标人在签订合同协议书的同时,还需按照招标文件规定的格式和要求签订廉政合同及安全生产合同,以明确双方在廉政建设安全生产方面的权利和义务以及应承担的违约责任。

协议书通常正本一式两份,双方各执一份。副本若干份,双方分别留存。当正本与副本的内容不一致时,以正本为准。

对于合同未尽事宜,双方需另行签订补充协议,补充协议是合同的组成部分。按照有关法规规定,招标人和中标人不得再行订立背离合同实质性内容的其他协议。

按有关法规规定,中标人均未与招标人签订合同的,招标人应当依法重新招标。

4.3.3.2　投标保证金

合同签订后,招标人最迟应当在5日内向中标人和未中标的投标人退还投标保证金及银行同期存款利息。由于中标人自身原因放弃中标,招标文件约定放弃中标不予返还投标保证金的,中标人无权要求返还投标保证金。

4.3.3.3　履约担保

1)一般要求

履约担保是指招标人要求中标人提交的保证履行合同义务的担保。按有关法规规定,履约保证金不得超过中标合同价的10%,招标人不得擅自提高履约保证金,不得强制要求中标人垫付中标项目建设资金。

根据《公路工程标准施工招标文件》(2018年版)的规定,在签订合同协议书之前,中标人应按招标文件规定的金额和担保形式,向招标人提交履约担保。联合体中标的,其履约担保由牵头人递交。如果中标人未能按招标文件的规定提交履约担保,视为放弃中标,则招标人可宣布其中标无效,并没收其投标保证金,给招标人造成的损失超过投标保证金数额的,中标人还应当对超过部分予以赔偿。在此情况下,可将合同授予下一个中标候选人。

2)履约担保的形式

履约担保可以采用银行保函、担保公司的担保书和现金(支票、电汇或银行汇票)的形式,也可采用承包商的同业担保,即由实力强、信誉好的承包商为其他承包商提供履约担保。最常用的形式是银行保函,也可采用银行保函加现金的形式,其中,履约担保的现金比例一般不超过签约合同价的5%。如果工程规模较小,中标人可以以现金作为履约担保。

银行保函是由担保银行应中标人的要求向业主出具的担保书,是一种在特定条件下可支付的银行承诺文件。如果中标人在施工中违约给业主造成经济损失,按业主的要求,银行须在担保金额内向业主赔偿。开具银行保函所需的费用由中标人承担,中标人应保证银行保函有效。

银行保函的内容必须完整、严谨、公正和明确,一般应包括以下一些内容:受益人(指业主)、担保人(指银行)、被担保人(指承包人)、担保金额、有效期限以及担保责任等。

履约担保格式见《公路工程标准施工招标文件》(2018年版)中的附件七。

应用案例 4-5

【案例概况】

某省中央财政投资的大型基础设施建设项目,总投资超过10亿,该项目法人委托一家符合资质条件的工程招标代理公司全程办理进行招标代理。

码4-9 电子招标投标示例

事件一:在评标过程中,发现投标人D的投标函中没有投标人授权代表签字,而招标文件规定投标函须加盖投标人印章,并由其法定代表人或授权代表签字;投标人H的单价与总价不一致,单价与工程量乘积大于投标文件的总价,招标文件中没有约定此类情况为重大偏差。

事件二:在评标过程中,评标委员会发现其中G投标人的投标报价低于原标底的30%。询标时,G投标人发来书面更改函,承认原报价存在遗漏,将报价整体上调至接近于标底的99%。

事件三:在评标过程中,投标人A发来书面更改函,对施工组织设计中存在的笔误进行了勘误,同时对其投标文件中,超过招标文件计划工期的投标工期限调整为在招标文件约定计划工期基础上提前十日竣工。

事件四:经评审,各投标人综合得分的排序依次是H、E、G、A、F、C、B、D。评标委员会李某对此结果有异议,拒绝在评标报告上签字,但又不提出书面意见。

事件五:确定中标人H后,中标人H认为工程施工合同过分袒护招标人,需要对招标文件中的合同条件进行调整,特别是当事人双方的权利与义务;招标人同时提出,在中标价的基础上降低10%的要求,否则招标人不签订施工合同。

问题:

1.事件一至五如何处理?并简要陈述理由。

2.评标委员会应推荐哪三个投标人为中标候选人?

【案例评析】

1.事件一至事件五处理及理由如下。

事件一:投标人D的投标文件中没有投标人授权代表签字,此类情况属于投标人对招标文件规定要求发生了重大偏差,属于废标情况。投标人H的投标总价与其报价文件中总价不一致,招标文件约定此类情形属于细微偏差,故应以投标函中的投标报价为其中标价,但在评标过程中,应对报价文件中的偏差,按照大写金额与小写金额不一致时,以大写金额为准;总价与单价金额不一致时,以单价金额为准修改总价的原则确定投标人 H 的评标价,进行评标。

事件二:该投标人的投标报价明显低于合理报价或标底,使得其投标报价可能低于个别成本,评标人在询标时应要求该单位作出书面说明并提供相关证明材料。投标人如果不能合理说明或不能提供相关证明材料,由评标委员会认定该投标人的投标报价低于成本报价竞标,其投标应作废标处理。但C单位在应标时,不但没有提供相应的证明材料和合理说明,反而对其报价做了修改,这种做法是不可以的。根据评标规定,投标人可以对投标文件中含义不明确,对同类问题表述不一致或者文字和计算错误的内容做必要的澄清、说明或补正,但不能超出投标文件的范围或者改变投标文件的实质性内容。C单位的做法实际上是二次报价,明显地改变了原投标文件的实质内容,该行为无效,C单位投标文件为废标。

事件三:在评标过程中,投标人 A 发来书面更改函,对施工组织设计中存在的笔误进行了勘误,同时对超过招标规定的施工期限调整至低于规定的期限。询标时,投标人 A 对施工设计中存在的笔误进行勘误是可行的,但提出投标工期的修改,属于对实质性的内容进行修改,该行为无效。由于该投标人投标文件载明的招标项目完成期限超过了招标文件规定的期限,属于重大偏差,投标人 A 投标文件为废标。

事件四:评标报告应由评标委员会全体成员签字,对评标结果持有异议的评标委员会成员可以书面方式阐述其不同意见和理由,评标委员会成员拒绝在评标报告上签字且不陈述其不同意见或理由的,视为同意评标结论。评标委员会应当对此作出书面说明并记录在案。

事件五:中标人在接到中标通知书后,应在规定的时间内按照招标文件和其投标文件与招标人签订施工承包合同,在这一过程中,招标人和中标人只能就招标投标过程中的一些细微偏差进行谈判,对招标文件中合同条款进行细化,但不得实质性修改。中标人认为合同条件过分袒护招标人,提出需要修改招标文件主要合同条款违反法律规定。如果中标人 H 坚持修改合同主要条款,否则不与招标人签订合同,招标人可以视其行为为放弃中标合同,没受其投标保证金,并申请解除与 H 的合同关系,并重新确定中标人。

在合同谈判过程中,招标人提出在中标价的基础上再次降价10%的做法是不正确的,违反了法律规定。如果招标人坚持降低中标价10%的话,中标人可以拒绝签订合同,并要求招标人承担由此造成的损失及其他违约责任,退还投标保证金。

2. 评标委员会应推荐 H、E、G 分别为第一中标、第二中标、第三中标候选人。评标委员会根据招标文件中的评标办法,经过对投标申请文件进行全面、认真、系统的评审、比较后,确定能够最大限度满足招标文件的实质性要求,确定不超过3名的有排序的合格中标候选人,供招标人最终确定中标人。

应用案例 4-6
【案例概况】

某工程施工招标项目,其招标文件规定:①投标保证金金额为10万元人民币。招标人接受的投标保证金形式为:现金、银行汇票或银行保函。②投标函须加盖投标人印章,同时由法定代表人或其授权代表签字。③投标文件分为投标函、商务文件、技术文件三部分,均须单独密封,否则招标人不予接收。

投标人共有6家,分别为 A、B、C、D、E 和 F。投标文件的递交情况如下:

投标人 A 提前 1 天递交投标文件,其投标函、商务和技术文件被密封在同一个文件箱内,投标保证金为 10 万元人民币的银行保函。

投标人 B 在投标截止时间前递交投标文件,其投标函、商务文件、技术文件单独密封,但其投标保证金 10 万元人民币现金在投标截止时间后 10 分钟送达招标人。

投标人 C 在开标当天投标截止时间前按时递交投标文件。投标函、商务和技术文件单独密封,其投标保证金为 5 万元人民币的银行汇票。

投标人 D 的投标文件于投标截止时间前 1 天寄达招标人,但其参加开标会议的代表迟到 10 分钟抵达开标现场。

投标人 E、F 的投标文件均提前递交,并符合招标文件要求。

招标人接收了投标人 A、B、E 和 F 递交的 4 份投标文件。因投标人 C 的投标保证金金额不足、投标人 D 的投标人代表迟到,招标人拒绝接收其投标文件。

唱标过程中,投标人 A 的投标函上没有其法定代表人或其授权代理人签字,招标人唱标后,当场宣布 A 的投标为废标;投标人 B 的投标函上有两个大写投标报价,招标人要求其确认了其中一个报价后进行唱标;投标人 E 的投标报价,大写为壹佰捌拾捌万元人民币整,小写为 180 万元人民币,招标人按照有利于招标人的原则按 180 万元人民币唱标。

唱标结束后,招标人要求每个投标人在开标会记录上签字。投标人 F 认为招标人组织的开标存在问题,拒绝在开标会记录上签字,招标人当场宣布其投标为废标。这样仅剩 A、F 两个有效投标人,评标委员会经评审后认为有效投标少于 3 家,明显缺乏竞争性,于是否决了所有投标。

问题:

1. 对于投标人 A~F 的投标文件及保证金,招标人应接收哪些?拒收哪些?认为应拒收的,简要说明理由。

2. 招标人在唱标过程中,对投标人 A、B、E 的投标文件的处理存在哪些不妥之处?简要说明理由,并给出正确做法。

3. 招标人当场宣布投标人 F 的投标为废标是否正确?简要说明理由。

4. 在本项目中,评标委员会是否有权否决所有投标?招标人下一步应采取什么措施?

【案例评析】

1. 对投标人 A~F 的投标文件及保证金,招标人应接收 D、E、F,拒收 A、B、C。

拒收 A 的理由:投标函、商务和技术文件被密封在同一个文件箱内,不符合招标文件的规定。

拒收 B 的理由:投标保证金在投标截止时间后 10 分钟送达招标人,不符合《招标投标法》的规定。

拒收 C 的理由:投标保证金数额不符合招标文件的规定。

2. 招标人在唱标过程中对投标人 A 的投标文件的处理存在的不妥之处:当场宣布 A 的投标为废标。理由:招标人不应在开标现场对投标文件是否有效作出判断和决定。正确做法:递交评标委员会评定。

招标人在唱标过程中对投标人 B 的投标文件的处理存在的不妥之处:招标人要求其确认了其中一个报价后进行唱标。理由:应该在投标文件中申明最终报价。正确做法:按废标处理。

招标人在唱标过程中对投标人 E 的投标文件的处理存在的不妥之处:招标人按照有利于

招标人的原则按 180 万元人民币唱标。理由：应以大写金额为准。正确做法：按壹佰捌拾捌万元人民币唱标。

3. 招标人当场宣布投标人 F 的投标为废标不正确。理由：除了可以拒绝迟到的投标文件以外，开标时不允许宣布任何一份按时递交的投标文件为废标。

4. 在本项目中，评标委员会有权否决所有投标。招标人下一步应采取措施是重新招标。

本模块小结

本单元学习了公路工程开标、评标、定标的工作内容，主要学习了评标过程的初步评审和详细评审，重点是合理低价法、技术评分最低标价法、综合评分法和经评审的最低投标价法，并进行了典型工程案例分析。

1. 开标：招标人应按招标文件中规定的投标截止时间和地点，对所有已接收的投标文件进行公开开标。开标应邀请所有投标人的法定代表人或其委托代理人准时参加，并通知有关监督机构代表到场监督。开标一般由招标人或招标代理机构主持。

2. 评标：评标委员会由招标人代表和评标专家组成，成员为 5 人以上单数，其中技术、经济专家不得少于成员总数的 2/3。评标分为初步评审和详细评审两个阶段，在评审过程中，还可能要求投标人对其投标文件进行澄清和补正。

评标时，可以采用合理低价法、技术评分最低标价法、综合评分法和经评审的最低投标价法。

3. 定标：招标人应当接受评标委员会推荐的中标候选人，不得在评标委员会推荐的中标候选人之外确定中标人。招标人也可以授权评标委员会直接确定中标人。

中标人确定后，招标人应当在投标有效期内向中标人发出中标通知书，同时将中标结果通知所有未中标的投标人。

招标人和中标人应当自中标通知书发出之日起 30 天内，根据招标文件和中标人的投标文件订立书面合同。

模块训练

一、单选题

1. 开标应当在招标文件确定的提交投标文件截止时间的（　　）进行。
   A. 当天公开　　　B. 当天不公开　　　C. 同一时间公开　　　D. 同一时间不公开

2. 招标人可以（　　）评标委员会直接确定中标人。
   A. 批准　　　B. 委托　　　C. 授权　　　D. 指定

3. 评标委员会成员为（　　）人以上单数，其中技术、经济等方面的专家不得少于成员总数的（　　）。
   A. 5, 2/3　　　B. 7, 4/5　　　C. 5, 1/3　　　D. 3, 2/3

4. 没有按照招标文件要求提供投标担保或者所提供的投标担保有瑕疵，属（　　）。
   A. 重大偏差　　　B. 严重偏差　　　C. 细微偏差　　　D. 细小偏差

5. 评标工作一般按下列程序进行。（　　）
   A. 详细评审—评标报告　　　　　B. 初步评审—详细评审
   C. 工作准备—评审　　　　　　　D. 工作准备—评标报告
6. 中标人应当就分包项目向招标人负责，接受分包的人就分包项目承担（　　）。
   A. 法律责任　　　B. 民事责任　　　C. 单位责任　　　D. 连带责任
7. 资格后审，是指在（　　）后对投标人进行的资格审查。
   A. 投标　　　　　B. 开标　　　　　C. 中标　　　　　D. 评标
8. 招标人应当采取必要的措施，保证评标在（　　）的情况下进行。
   A. 公正　　　　　B. 公开　　　　　C. 公平　　　　　D. 严格保密
9. 评标委员会在对实质上响应招标文件要求的投标进行报价评估时，除招标文件另有约定外，应当按下述原则进行修正：用数字表示的金额与用文字表示的金额不一致时，以（　　）为准。
   A. 数字金额　　　　　　　　　　B. 文字金额
   C. 数字金额与文字金额中小的　　D. 数字金额与文字金额中大的
10. 采用经评审的最低投标价法的，应当在投标文件能够满足招标文件实质性要求的投标人中，评审出投标价格最低的投标人，但投标价格低于（　　）的除外。
    A. 标底合理幅度　B. 社会平均成本　C. 企业成本　　　D. 同行约定成本
11. 中标通知书由（　　）发出。
    A. 招标代理机构　B. 招标人　　　　C. 招标投标管理处　D. 评标委员会
12. 招标人和中标人应当自中标通知书发出之日起（　　）内，根据招标文件和中标人的投标文件订立书面合同。
    A. 10 日　　　　B. 15 日　　　　C. 30 日　　　　D. 3 个月
13. 投标单位在投标报价中，对工程量清单中的每一单项均需计算填写单价和合价，在开标后，发现投标单位没有填写单价和合价的项目，则（　　）。
    A. 允许投标单位补充填写
    B. 视为废标
    C. 退回投标书
    D. 认为此项费用已包括在工程量清单的其他单价和合价中
14. 根据《招标投标法》，一个完整的招标投标程序必须包括的基本环节是（　　）。
    A. 发布招标公告、编制招标文件、开标、评标、定标和签订合同
    B. 招标、投标、开标、评标、中标和签订合同
    C. 发布招标公告、编制招标文件、澄清和答疑、投标、开标、评标和中标
    D. 招标、投标、开标、评标、澄清和说明、签订合同
15. 根据《招标投标法实施条例》，关于工程建设项目招标标底的设置和作用，下列说法正确的是（　　）。
    A. 标底只能作为评标的参考
    B. 标底应当在招标文件中明确规定并事先公布
    C. 应当把投标报价是否接近标底作为中标条件
    D. 评标基准价的设置应当以标底上下浮动一定幅度为依据

二、多选题
  1.《招标投标法实施条例》规定发生下列情形之一的，评标委员会应当否决其投标

(　　)。

 A. 投标文件未经投标单位盖章和单位负责人签字

 B. 投标联合体没有提交共同投标协议

 C. 投标报价低于成本或者高于招标文件设定的最高投标限价

 D. 投标文件没有对招标文件的实质性要求和条件作出响应

 E. 投标人不符合国家或者招标文件规定的资格条件

2. 采用公开招标方式,(　　)等都应当公开。

 A. 评标的程序　　B. 评标人的名单　　C. 开标的程序

 D. 评标的标准　　E. 中标的结果

3. 《评标委员会和评标方法暂行规定》中规定的投标文件重大偏差包括(　　)。

 A. 没有按照招标文件要求提供投标担保

 B. 投标文件没有投标人授权代表签字和加盖公章

 C. 投标文件载明的招标项目完成期限超过招标文件规定的期限

 D. 提供了不完整的技术信息和数据

 E. 投标文件附有招标人不能接受的条件

4. 关于细微偏差的说法,正确的选项包括(　　)。

 A. 在实质上响应了招标文件要求,但在个别地方存在漏项

 B. 在实质上响应了招标文件要求,但提供了不完整的技术信息和数据

 C. 补正遗漏会对其他投标人造成不公平的结果

 D. 细微偏差不影响投标文件的有效性

 E. 细微偏差将导致投标文件成为废标

5. 下列有关招标投标签订合同的说明,正确的是(　　)。

 A. 应当在中标通知书发出之日起 30 天内签订合同

 B. 招标人和中标人不得再订立背离合同实质性内容的其他协议

 C. 招标人和中标人可以通过合同谈判对原招标文件、投标文件的实质性内容做出修改

 D. 如果招标文件要求中标人提交履约担保,招标人应向中标人提供同等数额的工程款支付担保

 E. 中标人不与招标人订立合同的,应取消其中标资格,但投标保证金应予退还

6. 我国招标投标法规定,开标时由(　　)检查投标文件密封情况,确认无误后当众拆封。

 A. 招标人　　　　　　　　　　B. 投标人或投标人推选的代表

 C. 评标委员会　　　　　　　　D. 地方政府相关行政主管部门

 E. 公证机构

7. 下列情况中,不得担任评标委员会成员的是(　　)。

 A. 投标人或者投标主要负责人的近亲属

 B. 项目主管部门或者行政监督部门的人员

 C. 与投标人有经济利益关系,可能影响对投标公正评审的

 D. 没有拥有注册造价师证的

 E. 曾因在招标、评标及其他与招标投标有关活动中从事违法行为而受过行政或刑事处罚的

8. 评标的程序是(　　)。

 A. 评标准备工作　　B. 初步评审　　　　C. 详细评审

D. 评标后续工作　　E. 评标结果
9. 下列关于确定中标人的说法中,正确的有(　　)。
　A. 确定中标人的权利属于招标人
　B. 确定中标人的依据是评标委员会提出的书面评标报告和推荐的中标候选人
　C. 依法必须进行招标的项目,招标人应当确定排名第一的中标候选人为中标人
　D. 定标应在投标有效期结束前30日完成
　E. 中标人确定后,招标人应当向中标人发出中标通知书,并与中标人在中标通知书发出之日起30日内订立书面合同
10. 评标委员会负责人可以由(　　)。
　　A. 政府指定　　　　　　　　　B. 评标委员会成员推举产生
　　C. 投标人推举产生　　　　　　D. 招标人确定
　　E. 中介机构推荐

三、简答题

1. 简述开标的程序。
2. 简述评标委员会的组成要求及评标的程序。
3. 简述合理低价法、综合评估法和经评审的最低投标价法的特征和适用范围。
4. 评标报告有哪些内容?
5. 投标文件的重大偏差和细微偏差分别有哪些情况?

四、案例分析题

1. 案例背景:某公路大桥为某高速公路跨越长江的一座特大型公路桥梁,其引桥和接线一期土建招标划分了多个标段,而且招标人首先对投标人进行了资格预审。资格预审评审后,各标段通过投标人个数均为8家左右且均为具有良好履约信誉和施工管理综合能力的大型国有施工企业。

受招标人委托,某招标代理单位编制了本项目招标文件,根据国家相关法规规定在招标文件中约定"本项目评标采用合理低价法。招标人将于开标前7日以书面形式通知各投标人本项目的招标人最高限价",但在开标前7日,招标人出于某些考虑和对通过资格预审各投标人在投标市场会遵守公平竞争规则的信任,发出书面通知,告知投标人取消本项目的投标最高限价。

开标后,各标段投标人的投标报价均远远超出批准的概算;而且经过评审,从投标人报价文件可以明确看出存在投标人串通投标、哄抬标价的行为。为此,评标委员会否决了所有投标。

问题:
（1）指出本案做法不妥当之处,并说明其理由。
（2）评标委员会否决所有投标的理由是否充分? 为什么? 招标人应怎样处理后续事项?

2. 案例背景:某省国道主干线高速公路土建施工项目实行公开招标,根据项目的特点和要求,招标人提出了招标方案和工作计划。采用资格预审方式组织项目土建施工招标,招标过程中出现了下列事件。

事件1:7月1日(星期一)发布资格预审公告。公告载明资格预审文件自7月2日起发售,资格预审申请文件于7月22日16:00之前递交至招标人处。某投标人因从外地赶来,7月8日(星期一)上午上班时间前来购买资审文件,被告知已经停售。

事件2:资格审查过程中,资格审查委员会发现某省路桥总公司提供的业绩证明材料部分是其下属第一工程有限公司业绩证明材料,而且其下属的第一工程有限公司具有独立法人资格和相关资质。考虑到属于一个大单位,资格审查委员会认可了其下属公司业绩为其业绩。

事件3:投标邀请书向所有通过资格预审的申请单位发出,投标人在规定的时间内购买了招标文件。按照招标文件要求,投标人须在投标截止时间5日前递交投标保证金,因为项目较大,要求每个标段100万元投标担保金。

事件4:评标委员会人数为5人,其中3人为工程技术专家,其余2人为招标人代表。

事件5:评标委员会在评标过程中。发现B单位投标报价远低于其他报价。评标委员会认定B单位报价过低,按照废标处理。

事件6:招标人根据评标委员会书面报告,确定各个标段排名第一的中标候选人为中标人,并按照要求发出中标通知书后,向有关部门提交招标投标情况的书面报告,同中标人签订合同并退还投标保证金。

事件7:招标人在签订合同前,认为中标人C的价格略高于自己期望的合同价格,因而又与投标人C就合同价格进行了多次谈判。考虑到招标人的要求,中标人C觉得小幅度降价可以满足自己利润的要求,同意降低合同价,并最终签订了书面合同。

问题:
(1)招标人自行办理招标事宜需要什么条件?
(2)所有事件中有哪些不妥当,请逐一说明。
(3)事件6中,请详细说明招标人在发出中标通知书后应于何时做其后的这些工作?

技 能 实 训

【实训目标】
结合本书模块2和模块3的学习内容,模拟完整的开标会、评标和定标工作过程,培养学生招投标技能、组织协调能力、团队合作能力、语言表达能力和书面写作能力。

【实训要求】
1. 给学生提供一套完整的招标文件和投标文件。
2. 将学生分成若干开标、评标小组,分为招标人、投标人、评标专家3大类。明确各自工作任务,团队完成实训任务。
3. 按照公开招标程序要求,进行开标、评标和定标工作过程模拟。
4. 填写开标、评标和定标工作的专用表格。

说明:评标工作可以根据教学具体情况组织。如果已经完成单元2和单元3编写招标投标文件的实训任务,而且学生相关专业知识(施工技术、施工组织等、工程概预算课程)学习结束,掌握程度较好,教师可以根据招标文件规定采取的定量评标办法进行评标;也可仅对招标、投标文件的完成时间、格式规范性、内容合理完整性等方面设置评定标准进行评分。填写开标、评标和定标工作的专用表格时可以根据教学具体情况填写。

模块4在线测试

模块 5 合同法律基础

 知识目标

通过本模块的学习,了解合同法的概念及基本原则,掌握合同签订的原则与程序,掌握合同的履行以及违约责任,熟悉合同担保制度、合同的变更与转让,熟悉合同纠纷的处理。

 能力目标

1. 能够参与订立合同;
2. 能够判定合同的效力;
3. 能够操作合同的变更与转让;
4. 能够根据《民法典》处理合同纠纷;

 引例

承包人和发包人签订了物流货物堆放场地平整工程合同,规定工程按我市工程造价管理部门颁布的《综合价格》进行结算。在履行合同过程中,因发包人未解决好征地问题,使承包人 7 台推土机无法进入场地,窝工 200 天,致使承包人没有按期交工。经发包人和承包人口头交涉,在征得承包人同意的基础上按承包人实际完成的工程量变更合同,并商定按"冶金部广东省某厂估价标准机械化施工标准"结算。工程完工结算时,因为窝工问题和结算依据发生争议。承包人起诉,要求发包人承担全部窝工责任并坚持按第一次合同规定的计价依据和标准办理结算,而发包人在答辩中则要求承包人承担延期交工责任。法院经审理判决第一个合同有效,第二个口头交涉的合同无效,工程结算的依据应当依双方第一次签订的合同为准。

请思考本案如何确定工程结算计价的依据,即当事人所订立的两份合同哪个有效?

5.1 合同概述

5.1.1 合同的概念

合同是民事主体之间设立、变更、终止民事权利义务关系的协议。

《中华人民共和国合同法》(以下简称《合同法》),于 1999 年 10 月 1 日起施行。《民法典》于 2021 年 1 月 1 日起施行,《合同法》随之废止。《民法典》中合同编包括通则、典型合同、准合同三个分编。

码 5-1 合同、合同法的概念

5.1.2 合同法律关系及合同分类

5.1.2.1 合同法律关系的构成

法律关系是指法律规范在调整人们行为的过程中形成的权利义务关系。法律关系是以法律为前提而产生的社会关系,没有法律的规定,就不可能形成相应的法律关系。

在法律关系中,由于反映的物质社会关系的不同,从而会形成不同的法律关系,如民事法律关系、婚姻家庭法律关系、行政法律关系、刑事法律关系、经济法律关系等。合同法律关系是一种重要的法律关系。

合同法律关系是指由合同法律规范调整的当事人在民事流转过程中所产生的权利义务关系。合同法律关系包括合同法律关系主体、合同法律关系客体、合同法律关系内容三个要素。这三个要素缺一不可,任何一项内容发生变更,都可能引起合同法律关系的变更。

1) 合同法律关系主体

合同法律关系主体是参加合同法律关系,享有相应权利、承担相应义务的当事人。合同法律关系的主体可以是自然人、法人和其他组织。

(1) 自然人,是指基于出生而成为民事法律关系主体的有生命的人。自然人既包括公民,也包括外国人和无国籍人,他们都可以作为合同法律关系的主体。

(2) 法人,是具有民事权利能力和民事行为能力,依法独立享有民事权利和承担民事义务的组织。法人是与自然人相对应的概念,是法律赋予社会组织具有人格的一项制度。这一制度为确立社会组织的权利、义务,便于社会组织独立承担责任提供了基础。

法人应当具备以下条件:

①依法成立。法人不能自然产生,其产生必须经过法定的程序,必须经过政府主管机关的批准或者核准登记。

②有必要的财产或者经费。

③有自己的名称、组织机构和场所。

④能够独立承担民事责任。

法人可以分为企业法人和非企业法人两大类,非企业法人包括行政法人、事业法人和社团法人。企业法人依法经工商行政管理机关核准登记后取得法人资格。具有法人条件的事业单位、社会团体,依法不需要办理法人登记的,从成立之日起即具有法人资格;依法需要办理法人登记的,经核准登记,取得法人资格。

(3) 其他社会组织。法人以外的其他社会组织也可以成为合同法律关系主体,主要包括:法人的分支机构,不具备法人资格的联营体、合伙企业、个人独资企业等。这些组织应当是合法成立、有一定的组织机构和财产,但又不具备法人资格的组织。其他组织与法人相比,其复杂性在于民事责任的承担较为复杂。

2) 合同法律关系客体

合同法律关系客体,又叫合同的标的,是指合同法律关系的主体享有的权利和承担的义务所共同指向的对象。在通常情况下,合同主体都是为了某一客体,彼此才设立一定的权利义务,从而产生合同法律关系。这里的权利、义务所指向的事物,就是合同法律关系的客体。合同法律关系的客体主要包括物、行为和智力成果,见表5-1 所示。

合同法律关系客体 表 5-1

物	可为人们控制,并具有经济价值的生产资料和消费资料,可以分为动产和不动产、流通物与限制流通物、特定物与种类物等。如建筑材料、建筑设备、建筑物等
行为	人的有意识的活动。在合同法律关系中,行为多表现为完成一定的工作,如勘察设计、施工安装等
智力成果	通过人的脑力活动所创造出的精神成果,包括知识产权、技术秘密以及在特定情况下的公知技术,如工程设计、专利权等

3)合同法律关系的内容

合同法律关系的内容是指合同约定和法律规定的权利和义务。

合同法律关系的内容是合同主体的具体要求,决定了合同法律关系的性质,是连接主体的纽带。

(1)权利,指合同法律关系主体在法定范围内,按照合同的约定有权按照自己的意志做出某种行为,同时要求义务主体做出某种行为或不得做出某种行为,以实现自己的合法权益。当其权利受到侵害时,法律将予以保护。

(2)义务,指义务主体依据法律规定和权利主体的合法要求,必须做出某种行为或不得做出某种行为,以保证权利主体实现其合法权益,否则要承担法律责任。义务和权利是相互对应的,相应主体应自觉履行相对应的义务。否则,义务人应承担相应的法律责任。

5.1.2.2 合同的分类

1)合同的基本分类

《民法典》合同编规定了19种典型合同,包括:买卖合同、供用电水气热力合同、赠与合同、借款合同、保证合同、租赁合同、融资租赁合同、保理合同、承揽合同、建设工程合同、运输合同(客运合同、货运合同、多式联运合同)、技术合同(技术开发合同、技术转让合同和技术许可合同、技术咨询合同和技术服务合同)、保管合同、仓储合同、委托合同、物业服务合同、行纪合同、中介合同、合伙合同。

《民法典》合同编中的准合同是带有先决条件的合同。该先决条件是指决定合同要件成立的条件。如:许可证落实问题、外汇筹集、待律师审查或者待最终正式文本的打印、正式签字(相对草签而言)等。准合同可以在先决条件丧失时自动失败,而无需承担任何损失责任;而合同则必须执行,否则叫"违约"。

2)其他分类

(1)计划与非计划合同。计划合同是依据国家有关计划签订的合同;非计划合同则是当事人根据市场需求和自己的意愿订立的合同。

(2)双务合同与单务合同。双务合同是当事人双方相互享有权利和相互负有义务的合同。大多数合同都是双务合同,如建设工程合同。单务合同是指合同当事人双方并不相互享有权利、负有义务的合同。如赠予合同。

(3)诺成合同与实践合同。诺成合同是当事人意思表示一致即可成立的合同。实践合同则要求在当事人意思表示一致的基础上,还必须交付标的物或者其他给付义务的合同。在现代经济生活中,大部分合同都是诺成合同。这种合同分类的目的在于确立合同的生效时间。

(4)主合同与从合同。主合同是指不依赖其他合同而独立存在的合同。从合同是以主合同的存在为存在前提的合同。主合同的无效、终止将导致从合同的无效、终止,但从合同的无效、终止不能影响主合同。担保合同是典型的从合同。

(5)有偿合同与无偿合同。有偿合同是指合同当事人双方任何一方均须给予另一方相应权益方能取得自己利益的合同。而无偿合同的当事人一方无须给予相应权益即可从另一方取得利益。

（6）要式合同与不要式合同。如果法律要求必须具备一定形式和手续的合同，称为要式合同。反之，法律不要求具备一定形式和手续的合同，称为不要式合同。

5.1.2.3 《民法典》的基本原则

《民法典》确立了平等原则、自愿原则、公平原则、诚信原则、守法与公序良俗原则和绿色原则等六大基本原则，见表5-2。

《民法典》的基本原则　　　　　　　　　　　　　表5-2

序号	原　　则	内　　容
1	平等原则	民事主体在民事活动中的法律地位一律平等
2	自愿原则	民事主体从事民事活动，遵循自愿原则，按照自己的意思设立、变更、终止民事法律关系
3	公平原则	民事主体从事民事活动，应当遵循公平原则，合理确定各方的权利和义务
4	诚信原则	民事主体从事民事活动，应当遵循诚信原则，秉持诚实，恪守承诺
5	守法与公序良俗原则	民事主体从事民事活动，不得违反法律，不得违背公序良俗
6	绿色原则	民事主体从事民事活动，应当有利于节约资源、保护生态环境

5.2 合同的订立

码5-2　合同的订立

5.2.1 概述

合同的订立，是指两方以上当事人通过协商而于互相之间建立合同关系的行为。合同的订立是合同双方动态行为和静态协议的统一，它既包括缔约各方在达成协议之前接触和洽谈的整个动态的过程，也包括双方达成合意、确定合同的主要条款或者合同的条款之后所形成的协议。前者如要约邀请、要约、反要约等，包括先合同义务和缔约过失责任；后者如承诺、合同成立和合同条款等。

当事人依法可以委托代理人订立合同。所谓委托代理人订立合同是指当事人委托他人以自己的名义与第三人签订合同，并承担由此产生的法律后果的行为。

合同形式指协议内容借以表现的形式。合同的形式由合同的内容决定并为内容服务。合同的形式有书面形式、口头形式和其他形式，见表5-3。

合同的形式　　　　　　　　　　　　　　　表5-3

书面形式	合同书、信件和数据电文（包括电报、电传、传真、电子数据交换和电子邮件）等，可以有形地表现所载内容的形式。法律、行政法规规定采用书面形式的，应当采用书面形式。当事人约定采用书面形式的，应当采用书面形式
口头形式	指当事人以对话的方式达成的协议。一般用于数额较小或现款交易的事项
其他形式	包括特定形式和默示形式

建设工程合同应当采用书面形式。

5.2.2 合同订立的程序

合同订立的程序指订立合同的当事人经过平等协商，就合同的内容取得一致意见的过程。《民法典》第471条规定：当事人订立合同，可以采用要约、承诺方式或者其他方式。

5.2.2.1 要约

要约是希望和他人订立合同的意思表示。提出要约的一方为要约人,接收要约的一方为受要约人。

1) 要约的有效条件

要约应当符合如下规定:内容具体确定;一经受要约人承诺,要约人即受该意思表示的约束。也就是说,要约必须是特定人的意思表示,必须是以缔结合同为目的,必须具备合同的主要条款。

在实际工作中,要注意要约与要约邀请的区别。有些合同在要约之前还会有要约邀请,《民法典》第473条规定:要约邀请是希望他人向自己发出要约的表示。拍卖公告、招标公告、招股说明书、债券募集办法、基金招募说明书、商业广告和宣传、寄送的价目表等为要约邀请。商业广告和宣传的内容符合要约条件的,构成要约。

在建设工程招投标工作中,招标公告、投标邀请书为要约邀请。

2) 要约的生效

《民法典》第137条规定:以对话方式作出的意思表示,相对人知道其内容时生效。

以非对话方式作出的意思表示,到达相对人时生效。以非对话方式作出的采用数据电文形式的意思表示,相对人指定特定系统接收数据电文的,该数据电文进入该特定系统时生效;未指定特定系统的,相对人知道或者应当知道该数据电文进入其系统时生效。当事人对此生效时间另有约定的,按照其约定。

3) 要约的撤回和撤销

要约可以撤回,撤回要约的通知应当在要约到达受要约人之前或者与要约同时到达受要约人。

要约可以撤销。撤销要约的意思表示以对话方式作出的,该意思表示的内容应当在受要约人作出承诺之前为受要约人所知道;撤销要约的意思表示以非对话方式作出的,应当在受要约人作出承诺之前到达受要约人。但有下列情形之一的,要约不得撤销:

(1) 要约人确定了承诺期限或者以其他形式明示要约不可撤销。

(2) 受要约人有理由认为要约是不可撤销的,并已经为履行合同作了合理准备工作。

4) 要约的失效

有下列情形之一的,要约失效:

(1) 要约被拒绝。

(2) 要约被依法撤销。

(3) 承诺期限届满,受要约人未作出承诺。

(4) 受要约人对要约的内容作出实质性变更。

在工程合同的订立过程中,投标人的投标文件是要约。因此,作为投标文件的内容应具体确定。

5.2.2.2 承诺

承诺是受要约人同意要约的意思表示。承诺应当以通知的方式作出;但是,根据交易习惯或者要约表明可以通过行为作出承诺的除外。

1) 承诺具有法律约束力的条件

(1) 承诺必须由受要约人作出。

(2) 承诺只能向要约人作出。

(3) 承诺的内容应当与要约的内容一致。

（4）承诺必须在承诺期限内发出。

在工程合同的订立过程中，招标人发出中标通知书的行为是承诺。因此，中标通知书必须由招标人向投标人发出，并且其内容应当与招标文件、投标文件的内容一致。

2）承诺的期限

承诺应当在要约规定的期限内到达要约人。要约没有规定承诺期限的，承诺应当依照下列规定到达：

（1）要约以对话方式作出的，应当即时作出承诺。

（2）以非对话方式作出的要约，承诺应当在合理期限内到达。

以信件或者电报作出的要约，承诺期限自信件载明的日期或者电报交发之日开始计算。信件未载明日期的，自投寄该信件的邮戳日期开始计算。以电话、传真、电子邮件等快速通信方式作出的要约，承诺期限自要约到达受要约人时开始计算。

3）承诺的生效

《民法典》第137条规定：以对话方式作出的意思表示，相对人知道其内容时生效。

以非对话方式作出的意思表示，到达相对人时生效。以非对话方式作出的采用数据电文形式的意思表示，相对人指定特定系统接收数据电文的，该数据电文进入该特定系统时生效；未指定特定系统的，相对人知道或者应当知道该数据电文进入其系统时生效。当事人对此生效时间另有约定的，按照其约定。

承诺不需要通知的，根据交易习惯或者要约的要求作出承诺的行为时生效。

4）迟延承诺

受要约人超过承诺期限发出承诺，或者在承诺期限内发出承诺，按照通常情形不能及时到达要约人的，为新要约；但是，要约人及时通知受要约人该承诺有效的除外。

5）未迟发而迟到的承诺

受要约人在承诺期限内发出承诺，按照通常情形能够及时到达要约人，但是因其他原因致使承诺到达要约人时超过承诺期限的，除要约人及时通知受要约人因承诺超过期限不接受该承诺外，该承诺有效。

6）要约内容的变更

承诺的内容应当与要约的内容一致。有关合同标的、数量、质量、价款或者报酬、履行期限、履行地点和方式、违约责任和解决争议方法等的变更，是对要约内容的实质性变更。受要约人对要约的内容作出实质性变更的，为新要约。承诺对要约的内容作出非实质性变更的，除要约人及时表示反对或者要约表明承诺不得对要约的内容作出任何变更的以外，该承诺有效，合同的内容以承诺的内容为准。

 应用案例 5-1

【案例概况】

某市百货公司通过新闻媒体播发招租启事：将市场装修后分摊位出租，投资装修费2000元。周某于月初得知此消息后，决定租赁两个柜台，于月中去提前支取了即将到期的定期存单，损失利息近千元。可是就在周某准备去租赁摊位时，百货公司又宣布说：因主管部门未批准，摊位不再招租了，请已办理租赁手续的租户到公司协商处理办法；未办理手续的，百货公司不再接待。周某认为百货公司这种做法太不负责任，所以，要求百货公司赔偿自己的预期收入若干万元，以及利息损失。双方协商未果，诉至法院。

问题:
1. 百货公司的招租启事是否属于要约?
2. 本案例应如何处理?

【案例评析】

1. 百货公司发布的招租启事属于要约,由于此要约通过新闻媒体发布,发布之日就应视为到达受要约人,要约生效,因此不存在要约撤回问题。

2. 我国《民法典》规定,要约可以撤销,但对撤销要约有限制,以下两种要约不得撤销:要约人确定了承诺期限或者以其他形式明示要约不可撤销;受要约人有理由认为要约是不可撤销的,并已经为履行合同作了准备工作。本案中,一方面,通过新闻媒体这种特殊介质发布要约,已经使人确信该要约是不可撤销的;另一方面,就周某来说,他已经为履行合同做了相当多的准备工作,并付出了一定的经济支出,因此对他来说,该要约也是不可撤销的。所以,百货公司宣布撤销要约的行为无效,实际上合同已经成立。因此,周某的损失百货公司应该赔偿。但是,赔偿的范围应该有限制,包括实际损失和预期可得利益的损失。就本案来说,几千元的利息当然要赔,但周某所称的预期收入因具有不确定性,不在赔偿之列。

5.2.3 合同的成立

合同成立是指订约当事人就合同的主要条款达成合意。合同的本质是一种合意,合同成立就是各方当事人的意思表示一致,达成合意。承诺生效时合同成立。

5.2.3.1 合同成立的时间

采用合同书形式订立合同的,自当事人均签名、盖章或者按指印时合同成立。在签名、盖章或者按指印之前,当事人一方已经履行主要义务,对方接受时,该合同成立。

码5-3 合同的成立

法律、行政法规规定或者当事人约定合同应当采用书面形式订立,当事人未采用书面形式但是一方已经履行主要义务,对方接受时,该合同成立。

采用信件、数据电文等形式订立合同要求签订确认书的,签订确认书时合同成立。

一方通过互联网等信息网络发布的商品或者服务信息符合要约条件的,对方选择该商品或者服务并提交订单成功时合同成立,但是当事人另有约定的除外。

5.2.3.2 合同成立的地点

承诺生效的地点为合同成立的地点。采用数据电文形式订立合同的,收件人的主营业地为合同成立的地点;没有主营业地的,其经常居住地为合同成立的地点。当事人另有约定的即按照其约定。当事人采用合同书形式订立合同的,双方当事人签字或者盖章的地点为合同成立的地点。

5.2.4 合同主要内容和格式条款

5.2.4.1 合同的内容

合同内容包括当事人享有的权利和承担的义务,主要以各项条款确定。合同内容由当事人约定,一般包括以下条款:

(1)当事人的名称、姓名和住所。这是每个合同必须具备的条款,当事人是合同的主体,要把名称或姓名、住所规定准确、清楚。

(2)标的。标的是当事人权利义务共同所指向的对象。没有标的或标的不明确,权利义务就没有客体,合同关系就不能成立,合同就无法履行。不同的合同,其标的也有所不同。标的可以是物、行为、智力成果、项目或某种权利。

（3）数量。数量是衡量合同标的多少的尺度，以数字和计量单位表示。没有数量或数量的规定不明确，当事人双方权利义务的多少、合同是否完全履行就都无法确定。数量必须严格按照国家规定的法定计量单位填写，以免当事人产生不同的理解。施工合同中主要体现的数量是工程量的大小。

（4）质量，指标准、技术要求，表明标的的内在素质和外观形态的综合，包括产品的性能、效用、工艺等，一般以品种、型号、规格、等级等体现出来。当事人约定质量条款时，必须符合国家有关规定和要求。

（5）价款或报酬，是一方当事人向对方当事人所付代价的货币支付，凡是有偿合同，都有价款或报酬条款。当事人在约定价款或报酬时，应遵守国家有关价格方面的法律和规定，并接受工商行政管理机关和物价管理部门的监督。

（6）履行期限、地点和方式。履行期限是合同中规定当事人履行自己义务的时间界限，是确定当事人是否按时履行或延期履行的客观标准，也是当事人主张合同权利的时间依据。履行地点是指当事人履行合同义务和对方当事人接受履行的地点。履行方式是当事人履行合同义务的具体做法。合同标的不同，履行方式也有所不同，即使合同标的相同，也有不同的履行方式，当事人只有在合同中明确约定合同的履行方式，才便于合同的履行。

（7）违约责任。当事人一方或双方不履行合同义务或履行合同义务不符合约定的，依照法律的规定或按照当事人的约定应当承担法律责任。合同中约定违约责任条款不仅可以维护合同的严肃性，督促当事人切实履行合同，而且一旦出现当事人违反合同的情况，便于当事人及时按照合同承担责任，减少纠纷。

（8）解决争议的方法。在合同履行过程中不可避免地会产生争议，为使争议发生后能够有一个双方都能接受的解决办法，应当在合同条款中对此作出规定。如果当事人希望通过仲裁作为解决争议的最终方式，则必须在合同中约定仲裁条款，因为仲裁是以自愿为原则的。

5.2.4.2 格式条款

格式条款是当事人为了重复使用而预先拟定，并在订立合同时未与对方协商的条款。

（1）格式条款提供者的义务。采用格式条款订立合同，有利于提高当事人双方合同订立过程的效率、减少交易成本、避免合同订立过程中因当事人双方一事一议而可能造成的合同内容的不确定性。但由于格式条款的提供者往往在经济地位方面具有明显的优势，在行业中居于垄断地位，因而导致其在拟定格式条款时会更多地考虑自己的利益，而较少考虑另一方当事人的权利或者附加种种限制条件。为此，提供格式条款的一方应当遵循公平的原则确定当事人之间的权利义务关系，并采取合理的方式提请对方注意免除或限制其责任的条款，按照对方的要求，对该条款予以说明。

（2）格式条款无效。提供格式条款一方免除自己责任、加重对方责任、排除对方主要权利的，该条款无效。此外，《民法典》规定的合同无效的情形，同样适用于格式合同。

（3）格式条款的解释。对格式条款的理解发生争议的，应当按照通常理解予以解释。对格式条款有两种以上解释的，应当作出不利于提供格式条款一方的解释。格式条款和非格式条款不一致的，应当采用非格式条款。

码5-4 缔约过失责任

5.2.5 缔约过失责任

缔约过失责任发生于合同不成立或者合同无效的缔约过程。其构成条件：一是当事人有过错。若无过错,则不承担责任。二是有损害后果的发生。若无损失,也不承担责任。三是当事人的过错行为与造成的损失有因果关系。

当事人在订立合同过程中有下列情形之一,给对方造成损失的,应当承担损害赔偿责任:

(1)假借订立合同,恶意进行磋商。

(2)故意隐瞒与订立合同有关的重要事实或者提供虚假情况。

(3)有其他违背诚实信用原则的行为。

当事人在订立合同过程中知悉的商业秘密,无论合同是否成立,不得泄露或者不正当地使用。泄露或者不正当使用该商业秘密,给对方造成损失的,应当承担损害赔偿责任。

5.3 合同的效力

码 5-5 合同的效力

合同的效力是指合同所具有的法律约束力。合同的效力不仅规定了合同生效、无效合同,而且还对可撤销或变更合同进行了规定。

5.3.1 合同生效

5.3.1.1 合同生效的条件

合同生效是指合同对双方当事人的法律约束力的开始。合同成立后,必须具备相应的法律条件才能生效,否则合同是无效的。合同生效应当具备下列条件:

(1)合同当事人具有相应的民事权利能力和民事行为能力。合同当事人必须具有相应的民事权利能力和民事行为能力以及缔约能力,才能成为合格的合同主体。若主体不合格,合同不能产生法律效力。

(2)合同当事人意思表示真实。当事人意思表示真实,是指行为人的意思表示应当真实反映其内心的意思。合同成立后,当事人的意思表示是否真实往往难以从其外部判断,法律对此一般不主动干预。缺乏意思表示真实这一要件即意思表示不真实,并不绝对导致合同一律无效。

(3)合同不违反法律或者社会公共利益。合同不违反法律和社会公共利益,主要包括两层含义:一是合同的内容合法,即合同条款中约定的权利、义务及其指向的对象即标的等,应符合法律的规定和社会公共利益的要求。二是合同的目的合法,即当事人缔约的原因合法,并且是直接的内心原因合法,不存在以合法的方式达到非法目的等规避法律的事实。

(4)具备法律、行政法规规定的合同生效必须具备的形式要件。所谓形式要件,是指法律、行政法规对合同形式上的要求,形式要件通常不是合同生效的要件,但如果法律、行政法规规定将其作为合同生效的条件时,便成为合同生效的要件之一,不具备这些形式要件,合同不能生效。当然法律另有规定的除外。

5.3.1.2 合同的生效时间

(1)合同成立生效。对于一般合同,只要当事人在合同主体、合同内容、合同形式等方面符合法律的要求,经协商达成一致意见,合同成立即可生效。

(2)批准登记生效。《民法典》规定,法律、行政法规规定应当办理批准、登记等手续生效的,依照其规定。按照我国现有的法律和行政法规的规定,有的将批准登记作为合同成立的条件,有的将批准登记作为合同生效的条件。比如,中外合资经营企业合同必须经过批准后才能生效。

(3)约定生效,指合同当事人在订立合同时,约定附生效条件的,自条件成就时生效。附解除条件的合同,自条件成就时失效。但是当事人为自己的利益不正当地阻止条件成就的,视为条件已成就;不正当地促成条件成就的,视为条件不成就。

5.3.1.3 合同效力与仲裁条款

合同成立后,合同中的仲裁条款是独立存在的,合同的无效、变更、解除、终止,不影响仲裁协议的效力。如果当事人在施工合同中约定通过仲裁解决争议,不能认为合同无效将导致仲裁条款无效。若因一方的违约行为,另一方按约定的程序终止合同而发生争议,仍然应当由双方选定的仲裁委员会裁定施工合同是否有效及对争议的处理。

5.3.1.4 效力待定合同

合同虽然已经成立,但不完全符合合同的有效要件,但又不属于无效合同或可撤销合同,致使合同不能产生法律效力,在一段合理的时间内合同效力暂不确定,处于此阶段中的合同,为效力待定的合同。《民法典》中合同效力待定的规定如下。

码5-6 合同的效力、效力待定合同

(1)限制民事行为能力人订立的合同。此种合同经法定代理人追认后,该合同有效。

(2)无权代理合同。这种合同具体又分为三种情况:

①行为人没有代理权,即行为人事先没有取得代理权却以代理人自居而代理他人订立的合同。

②无权代理人超越代理权,即代理人虽然获得了被代理人的代理权,但他在代订合同时超越了代理权限的范围。

③代理权终止后以被代理人的名义订立合同,即行为人曾经是被代理人的代理人,但在以被代理人的名义订立合同时,代理权已终止。

《民法典》第171条规定,行为人没有代理权、超越代理权或者代理权终止后,仍然实施代理行为,未经被代理人追认的,对被代理人不发生效力。

相对人可以催告被代理人自收到通知之日起三十日内予以追认。被代理人未作表示的,视为拒绝追认。行为人实施的行为被追认前,善意相对人有撤销的权利。撤销应当以通知的方式作出。

行为人实施的行为未被追认的,善意相对人有权请求行为人履行债务或者就其受到的损害请求行为人赔偿。但是,赔偿的范围不得超过被代理人追认时相对人所能获得的利益。

相对人知道或者应当知道行为人无权代理的,相对人和行为人按照各自的过错承担责任。

(3)表见代理。《民法典》第172条规定,没有代理权、超越代理权或者代理权终止后,仍然实施代理行为,相对人有理由相信行为人有代理权的,代理行为有效。

(4)无处分权人处分他人财产订立的合同。《民法典》第311条规定,无处分权人将不动产或者动产转让给受让人的,所有权人有权追回;除法律另有规定外,符合下列情形的,受让人取得该不动产或者动产的所有权:

①受让人受让该不动产或者动产时是善意;

②以合理的价格转让;

③转让的不动产或者动产依照法律规定应当登记的已经登记,不需要登记的已经交付给受让人。

受让人依据前款规定取得不动产或者动产的所有权的,原所有权人有权向无处分权人请求损害赔偿。

5.3.2 无效合同

无效合同是指当事人违反了法律规定的条件而订立的,国家不承认其效力,不给予法律保护的合同。无效合同从订立之时起就没有法律效力,不论合同履行到什么阶段,合同被确认无效后,这种无效的确认要溯及合同订立时。

5.3.2.1 无效合同的确认

《民法典》规定,有下列情形之一的,合同无效:

(1)无民事行为能力人实施的民事法律行为无效。

(2)行为人与相对人以虚假的意思表示实施的民事法律行为无效。

(3)违反法律、行政法规的强制性规定的民事法律行为无效。但是,该强制性规定不导致该民事法律行为无效的除外。

(4)违背公序良俗的民事法律行为无效。

(5)行为人与相对人恶意串通,损害他人合法权益的民事法律行为无效。

5.3.2.2 无效合同的处理

民事法律行为无效、被撤销或者确定不发生效力后,行为人因该行为取得的财产,应当予以返还;不能返还或者没有必要返还的,应当折价补偿。有过错的一方应当赔偿对方由此所受到的损失;各方都有过错的,应当各自承担相应的责任。

《民法典》第793条规定,建设工程施工合同无效,但是建设工程经验收合格的,可以参照合同关于工程价款的约定折价补偿承包人。

建设工程施工合同无效,且建设工程经验收不合格的,按照以下情形处理:

(1)修复后的建设工程经验收合格的,发包人可以请求承包人承担修复费用;

(2)修复后的建设工程经验收不合格的,承包人无权请求参照合同关于工程价款的约定折价补偿。

发包人对因建设工程不合格造成的损失有过错的,应当承担相应的责任。

应用案例5-2

【案例概况】

甲企业与乙企业达成口头协议,由乙企业在半年之内供应甲企业50t钢材。三个月后,乙企业以原定钢材价格过低为由要求加价,并提出,如果甲企业表示同意,双方立即签订书面合同,否则,乙企业将不能按期供货。甲企业表示反对,并声称,如乙企业到期不履行协议,将向法院起诉。

问题:

此案例中双方当事人签订的合同有无法律效力?为什么?

【案例评析】

双方当事人签订的口头合同具有法律约束力。

依据《民法典》第469条规定,当事人订立合同可以采用口头形式,但法律、行政法规规定采用书面形式的,应当采用书面形式。买卖合同属于不要式合同,不采取书面形式对买卖合同效力没有影响。依法成立的合同,自成立之时起生效。本案中双方当事人之间的买卖合同属于生效的买卖合同,应当按照合同履行相应义务。

码5-7 可变更、可撤销合同

5.3.3 可变更或者可撤销合同

5.3.3.1 可变更或可撤销合同的规定

根据《民法典》规定,当事人协商一致,可以变更合同。可撤销合同情况见表5-4:

可撤销合同的情形 表 5-4

重大误解	基于重大误解实施的民事法律行为,行为人有权请求人民法院或者仲裁机构予以撤销
相对人欺诈	一方以欺诈手段,使对方在违背真实意思的情况下实施的民事法律行为,受欺诈方有权请求人民法院或者仲裁机构予以撤销
第三人欺诈	第三人实施欺诈行为,使一方在违背真实意思的情况下实施的民事法律行为,对方知道或者应当知道该欺诈行为的,受欺诈方有权请求人民法院或者仲裁机构予以撤销
胁迫	一方或者第三人以胁迫手段,使对方在违背真实意思的情况下实施的民事法律行为,受胁迫方有权请求人民法院或者仲裁机构予以撤销
显失公平	一方利用对方处于危困状态、缺乏判断能力等情形,致使民事法律行为成立时显失公平的,受损害方有权请求人民法院或者仲裁机构予以撤销

5.3.3.2 合同撤销权的消灭

《民法典》规定,有下列情形之一的,撤销权消灭:

(1)当事人自知道或者应当知道撤销事由之日起一年内、重大误解的当事人自知道或者应当知道撤销事由之日起九十日内没有行使撤销权;

(2)当事人受胁迫,自胁迫行为终止之日起一年内没有行使撤销权;

(3)当事人知道撤销事由后明确表示或者以自己的行为表明放弃撤销权;

(4)当事人自民事法律行为发生之日起五年内没有行使撤销权的,撤销权消灭。

5.4 合同的履行

码 5-8 合同履行

合同的履行是指合同生效后,当事人双方按照合同约定的标的、数量、质量、价款、履行期限、履行地点和履行方式等,完成各自应承担的全部义务的行为。

5.4.1 合同履行的基本原则

5.4.1.1 全面履行的原则

《民法典》第 509 条规定,当事人应当按照约定全面履行自己的义务。当事人应当按合同约定的标的及其质量、数量,合同约定的履行期限、履行地点、适当的履行方式、全面完成合同义务的履行原则。

5.4.1.2 诚实信用

《民法典》第 509 条规定,当事人应当遵循诚信原则,根据合同的性质、目的和交易习惯履行通知、协助、保密等义务。

5.4.2 合同约定不明确时的履行

合同生效后,当事人就质量、价款或者报酬、履行地点等内容没有约定或者约定不明确的,可以协议补充;不能达成补充协议的,按照合同相关条款或者交易习惯确定。

当事人就有关合同内容约定不明确,依据上述规定仍不能确定的,适用表 5-5 规定:

可撤销合同的情形 表 5-5

质量要求不明确	按照强制性国家标准履行;没有强制性国家标准的,按照推荐性国家标准履行;没有推荐性国家标准的,按照行业标准履行;没有国家标准、行业标准的,按照通常标准或者符合合同目的的特定标准履行

续上表

价款或者报酬不明确	按照订立合同时履行地的市场价格履行;依法应当执行政府定价或者政府指导价的,依照规定履行(执行政府定价或者政府指导价的,在合同约定的交付期限内政府价格调整时,按照交付时的价格计价。逾期交付标的物的,遇价格上涨时,按照原价格执行;价格下降时,按照新价格执行。逾期提取标的物或者逾期付款的,遇价格上涨时,按照新价格执行;价格下降时,按照原价格执行。)
履行地点不明确	给付货币的,在接受货币一方所在地履行;交付不动产的,在不动产所在地履行;其他标的,在履行义务一方所在地履行
履行期限不明确	债务人可以随时履行,债权人也可以随时请求履行,但是应当给对方必要的准备时间
履行方式不明确	按照有利于实现合同目的的方式履行
履行费用负担不明确	由履行义务一方负担;因债权人原因增加的履行费用,由债权人负担

5.4.3 合同履行中的抗辩权

当事人一方在对方未履行或者不能保证履行时,一方可以行使不履行的保留性权利,这就是对抗对方当事人要求履行的抗辩权。《民法典》规定了合同履行中的抗辩权有下列几种。

5.4.3.1 同时履行抗辩权

当事人互负债务,没有先后履行顺序的,应当同时履行。同时履行抗辩权包括:一方在对方履行之前有权拒绝其履行要求;一方在对方履行债务不符合约定时,有权拒绝其相应的履行要求。如施工合同中期付款时,对承包人施工质量不合格部分,发包人有权拒付该部分的工程款;如果发包人拖欠工程款,则承包人可以放慢施工进度,甚至停止施工。产生的后果,由违约方承担。

同时履行抗辩权的适用条件是:

(1)由同一双务合同产生的互负债务,而且双方债务有对价关系。

(2)债务同时到期,可以同时履行;双方的对等给付是可能履行的义务。

(3)当事人一方的履行不符合约定,即瑕疵履行的另一方可对有瑕疵的履行部分行使抗辩权。

5.4.3.2 先履行抗辩权

先履行抗辩权也包括两种情况:当事人互负债务,有先后履行顺序的,应当先履行的一方未履行时,后履行的一方有权拒绝其对本方的履行要求;应当先履行的一方履行债务不符合规定的,后履行的一方也有权拒绝其相应的履行要求。如材料供应合同按照约定应由供货方先行交付订购的材料后,采购方再行付款结算,若合同履行过程中供货方交付的材料质量不符合约定的标准,采购方有权拒付货款。

先履行抗辩权应满足的条件为:

(1)由同一双务合同产生互负的对价给付债务。

(2)合同中约定了履行的顺序。

(3)应当先履行的合同当事人没有履行债务或者没有正确履行债务。

(4)应当先履行的对价给付是可能履行的义务。

5.4.3.3 不安抗辩权

不安抗辩权,是指应当先履行债务的一方有证据证明对方已丧失或可能丧失履行债务的能力,在对方未恢复履行能力或提供担保之前,可以中止履行合同义务的权利。

应当先履行合同的一方有确切证据证明对方有下列情形之一的,可以中止履行:

(1)经营状况严重恶化。

(2)转移财产、抽逃资金,以逃避债务的。

(3)丧失商业信誉。

(4)有丧失或者可能丧失履行债务能力的其他情形。

承包商与业主签订的施工合同中约定必须要由承包商先修建工程,然后再按照工程量结算。但是,如果承包商现有确切证据证明业主将无力支付工程款,承包商就可以中止履行合同。

三种抗辩权比较见表5-6。

三种抗辩权比较　　　　　　　　　　　　　　　　　表5-6

种　类	同时履行抗辩权	先履行抗辩权	不安抗辩权
成立条件中的区别	1.双方互付义务没有先后履行顺序且均已届清偿期限 2.对方未履行或未按约定履行债务 3.对方的债务是可能履行的	1.双方所负债务有先后履行顺序 2.先履行一方到期未履行债务或未适当履行债务	1.一方须有先履行义务且已届履行期 2.后履行义务一方有丧失或可能丧失履行债务能力的情形 3.后履行义务人没有对待给付或未提供适当担保
权利主体	当事人双方	后履行方	先履行方
抗辩权的行使	另一方有权拒绝其履行要求暂缓履行	后履行一方有权拒绝其履行要求暂缓履行	1.中止履行,应及时通知对方 2.恢复履行:当对方提供适当担保时 3.解除履行:对方在合理期限内未恢复履行能力且未提供适当担保可以解除合同,并可以请求对方承担违约责任

应用案例 5-3

【案例概况】

甲公司为开发新项目,急需资金。2020年3月12日,向乙公司借钱15万元。双方谈妥,乙公司借给甲公司15万元,借期6个月,月息为银行贷款利息的1.5倍,至同年9月12日本息一起付清,甲公司为乙公司出具了借据。甲公司因新项目开发不顺利,未盈利,到了9月12日无法偿还欠乙公司的借款。某日,乙公司向甲公司催促还款无果,但得到一信息,某单位曾向甲公司借款20万元,现已到还款期,某单位正准备还款,但甲公司让某单位不用还款。于是,乙公司向法院起诉,请求甲公司以某单位的还款来偿还债务,甲公司辩称该债权已放弃,无法清偿债务。

问题:

1.甲公司的行为是否构成违约?为什么?

2. 乙公司是否可针对甲公司的行为行使撤销权？为什么？

3. 乙公司是否可以行使代位权？说明理由。

【案例评析】

1. 甲公司的行为已构成违约。甲公司与乙公司之间的借贷合同关系，系自愿订立，无违法内容，又有书面借据，是合法有效的。甲公司系债务人，负有按期清偿本息的义务；乙公司为债权人，享有按期收回本金、收取利息的权利。甲公司因新项目开发不顺利，不能如约履行清偿义务，构成违约。

2. 乙公司可行使撤销权。请求法院撤销甲公司的放弃债权行为。债权人对于自己享有的债权，完全可以根据自己的意志，决定行使或者放弃。但是，当该债权人另外又系其他债权人的债务人时，如果他放弃债权的行为使他的债权人的权利无法实现时，他的债权人享有依法救济的权利。本案中，甲公司放弃对某单位享有的债权，表面上是处分自己的权益，但实际上却损害了乙公司的债权，乙公司可以行使撤销权，撤销甲公司放弃债权的行为。

3. 乙公司可以行使代位权。债权人可享有代位权，在债务人怠于行使自己的到期债权，危及债权人的权利时，债权人可以向人民法院请求以自己的名义代位行使债务人的权利，实现自己的债权。乙公司可以直接向某单位行使代位权。

5.5 合同的变更、转让及终止

码5-9 合同变更、转让及终止

5.5.1 合同的变更

合同的变更是指合同依法成立后，在尚未履行或尚未完全履行时，当事人双方依法对合同的内容进行修订或调整所达成的协议。例如，对合同约定的数量、质量标准、履行期限、履行地点和履行方式等进行变更。合同变更一般不涉及已履行部分，而只对未履行的部分进行变更。因此，合同变更不能在合同履行后进行，只能在完全履行合同之前进行。

《民法典》规定，当事人协商一致，可以变更合同。因此，当事人变更合同的方式类似订立合同的方式，经过提议和接受两个步骤。要求变更合同的一方首先提出建议，明确变更的内容以及变更合同引起的后果处理；另一当事人对变更表示接受。这样，双方当事人对合同的变更达成协议。一般来说，书面形式的合同，变更协议也应采用书面形式。

5.5.2 合同的转让

合同的转让是指当事人一方将合同的权利和义务转让给第三人，由第三人接受权利和承担义务的法律行为。合同转让可以部分转让，也可全部转让。随着合同的全部转让，原合同当事人之间的权利和义务关系消灭，与此同时，在未转让一方当事人和第三人之间形成新的权利义务关系。

《民法典》规定了合同权利转让、合同义务转让和合同权利义务一并转让的三种情况。

5.5.2.1 合同权利的转让

合同权利的转让也称债权让与，是合同当事人将合同中的权利全部或部分转让给第三方的行为。转让合同权利的当事人称为让与人，接受转让的第三人称为受让人。

1）不得转让的情形

(1) 根据合同性质不得转让。

(2) 按照当事人约定不得转让。

(3) 依照法律规定不得转让。
2) 债权人转让权利的条件
债权人转让权利的,应当通知债务人。未经通知,该转让对债务人不发生效力。除非受让人同意,债权人转让权利的通知不得撤销。

5.5.2.2 合同义务的转让

合同义务的转让也称债务转让,是债务人将合同的义务全部或部分地转移给第三人的行为。《民法典》规定了债务人转让合同义务的条件:债务人将合同的义务全部或部分转让给第三人,应当经债权人同意。

5.5.2.3 合同权利和义务一并转让

指当事人一方将债权债务一并转让给第三人,由第三人接受这些债权债务的行为。

《民法典》第791条规定,总承包人或者勘察、设计、施工承包人经发包人同意,可以将自己承包的部分工作交由第三人完成。第三人就其完成的工作成果与总承包人或者勘察、设计、施工承包人向发包人承担连带责任。承包人不得将其承包的全部建设工程转包给第三人或者将其承包的全部建设工程支解以后以分包的名义分别转包给第三人。

禁止承包人将工程分包给不具备相应资质条件的单位。禁止分包单位将其承包的工程再分包。建设工程主体结构的施工必须由承包人自行完成。

5.5.3 合同的终止

合同的终止是指合同当事人之间的合同关系由于某种原因不复存在,合同确立的权利义务消灭。《民法典》规定,有下列情形之一的,债权债务终止:①债务已经履行;②债务相互抵销;③债务人依法将标的物提存;④债权人免除债务;⑤债权债务同归于一人;⑥法律规定或者当事人约定终止的其他情形。合同解除的,该合同的权利义务关系终止。

5.5.3.1 合同已按照约定履行

合同生效后,当事人双方按照约定履行自己的义务,实现了自己的全部权利,订立合同的目的已经实现,合同确立的权利义务关系消灭,合同因此而终止。

5.5.3.2 合同解除

合同生效后,当事人一方不得擅自解除合同。但在履行过程中,有时会产生某些特定情况,应当允许解除合同。《民法典》规定合同解除有两种情况:

1) 协议解除
当事人双方通过协议可以解除原合同规定的权利和义务关系。

2) 法定解除
合同成立后,没有履行或者没有完全履行以前,当事人一方可以行使法定解除权使合同终止。为了防止解除权的滥用,《民法典》规定,属下列情形之一的,当事人可以解除合同:
(1) 因不可抗力致使不能实现合同目的。
(2) 在履行期限届满之前,当事人一方明确表示或者以自己的行为表示不履行主要债务。
(3) 当事人一方迟延履行主要债务,经催告后在合理期限内仍未履行。
(4) 当事人一方迟延履行债务或者有其他违约行为致使不能实现合同目的。
(5) 法律规定的其他情形。

5.5.3.3 合同解除的法律后果

《民法典》规定,合同解除后,尚未履行的,终止履行;已经履行的,根据履行情况和合同性质,当事人可以要求恢复原状,采取其他补救措施,并有权要求赔偿损失。

合同终止后,虽然合同当事人的合同权利义务关系不复存在,但合同中结算和清理条款不因合同的终止而终止,仍然有效。

 应用案例 5-4

【案例概况】

兴达公司与山川厂于某年 12 月 30 日签订了一份财产租赁合同。合同规定兴达公司租用山川厂 5 台翻斗车拉运土方,租赁期为 1 年,租金必须按月付清,逾期未付,承租人承担滞纳金;超过 30 天仍不付清租金的,出租方有权解除合同。次年 2 月 1 日,兴达公司接车后,未付租金。山川厂两次书面通知兴达公司按约付租金,并言明逾期将依约解除合同。但兴达公司仍未付。同年 6 月 10 日,山川厂单方通知解除与兴达公司的合同,并向兴达公司提起诉讼,要求赔偿其损失 12000 元。

问题:

1. 山川厂是否有权解除合同?
2. 山川厂的损失应由谁承担?

【案例评析】

1. 山川厂有权解除合同。《民法典》规定,当事人协商一致,可以解除合同。当事人可以约定一方解除合同的条件。解除合同的条件成就时,解除权人可以解除合同。本案中,双方当事人在合同中约定,租金必须按月付清,逾期未付,承租人承担滞纳金,超过 30 天仍不付清租金的,出租方有权解除合同。兴达公司次年 2 月 1 日起接车后,未付租金,山川厂两次通知其给付租金,并言明逾期将依约解除合同,兴达公司仍未付,至同年 6 月 10 日长达 4 个月时间,合同约定的解除条件已成就,故山川厂有权单方解除合同。根据《民法典》规定,主张解除合同的,应当通知对方。山川厂通知兴达公司解除合同的做法也是合法的。

2. 山川厂的损失应由兴达公司承担赔偿责任。《民法典》规定,合同解除后,尚未履行的,终止履行;已经履行的,根据履行情况和合同性质,当事人可以要求恢复原状,采取其他补救措施,并有权要求赔偿损失。据此,山川厂有权要求兴达公司赔偿损失。兴达公司应承担山川厂损失的赔偿责任。

5.6 违约责任与合同争议的解决

码 5-10 违约及违约责任

5.6.1 违约责任

违约责任是指合同当事人违反合同约定,不履行义务或者履行义务不符合约定所承担的责任。违约责任制度是保证当事人履行合同义务的重要措施,有利于促进合同的全部履行。

《民法典》第 577 条规定,当事人一方不履行合同义务或者履行合同义务不符合约定的,应当承担继续履行、采取补救措施或者赔偿损失等违约责任。

5.6.1.1 违约责任的特点

(1)违约责任是一种民事责任。首先,它是平等主体之间的支付关系;其次,违约责任的确定通常应以补偿守约方的损失为标准。

(2)违约责任是以有效合同为前提。与侵权责任和缔约过失责任不同,违约责任必须以当事人双方事先存在的有效合同关系为前提。违约责任是合同当事人之间的民事责任,合同当事人以外的第三人对当事人之间的合同不承担违约责任。

(3)违约责任是履行合同不完全或不履行合同义务而承担的责任。通常有两种情形:一是一方不履行合同义务,即未按合同约定提供给付;二是履行合同义务不符合约定条件,即其履行存在瑕疵。

(4)违约责任具有补偿性和一定的任意性。违约责任以补偿守约方因违约行为所受损失为主要目的,以损害赔偿为主要责任形式。违约责任可以由当事人在法律规定的范围内约定,具有一定的任意性。

5.6.1.2 违约责任的承担方式

(1)支付违约金。

违约责任的具体承担方式包括:

(1)继续履行。

(2)修理、重作、更换。

(3)采取其他补救措施,包括退货、减少价款或者报酬等。

(4)赔偿损失,包括法定的赔偿损失和违约金、定金等约定的赔偿损失。

例如,公路工程施工中,因施工人的原因致使工程质量不符合约定的,发包人有权请求施工人在合理期限内无偿修理或者返工、改建。经过修理或者返工、改建后,造成逾期交付的,施工人应当承担违约责任。因承包人的原因致使建设工程在合理使用期限内造成人身损害和财产损失的,承包人应当承担赔偿责任。发包人未按照约定的时间和要求提供原材料、设备、场地、资金、技术资料的,承包人可以顺延工程日期,并有权请求赔偿停工、窝工等损失。

5.6.1.3 违约责任的免除

不可抗力是指不能预见、不能避免和不能克服的客观情况,当事人一方因不可抗力不能履行合同的,根据不可抗力的影响,部分或全部免除责任,但是法律另有规定的除外。其可能引起的三种法律后果,见表5-7。

不可抗力发生后可能引起三种法律后果　　　　　表5-7

一是合同全部不能履行	当事人可以解除合同,并免除全部责任
二是合同部分不能履行	当事人可以部分履行合同,并免除其不履行部分的责任
三是合同不能按期履行	当事人可延期履行合同,并免除其迟延履行的责任

但是,当事人迟延履行后发生不可抗力的,不能免除责任。

《民法典》规定,因不可抗力不能履行合同的,应当及时通知对方,以减轻可能给对方造成的损失,并应当在合理期限内提供证明。

应用案例 5-5

【案例概况】

2020年5月5日,甲公司给乙公司发电称:"本公司有一批特定货物出售,每吨价款2000元,如同意购买请速回电与本公司联系以便进一步协商。"乙接电后回电:"愿意购买100t,总价200000元,请在2020年5月30日前回电。"但甲到了2020年7月10日才回电称:"由于该货物发生市场价格上涨的不可抗力,不能以原价卖出,本公司在2020年6月已以高于原价的价格将货物卖给了他人。"乙认为甲违反了合同的约定,应当承担违约责任及赔偿为筹集货款而支付的 10000 元费用损失。

问题:
1. 甲给乙的第一次发电属于什么行为,为什么?
2. 乙给甲的回电属于什么行为,为什么?
3. 甲第二次给乙回电所称的不可抗力是否成立,为什么?
4. 甲是否承担违约责任,为什么?
5. 甲是否承担其他责任?若承担应承担哪方面的责任?

【案例评析】
1. 甲给乙的第一次发电属于要约引诱,因为一个有效的要约必须要有订立合同的意思,而甲并没有明确表达订立合同的意图。
2. 乙给甲的回电属于要约,因为乙的回电内容确定、完整,而且有明确的订立合同的意图。
3. 甲第二次给乙的回电所称的不可抗力不成立,市场价格的变动是商人应当能够预见的,而不是不可预见的。
4. 甲不承担违约责任,因为甲未在乙规定的时间作出承诺,要约已经失效。
5. 甲应当承担其他责任,主要承担的责任是缔约过失责任。

5.6.2 合同争议的解决

合同争议是指当事人双方对合同订立和履行情况以及不履行合同的后果所产生的纠纷。对合同订立产生的争议,一般是对合同是否成立及合同的效力产生分歧;对合同履行情况产生的争议,往往是对合同是否履行或者是否已按合同约定履行产生的异议;而对不履行合同的后果产生的争议,则是对没有履行合同或者没有完全履行合同的责任,应由哪方承担责任和如何承担责任而产生的纠纷。

合同争议的解决通常有如下几种处理方式。

5.6.2.1 和解

和解是指争议的合同当事人,依据有关的法律规定和合同约定,在互谅互让的基础上,经过谈判和磋商,自愿对争议事项达成协议,从而解决合同争议。和解的特点在于无须第三者介入,简便易行,能及时解决争议,并有利于双方的协作和合同的继续履行。但由于和解必须以双方自愿为前提,因此,当双方分歧严重,以及一方或双方不愿协商解决争议时,和解方式往往受到局限。

5.6.2.2 调解

调解是争议当事人在第三方的主持下,通过其劝说引导,在互谅互让的基础上自愿达成协议,以解决合同争议的一种方式。调解也是以公平合理、自愿等为原则。在实践中,依调解人的不同,合同的调解有民间调解、仲裁机构调解和法庭调解三种。

调解解决合同争议可以不伤和气,使双方当事人互相谅解,有利于促进合作。但这种方式受当事人自愿的局限,如果当事人不愿调解,或调解不成时,则应及时采取仲裁或诉讼以最终解决合同争议。

5.6.2.3 仲裁

仲裁是指发生争议的双方当事人,根据其在争议发生前或争议发生后所达成的协议,自愿将该争议提交中立的第三者进行裁判的争议解决制度和方式。仲裁具有自愿性、专业性、灵活性、保密性、快捷性、经济性和独立性等特点。

1）仲裁委员会

仲裁委员会可以在直辖市和省、自治区人民政府所在地的市设立，也可以根据需要在其他设区的市设立，不按行政区划层层设立。

2）仲裁规则

仲裁规则可以由仲裁机构制定，某些内容甚至也可以允许当事人自行约定，但是仲裁规则不得违反仲裁法中对程序方面的强制性规定。一般来说，仲裁规则由仲裁委员会自己制定。涉外仲裁机构的仲裁规则由中国国际商会制定。

3）仲裁协议

仲裁协议应以书面形式作出。仲裁协议的内容包括：

（1）仲裁事项，提交仲裁的争议范围。

（2）选定的仲裁委员会。

5.6.2.4 诉讼

诉讼作为一种合同争议解决方法，是指人民法院在当事人和其他诉讼参与人参加下，审理和解决民事案件的活动以及在这种活动中产生的各种民事关系的总和。在诉讼过程中，法院始终居于主导地位，代表国家行使审判权，是解决争议案件的主持者和审判者，而当事人则各自基于诉讼法所赋予的权利，在法院的主持下为维护自己的合法权益而活动。

1）诉讼时效

诉讼时效是指民事权利受到侵害的权利人在法定的时效期间内不行使权利，当时效期间届满时，人民法院对权利人的权利不再进行保护的制度（消灭胜诉权）。

《民法典》第188条规定，向人民法院请求保护民事权利的诉讼时效期间为3年。法律另有规定的，依照其规定。

诉讼时效期间自权利人知道或者应当知道权利受到损害以及义务人之日起计算。法律另有规定的，依照其规定。但是，自权利受到损害之日起超过二十年的，人民法院不予保护，有特殊情况的，人民法院可以根据权利人的申请决定延长。

2）诉讼时效中止

在诉讼时效期间的最后六个月内，因下列障碍，不能行使请求权的，诉讼时效中止：

①不可抗力；

②无民事行为能力人或者限制民事行为能力人没有法定代理人，或者法定代理人死亡、丧失民事行为能力、丧失代理权；

③继承开始后未确定继承人或者遗产管理人；

④权利人被义务人或者其他人控制；

⑤其他导致权利人不能行使请求权的障碍。

自中止时效的原因消除之日起满六个月，诉讼时效期间届满。

3）诉讼时效中断

有下列情形之一的，诉讼时效中断，从中断、有关程序终结时起，诉讼时效期间重新计算：

①权利人向义务人提出履行请求；

②义务人同意履行义务；

③权利人提起诉讼或者申请仲裁；

④与提起诉讼或者申请仲裁具有同等效力的其他情形。

例如，按照施工合同的约定，2020年1月1日建设单位应该向承包人支付工程款，但是却没有支付。2020年7月1日至8月1日之间,当地发生了特大洪水,导致承包人不能行使请求权。2020年12月1日,承包人向法院提起诉讼,请求建设单位支付拖欠的工程款。则2020年12月1日起诉讼时效中断;并且由于承包人提起诉讼,诉讼时效将可至2023年12月1日;如果承包人一直没有提出索要工程款的要求,建设单位也没有主动提出支付工程款,则截止于2023年1月1日,承包人丧失胜诉权。

4)诉讼管辖

各级人民法院之间和同级人民法院之间受理第一审民事案件的分工和权限。我国民事诉讼法将管辖分为:级别管辖、地域管辖、移送管辖和指定管辖,见表5-8。

民事诉讼管辖分类　　　　　　　　　　　　　　　　表5-8

级别管辖	按照一定的标准,划分上下级人民法院之间受理第一审民事案件的分工和权限
地域管辖	按照各级人民法院的辖区和民事案件的隶属关系来划分诉讼管辖
移送管辖	人民法院在受理民事案件后,发现自己对案件并无管辖权,将案件移送到有管辖权的人民法院审理
指定管辖	上级人民法院以裁定方式指定其下级人民法院对某一案件行使管辖权

5)诉讼程序

我国民事诉讼法将审判程序分为:第一审普通程序、简易程序、第二审程序、特别程序,见表5-9。

民事诉讼程序分类　　　　　　　　　　　　　　　　表5-9

第一审普通程序	人民法院审理民事案件通常所适用的程序。其包括起诉与受理、审理前的准备、开庭审理几个阶段,其中开庭审理又分为准备开庭、法庭调查、法庭辩论、评议和宣判。需要指出的是,仲裁和诉讼这两种争议解决的方式只能选择其中一种,当事人可以根据实际情况选择仲裁或诉讼
简单程序	适用于基层人民法院和其派出的法庭审理事实清楚、权利义务关系明确、争议不大的简单的民事案件
第二审程序	适用于当事人不服当地人民法院第一审判决的,有权在判决书送达之日起15日内向上一级人民法院提出上诉
特别程序	适用于人民法院审理选民资格案件、宣告失踪或者宣告死亡案件、认定公民无民事行为能力或者限制民事行为能力案件和认定财产无主案件

5.7 合同担保

合同的担保是指法律规定或者由当事人双方协商约定的确保合同按约履行所采取的具有法律效力的一种保证措施。

担保方式为保证、抵押、质押、留置和定金。

5.7.1 保证

《民法典》规定,保证是指保证人和债权人约定,当债务人不履行债务时,保证人按照约定履行债务或者承担责任的行为。

《民法典》对保证人的资格作了规定。保证人必须是具有代为清偿债务能力的人,既可以是法人,也可以是其他组织或者公民。但下列人不可以作为保证人:

（1）机关法人不得为保证人，但经国务院批准为使用外国政府或者国际经济组织贷款进行转贷的除外。

（2）学校、幼儿园、医院等以公益为目的的事业单位、社会团体不得为保证人。

保证合同可以是单独订立的书面合同，也可以是主债权债务合同中的保证条款。保证合同的内容有：

（1）被保证的主债权种类、数量。

（2）债务人履行债务的期限。

（3）保证的方式。

（4）保证担保的范围。

（5）保证的期限。

（6）双方认为需要约定的其他事项。

保证的方式有一般保证和连带责任保证两种。一般保证是指当事人在保证合同中约定，债务人不能履行债务时，由保证人承担保证责任的保证方式。连带责任保证是指当事人在保证合同中约定保证人与债务人对债务承担连带责任的保证方式。

当事人在保证合同中对保证方式没有约定或者约定不明确的，按照一般保证承担保证责任。

5.7.2 抵押

抵押是债务人或第三人不转移对抵押财产的占有，将该财产作为债权的担保。当债务人不履行债务时，债权人有权依法以该财产折价或以拍卖、变卖该财产的价款优先受偿。

（1）根据《民法典》的规定，可以抵押的财产有：

①建筑物和其他土地附着物；

②建设用地使用权；

③海域使用权；

④生产设备、原材料、半成品、产品；

⑤正在建造的建筑物、船舶、航空器；

⑥交通运输工具；

⑦法律、行政法规未禁止抵押的其他财产。

抵押人可以将前面所列财产一并抵押，但抵押人所担保的债权不得超出其抵押物的价值。

（2）当事人应当采用书面形式订立抵押合同。抵押合同一般包括下列内容：

①被担保债权的种类和数额；

②债务人履行债务的期限；

③抵押财产的名称、数量等情况；

④担保的范围。

例如甲要找银行贷款，甲将房子抵押给银行，但是房子还是甲在住，那么房子是标的物，标的物没有转移给银行，这种情况是抵押。甲 A 到期无法偿还贷款，银行就有权该房产优先受偿。

5.7.3 质押

质押分为动产质押和权利质押。动产质押是指债务人或者第三人将其动产移交债权人占有,将该动产作为债权的担保。债务人不履行债务时,债权人有权依照法律规定以该动产折价或者以拍卖、变卖该动产的价款优先受偿。债务人或者第三人为出质人,债权人为质权人,移交的动产为质物。

(1)质押合同的内容包括:
①被担保的主债权种类、数额。
②债务人履行债务的期限。
③质物的名称、数量、质量、状况。
④质押担保的范围。
⑤质押财产交付的时间、方式。

(2)质押担保的范围包括主债权及利息、违约金、损害赔偿金、质物保管费用和实现质权的费用。在权利质押中,以下权利可以质押:
①汇票、支票、本票、债券、存款单、仓单、提单。
②依法可以转让的股票、股份。
③依法可以转让的商标专用权、专利权、著作权中的财产权。
④依法可以质押的其他权利。

权利出质后,出质人不得转让或者许可他人使用,但经出质人与质权人协商同意的,可以转让或者许可他人使用。出质人所得的转让费、许可费应当向质权人提前清偿所担保的债权或向与质权人约定的第三人提存。

5.7.4 留置

留置是指债权人按照合同约定占有债务人的动产,债务人不按照合同约定的期限履行债务的债权人有权依照法律规定留置该财产,以该财产折价或以拍卖、变卖该财产的价款优先受偿的担保形式。

留置担保范围包括主债权及利息、违约金、损害赔偿金、留置物保管费用和实现留置权的费用。

留置具有如下法律特征:
(1)留置权是一种从权利。
(2)留置权属于他物权。
(3)留置权是一种法定担保方式,它依据法律规定而发生,而非以当事人之间的协议而成立。

例如,某施工单位委托构件加工厂加工一批预制箱梁,并与构件加工厂签订了委托加工合同,当合同到期,构件加工厂也将箱梁加工完成,但施工单位没有付款,构件加工厂就有权留置这批箱梁,并且以其所换的款项抵偿所欠的货款,这就是留置。

5.7.5 定金

定金是合同当事人约定一方向对方给付一定款项作为债权的担保形式。债务人履行合同后,定金应当抵作价款或者收回。给付定金的一方不履行约定的债务的,无权请求返还定金。收受定金的一方不履行约定的债务的,应当双倍返还定金。当事人约定以交付定金作为订立主合同担保的,给付定金的一方拒绝订立主合同的,无权要求返还定金;收受定金的一方拒绝订立合同的,应当双倍返还定金。

定金应当以书面形式约定。当事人在定金合同中应当约定交付定金的期限。定金合同从实际交付定金之日时成立。例如甲建设单位与乙钢材供应商于6月1日签订了一份钢材购销合同,内有定金条款,约定甲给付乙定金10万元。后甲于6月15日交付8万元给乙,乙予以接受。则该定金合同6月15日生效;数额为8万元。

定金的具体数额由当事人约定,但不得超过主合同标的额的20%。

工程合同的担保一般采用定金的形式。一般在投标时需交纳投标保证金,施工单位中标签订合同前,需交纳履约保证金。

应用案例 5-6

【案例概况】

甲钢材公司与本市中国工商银行签订合同。合同规定,由工商银行向甲钢材公司提供150万元贷款,借款期限为三年,届时甲钢材公司还清借款,另付利息30万元。合同签订后,银行经调查,发现甲钢材公司经营不善,便提出终止合同,乙物资总公司出面说情,达成一致意见:原合同继续有效,另外三方签订补充协议。乙物资公司签署保证:保证甲钢材公司到期将全部贷款及利息还给工商银行,并对资金监督使用。借款期限届至,工商银行前来催款,甲钢材公司只返还100万元,并请求工商银行将余额50万元及利息30万元于两个月后返还,工商银行考虑到甲钢材公司的实际困难和与乙物资公司的长期良好关系,遂同意了甲钢材公司的请求,并签署了协议,但此事并未通知乙物资公司。到应还款之日,银行发现甲钢材公司账户资金所剩无几。此时,银行向人民法院起诉,要求乙物资公司与甲钢材公司负连带责任,偿还50万元及利息30万元。

问题:

担保人在借款纠纷中应承担什么责任?乙物资公司对50万元余额和30万元利息是否应承担责任?

【案例评析】

本案三方签订的保证合同中,没有约定物资公司的保证方式。按照《民法典》规定:"当事人对保证方式没有约定或者约定不明确的,按照连带责任保证承担责任。"物资公司对该借款负有连带责任。借款期满后,银行与钢材公司就延期支付余款与利息达成协议,而且此事并未告知物资公司。《民法典》规定:"债权人与债务人协议变更主合同的,应当取得保证人书面同意,未经保证人书面同意的,保证人不再承担保证责任。保证合同另有约定的,按照约定。"据此,物资公司在银行与钢材公司签订延期支付余款与利息协议时就免除了其连带责任。故在银行起诉之时,本案就变成了银行与钢材公司之间的债权债务关系,银行只能要求钢材公司承担违约责任。

本模块小结

《民法典》规定了合同生效、无效合同、可撤销或变更合同的条件。合同履行必须坚持全面履行、诚实信用和实际履行的原则。《民法典》的基本原则是平等、自愿、公平、守法、诚实信用。合同订立采取要约、承诺方式。合同纠纷的处理方式有和解、调解、仲裁、诉讼等。

模 块 训 练

一、单选题

1. 合同的( )是指合同双方或多方当事人已就合同的主要条款达成合意而被法律认为合同已经客观存在。
   A. 成立　　　　　B. 订立　　　　　C. 质押　　　　　D. 定金

2. ( )是当事人一方向另一方作出的以一定条件订立合同的意思表示。
   A. 承诺　　　　　B. 要约　　　　　C. 留置　　　　　D. 定金

3. ( )是债务人或第三人将其动产或者权利作为担保物的合同担保方式。
   A. 质押　　　　　B. 定金　　　　　C. 债务的免除　　D. 债务的混同

4. ( )是依据法律的规定或合同的约定,合同当事人一方(债权人)有权留存所占有的对方的财产,以保护自己的合法权益。
   A. 债权人免除债务　B. 定金　　　　　C. 抵押　　　　　D. 留置

5. ( )是指当事人一方依法将其合同权利和义务的部分或者全部转让给第三人的法律行为。
   A. 合同的变更　　B. 合同的订立　　C. 合同的终止　　D. 合同的转让

6. ( )是指合同当事人之间的债权债务关系归于消灭而不复存在。
   A. 合同的变更　　B. 合同的订立　　C. 合同的终止　　D. 合同的转让

7. 索赔必须以( )为依据。
   A. 工程预算　　　B. 结算资料　　　C. 工程变更　　　D. 合同

8. ( )是指受要约人同意要约的意思表示。
   A. 要约　　　　　B. 承诺　　　　　C. 留置　　　　　D. 定金

9. ( )是合同当事人一方为了证明合同的成立和保证履行合同,按合同规定在合同履行前预先向对方给付的一定数额的货币。
   A. 留置　　　　　B. 承诺　　　　　C. 定金　　　　　D. 要约

10. ( )是指承包人提出的索赔要求虽然在合同条件中没有相应的文字规定,但可以根据合同的某些条款的含义推断出承包人有索赔权。这种索赔要求同样有法律效力,有权得到相应的经济补偿。
    A. 合同中明示的索赔　　　　　B. 合同中默示的索赔
    C. 工期索赔　　　　　　　　　D. 道义索赔

11. ( )是在合同履行过程中,当事人一方就对方不履行或不完全履行合同义务,或者就可归责于对方的原因而造成的经济损失,向对方提出赔偿或补偿要求的行为。
    A. 变更　　　　　B. 终止　　　　　C. 反索赔　　　　D. 索赔

12. 合同订立过程中,承诺自( )时生效。
    A. 发出　　　　　　　　　　　B. 要约人了解其内容
    C. 合同生效　　　　　　　　　D. 达到要约人

13. 在合同订立过程中有( )行为的,给对方造成损失的,行为人应当承担损害赔偿责任。

A. 故意抬高价格的 B. 合同订立过程中因情况变化而退出谈判的
C. 合同谈判缺乏诚意 D. 故意隐瞒与合同有关的重要事实

14. 在下列合同中,(　　)合同是可撤销的合同。
   A. 当事人的意思表示不真实
   B. 恶意串通,损害国家、集体或者第三人利益的
   C. 一方以欺诈、胁迫手段订立合同,损害国家利益
   D. 违反法律强制规定的

15. (　　)是合同当事人双方权利义务共同指向的对象,即合同法律关系的客体。
   A. 标的　　　　B. 货物　　　　C. 质量　　　　D. 数量

二、多选题

1. 保证人要对债务人不履行合同的行为承担责任,因此,具有清偿能力的法人、其他组织或公民才可以充当保证人。以下不得做保证人的单位有(　　)。
   A. 国家机关(经国务院批准的为使用外国政府或国际经济组织的贷款进行转贷的政府行政法人可以做担保人)
   B. 学校、幼儿园、医院等公益事业单位
   C. 社会团体
   D. 企业法人的分支机构、职能部门(没有法人的书面授权)
   E. 银行

2. 合同终止即合同权利义务的终止,是指合同当事人之间的债权债务关系归于消灭而不复存在。合同终止可能是当事人双方均履行完约定义务后的正常终止,也可以是在双方约定的义务未履行完时,由于某一事件的发生而被迫终止。《民法典》规定了如下几种合同终止的情况(　　)。
   A. 债务已经按照约定履行 B. 合同解除
   C. 债务相互抵销 D. 债务人依法将标的物提存
   E. 债权人免除债务

3. 《民法典》规定合同无效的情形有(　　)。
   A. 无民事行为能力人实施的
   B. 行为人与相对人以虚假的意思表示实施的
   C. 违反法律、行政法规的强制性规定
   E. 违背公序良俗
   F. 行为人与相对人恶意串通,损害他人合法权益的

4. 保证的方式包括(　　)两种。
   A. 社会救济基金　　B. 养老保险基金　　C. 国家福利基金
   D. 一般保证　　　　E. 连带保证

5. 合同的履行应遵循诚实信用原则全面履行约定的义务。如果当事人只履行合同约定的部分义务,则属于部分履行或不完全履行。如果当事人完全没有履行合同约定的义务,则属于合同未履行或不履行合同。当事人在遵循诚实信用原则履行合同的过程中应尽的基本义务有(　　)。
   A. 通知　　　　B. 协助　　　　C. 保密
   D. 债务的免除　　E. 债务的丢失

模块5 合同法律基础

6. 对于无效合同的法律后果,无效合同中所涉及的财产可采取如下方式处理( )。
   A. 返还原物　　　　　　　　　　B. 赔偿损失
   C. 收归国有或返还集体　　　　　　D. 统一政策,分级管理
   E. 征收税金
7. 合同的内容一般包括条款( )。
   A. 当事人的名称或者姓名和住所　　B. 标的
   C. 数量　　　　　　　　　　　　　D. 质量
   E. 价款或者报酬
8. 合同法律关系的构成要素有( )。
   A. 主体　　　　B. 内容　　　　C. 客体
   D. 权利　　　　E. 义务
9. 下列哪些承诺行为不发生承诺的效力( )。
   A. 附条件的接受要约
   B. 撤回承诺的通知与承诺同时到达要约人
   C. 撤回承诺的通知因送达的原因后于承诺到达,要约人未及时将该情况通知承诺人
   D. 承诺因送达的原因为要约有效期限届满后到达要约人,要约人将情况通知了承诺人
10. 甲乙两公司依法签订了一份买卖合同,该合同执行国家定价,在乙公司逾期交货的情况下,该产品的价格( )。
    A. 遇有价格上涨时,按原价格执行　　B. 遇有价格上涨时,按新价格执行
    C. 遇有价格下降时,按新价格执行　　D. 遇有价格下降时,按原价格执行

三、简答题

1. 合同法的基本原则是什么?
2. 合同生效应当具备的条件是什么?
3. 签订合同必须经过哪些程序?
4. 简述合同变更中应注意的问题。

四、案例分析题

1. 甲某为某施工企业法定代表人,在企业合法经营范围内就一项施工任务与某公路项目的发包人签订了承包合同。事后,该施工企业通知该项目发包人:"根据公司章程规定,甲某无权独立对外签订施工合同,故甲某与贵方所签合同没有效力,对我公司没有约束力。"但事实上,在此之前,该项目发包人不知道而且不可能知道施工企业的这项规定。

问题:
(1)你认为该施工企业的说法是否正确?
(2)试根据我国《民法典》的有关规定,说明理由。
(3)如果上述合同是甲某通过授权书委托乙某与发包人签订的,该合同是否有效?
(4)如果上述合同是施工企业职工乙某与发包人签订的,但未提供甲某签署的授权书,该合同是否对该施工企业发生效力?

2. 某城市拟新建一大型火车站,各有关部门组织成立建设项目法人,在项目建议书、可行性研究报告、设计任务书等经市计划主管部门审核后,报国家计委、国务院审批并向国务院计划主管部门申请国家重大建设工程立项。审批过程中,项目法人以公开招标方式与三家中标的一级企业签订《建设工程总承包合同》,约定由该三家企业共同为车站主体工程承包商,承

包形式为一次包干,估算工程总造价18亿元。但合同签订后,国务院计划主管部门公布该工程为国家重大建设工程项目,批准的投资计划中主体工程部分仅为15亿元。因此,该计划下达后,委托方(项目法人)要求企业修改合同,降低包干造价,施工企业不同意,委托方诉至法院,要求解除合同。

问题:
(1)项目法人与三家中标企业签订的《建设工程总承包合同》是否有效?
(2)试分析法院应如何判决该案例?

模块5 在线测试

模块6 公路工程施工合同及合同管理

知识目标

通过公路工程施工合同的具体运用,熟悉公路工程施工合同的条款,掌握其内容与要求。

能力目标

1. 能够区分施工合同的种类;
2. 能够明确施工中各方当事人的权利和义务;
3. 能够利用公路工程施工合同对施工中发生的具体情况进行处理。

引例

某承包人与某发包人签订了某公路项目的路基工程施工合同,按合同工程量清单进行计量支付。承包人必须严格按照施工图及施工合同规定的内容及技术要求施工。工程开工前,承包人向监理工程师提交了施工组织设计并得到批准。

在工程施工过程中,承包人根据监理工程师指示就部分工程进行了工程变更施工。工程变更部分合同价款应根据什么原则确定?

在开挖土方过程中,有两项重大事件使工期发生较大的延误:一是土方开挖时遇到了一些工程地质勘查没有探明的孤石,排除孤石拖延了一定工期;二是施工过程中遇到数天季节性大雨后又转为特大暴雨引起山洪暴发,造成现场临时道路、管网和施工用房等设施及已施工的部分基础被冲坏,运进现场的部分材料被冲走。雨后承包人花费很多工时清理现场和恢复施工条件。为此,承包人提出了延长工期和费用补偿的要求。请思考监理工程师该如何处理?

6.1 公路工程施工合同概述

6.1.1 施工合同概述

公路工程施工合同即承包合同,是业主与承包商为完成约定的公路工程项目施工,确定双方权利和义务的协议。它是公路工程合同体系中的"核心合同"。因此,公路工程施工合同无论是订立的要求、程序和内容都较其他公路工程合同更严格、规范和复杂。

6.1.2 施工合同的分类

公路工程施工合同有施工总承包合同和施工分包合同之分。

施工总承包合同的发包人是建设工程的建设单位或取得建设项目总承包资格的项目总承

包单位,在合同中一般称为业主或发包人。施工总承包合同的承包人是承包单位,在合同中一般称为承包人。

施工分包合同又有专业分包合同和劳务作业分包合同之分。分包合同的发包人一般是取得施工总承包合同的承包单位,在分包合同中一般仍沿用施工总承包合同中的名称,即仍称为承包人。而分包合同的承包人一般是专业化的专业工程施工单位或劳务作业单位,在分包合同中一般称为分包人或劳务分包人。

6.2 各方当事人的基本权利与义务

码6-1 各方当事人的基本权利及义务

6.2.1 发包人的基本权利与义务

根据《公路工程标准施工招标文件》(2018年版)"通用合同条款"和"专用合同条款"所列,发包人的责任与义务最主要的有:

(1)遵守法律。
(2)发出开工通知。
(3)提供施工场地(发包人负责办理永久占地的片用及与之有关的拆迁赔偿手续并承担相关费用。发包人应在监理人发出本工程或分部工程开工通知之前,对承包人开工所需的永久占地办妥征用手续和相关拆迁赔偿手续,通知承包人使用,以使承包人能够及时开工,此后按承包人提交并经监理人同意的合同进度计划的安排,分期或一次将施工所需的其余永久占地办妥征用以及拆迁赔偿手续,通知承包人使用,以使承包人能够连续不间断地施工。由于发包人未能按照本项规定办妥永久占地征用手续,影响承包人及时使用永久占地造成的费用增加和工期延误应由发包人承担。由于承包人未能按照本项规定提交占地计划,影响发包人办理永久占地征用手续造成的费用增加和工期延误由承包人承担)。
(4)协助承包人办理证件和批件。
(5)组织设计交底。
(6)支付合同价款。
(7)组织竣工验收。
(8)其他义务。

6.2.2 承包人的基本权利与义务

根据《公路工程标准施工招标文件》(2018年版)"通用合同条款"和"专用合同条款"所列,承包人的责任与义务最主要的有:

(1)遵守法律。
(2)依法纳税。
(3)完成各项承包工作。
(4)对施工作业和施工方法的完备性负责。
(5)保证工程施工和人员的安全。
(6)负责施工场地及其周边环境与生态的保护工作。
(7)避免施工对公众与他人的利益造成损害。

(8) 为他人提供方便。

(9) 工程的维护和照管。在"专用合同条款"中，本项细化为：交工验收证书颁发前，承包人应负责照管和维护工程及将用于或安装在本工程中的材料、设备。交工验收证书颁发时尚有部分未交工工程的，承包人还应负责该未交工工程、材料、设备的照管和维护工作，直到交工后移交给发包人为止。在承包人负责照管与维护期间，如果本工程或材料、设备等发生损失或损害，除不可抗力原因之外，承包人均应自费弥补，并达到合同要求。承包人还应对按规定而实施作业的过程中由承包人造成的对工程的任何损失或损害负责。

(10) 其他义务。

6.2.3 监理人的基本权利与义务

(1) 监理人受发包人委托，享有合同约定的权力。监理人在行使某项权力前需要经发包人事先批准而通用合同条款没有指明的，应在专用合同条款中指明，具体有：

①同意分包本工程的某些非主体和非关键性工作。
②确定产生的费用增加额。
③发布开工通知、暂停施工指示或复工通知。
④决定工期延长。
⑤审查批准技术规范或设计的变更。
⑥根据发出的变更指令，其单项工程变更或累计变更涉及的金额超过了项目专用合同条款数据表规定的金额。
⑦确定变更工作的单价。
⑧决定有关暂列金额的使用。
⑨确定暂估价金额。
⑩确定索赔额。

如果发生紧急情况，监理人认为将造成人员伤亡，或危及本工程或邻近的财产需立即采取行动，监理人有权在未征得发包人批准的情况下发布处理紧急情况所如必需的指令，承包人应予执行，由此造成的费用增加由监理人按专用合同条款商定或确定。

(2) 监理人发出的任何指示应视为已得到发包人的批准，但监理人无权免除或变更合同约定的发包人和承包人的权利、义务和责任。

(3) 合同约定应由承包人承担的义务和责任，不因监理人对承包人提交文件的审查或批准，对工程、材料和设备的检查和检验，以及为实施监理作出的指示等职务行为而减轻或解除。

6.2.4 分包人的基本权利与义务

(1) 承包人不得将其承包的全部工程转包给第三人，或将其承包的全部工程肢解后以分包的名义转包给第三人。

(2) 承包人不得将工程主体、关键性工作分包给第三人。经发包人同意，承包人或将工程的其他部分或工作分包给第三人。分包包括专业分包和劳务分包。

(3) 分包人的资格能力应与其分包工程的标准和规模相适应。

(4) 按投标函附录约定分包工程的，承包人应向发包人和监理人提交分包合同副本。

(5) 承包人应与分包人就分包工程向发包人承担连带责任。

6.3 公路工程施工合同通用条款的主要内容

合同条款包括通用条款和专用条款;通用条款在整个项目中是相同的,甚至可以直接采用范本中的合同条款,这样既可节省编制招标文件的时间,又能较好地保证合同的公平性和严密性。在编制合同条款时,《公路工程标准施工招标文件》的通用条款原则上不能变动。

《公路工程标准施工招标文件》中"通用合同条款"主要内容如下。

6.3.1 一般约定与解释

6.3.1.1 词语定义

通用合同条款、专用合同条款中的下列词语应具有本款所赋予的含义。

(1)合同(表6-1)。

合同　　　　　　　　　　　　　　　　　　　　　　　　　表6-1

序号	名称	定义
a	合同文件(或称合同)	合同协议书、中标通知书、投标函及投标函附录、专用合同条款、通用合同条款、技术标准和要求、图纸、已标价工程量清单,以及其他合同文件
b	合同协议书	"通用合同条款"所指的合同协议书。承包人按中标通知书规定的时间与发包人签订合同协议书。除法律另有规定或合同另有约定外,发包人和承包人的法定代表人或其委托代理人在合同协议书上签字并盖单位章后,合同生效
c	中标通知书	发包人通知承包人中标的函件
d	投标函	构成合同文件组成部分的由承包人填写并签署的投标函
e	投标函附录	附在投标函后构成合同文件的投标函附录
f	技术标准和要求	构成合同文件组成部分的名为技术标准和要求的文件,包括合同双方当事人约定对其所做的修改或补充
g	图纸	包含在合同中的工程图纸,以及由发包人按合同约定提供的任何补充和修改的图纸,包括配套的说明
h	已标价工程量清单	构成合同文件组成部分的由承包人按照规定的格式和要求填写并标明价格的工程量清单
i	其他合同文件	经合同双方当事人确认构成合同文件的其他文件

(2)合同当事人和人员(表6-2)。

合同当事人和人员　　　　　　　　　　　　　　　　　　　表6-2

序号	名称	定义
a	合同当事人	发包人和(或)承包人
b	发包人	专用合同条款中指明并与承包人在合同协议书中签字的当事人
c	承包人	与发包人签订合同协议书的当事人
d	承包人项目经理	承包人派驻施工场地的全权负责人
e	分包人	从承包人处分包合同中某一部分工程,并与其签订分包合同的分包人
f	监理人	在专用合同条款中指明的,受发包人委托对合同履行实施管理的法人或其他组织
g	总监理工程师(总监)	由监理人委派常驻施工场地对合同履行实施管理的全权负责人

(3)工程和设备(表6-3)。

工程和设备　　　　　　　　　　　　　表6-3

序号	名称	定义
a	工程	永久工程和(或)临时工程
b	永久工程	按合同约定建造并移交给发包人的工程,包括工程设备
c	临时工程	为完成合同约定的永久工程所修建的各类临时性工程,不包括施工设备
d	单位工程	专用合同条款中指明特定范围的永久工程
e	工程设备	构成或计划构成永久工程一部分的机电设备、金属结构设备、仪器装置及其他类似的设备和装置
f	施工设备	为完成合同约定的各项工作所需的设备、器具和其他物品,不包括临时工程和材料
g	临时设施	为完成合同约定的各项工作所服务的临时性生产和生活设施
h	承包人设备	承包人自带的施工设备
i	施工场地(或称工地、现场)	用于合同工程施工的场所,以及在合同中指定作为施工场地组成部分的其他场所,包括永久占地和临时占地
j	永久占地	专用合同条款中指明为实施合同工程需要永久占用的土地
k	临时占地	专用合同条款中指明为实施合同工程需要临时占用的土地

(4)日期(表6-4)。

日　期　　　　　　　　　　　　　表6-4

序号	名称	定义
a	开工通知	监理人按"开工"通知承包人开工的函件
b	开工日期	监理人按"开工"发出的开工通知中写明的开工日期
c	工期	承包人在投标函中承诺的完成合同工程所需的期限,包括按"发包人的工期延误""异常恶劣的气候条件"和"工期提前"约定所做的变更
d	竣工日期	本表c项"工期"约定工期届满时的日期。实际竣工日期以工程接收证书中写明的日期为准
e	缺陷责任期	"缺陷责任"约定的缺陷责任的期限,具体期限由专用合同条款约定,包括根据"缺陷责任期的延长"约定所做的延长
f	基准日期	投标截止时间前28天的日期
g	天	除特别指明外,指日历天。合同中按天计算时间的,开始当天不计入,从次日开始计算。期限最后一天的截止时间为当天24:00

(5)合同价格和费用(表6-5)。

合同价格和费用　　　　　　　　　　表6-5

序号	名称	定义
a	签约合同价	签订合同时合同协议书中写明的,包括了暂列金额、暂估价的合同总金额
b	合同价格	承包人按合同约定完成了包括缺陷责任期内的全部承包工作后,发包人应付给承包人的金额,包括在履行合同过程中按合同约定进行的变更和调整
c	费用	为履行合同所发生的或将要发生的所有合理开支,包括管理费和应分摊的其他费用,但不包括利润

续上表

序号	名称	定义
d	暂列金额	已标价工程量清单中所列的暂列金额,用于在签订协议书时尚未确定或不可预见变更的施工及其所需材料、工程设备、服务等的金额,包括以计日工方式支付的金额
e	暂估价	发包人在工程量清单中给定的用于支付必然发生但暂时不能确定价格的材料、设备以及专业工程的金额
f	计日工	对零星工作采取的一种计价方式,按合同中的计日工子目及其单价计价付款
g	质量保证金(或称保留金)	按约定用于保证在缺陷责任期内履行缺陷修复义务的金额

(6)其他(表6-6)。

其他　　　　　　　　　表6-6

序号	名称	定义
a	书面形式	合同文件、信函、电报、传真等可以有形地表现所载内容的形式

6.3.1.2 语言文字

除专用术语外,合同使用的语言文字为中文。必要时,专用术语应附有中文注释。

6.3.1.3 法律

适用于合同的法律包括中华人民共和国法律、行政法规、部门规章,以及工程所在地的地方法规、自治条例、单行条例和地方政府规章。

6.3.1.4 合同文件的优先顺序

组成合同的各项文件应互相解释,互为说明。除专用合同条款另有约定外,解释合同文件的优先顺序如表6-7所示。

合同文件的优先顺序　　　　　　　　　表6-7

序号	合同文件名称	序号	合同文件名称
1	合同协议书	6	技术标准和要求
2	中标通知书	7	图纸
3	投标函及投标函附录	8	已标价工程量清单
4	专用合同条款	9	其他合同文件
5	通用合同条款		

6.3.1.5 合同协议书

承包人按中标通知书规定的时间与发包人签订合同协议书。除法律另有规定或合同另有约定外,发包人和承包人的法定代表人或其委托代理人在合同协议书上签字并盖单位章后,合同生效。

6.3.1.6 图纸和承包人文件

(1)除专用合同条款另有约定外,图纸应在合理的期限内按照合同约定的数量提供给承包人。由于发包人未按时提供图纸造成工期延误的,按"发包人的工期延误"的约定办理。

(2)按专用合同条款约定,由承包人提供的文件,包括部分工程的大样图、加工图等,承包人应按约定的数量和期限报送监理人。监理人应在专用合同条款约定的期限内批复。

(3)图纸需要修改和补充的,应由监理人取得发包人同意后,在该工程或工程相应部位施工前的合理期限内签发图纸修改图给承包人,具体签发期限在专用合同条款中约定。承包人应按修改后的图纸施工。

(4)图纸的错误。承包人发现发包人提供的图纸存在明显错误或疏忽,应及时通知监理人。

(5)图纸和承包人文件的保管。监理人和承包人均应在施工场地各保存一套完整的包含本条(1)(2)(3)项(图纸的提供、承包人提供的文件、图纸的修改)约定内容的图纸和承包人文件。

6.3.1.7 联络

(1)与合同有关的通知、批准、证明、证书、指示、要求、请求、同意、意见、确定和决定等,均应采用书面形式。

(2)本条第(1)项的通知、批准、证明、证书、指示、要求、请求、同意、意见、确定和决定等来往函件,均应在合同约定的期限内送达指定地点和接收人,并办理签收手续。

6.3.1.8 转让

除合同另有约定外,未经对方当事人同意,一方当事人不得将合同权利全部或部分转让给第三人,也不得全部或部分转移合同义务。

6.3.1.9 严禁贿赂

合同双方当事人不得以贿赂或变相贿赂的方式,谋取不当利益或损害对方权益。因贿赂造成对方损失的,行为人应赔偿损失,并承担相应的法律责任。

6.3.1.10 化石、文物

(1)在施工场地发掘的所有文物、古迹以及具有地质研究或考古价值的其他遗迹、化石、钱币或物品属于国家所有。一旦发现上述文物,承包人应采取有效合理的保护措施,防止任何人员移动或损坏上述物品,并立即报告当地文物行政部门,同时通知监理人。发包人、监理人和承包人应按文物行政部门要求采取妥善保护措施,由此导致费用增加和(或)工期延误由发包人承担。

(2)承包人发现文物后不及时报告或隐瞒不报,致使文物丢失或损坏的,应赔偿损失,并承担相应的法律责任。

6.3.1.11 专利技术

(1)承包人在使用任何材料、承包人设备、工程设备或采用施工工艺时,因侵犯专利权或其他知识产权所引起的责任,由承包人承担,但由于遵照发包人提供的设计或技术标准和要求引起的除外。

(2)承包人在投标文件中采用专利技术的,专利技术的使用费包含在投标报价内。

(3)承包人的技术秘密和声明等需要保密的资料和信息,发包人和监理人不得为合同以外的目的泄露给他人。

6.3.1.12 图纸和文件的保密

(1)发包人提供的图纸和文件,未经发包人同意,承包人不得为合同以外的目的泄露给他人或公开发表与引用。

(2)承包人提供的文件,未经承包人同意,发包人和监理人不得为合同以外的目的泄露给他人或公开发表与引用。

6.3.2 质量控制条款及案例

6.3.2.1 公路工程质量要求

工程质量验收按合同约定验收标准执行。

因承包人原因造成工程质量达不到合同约定验收标准的,监理人有权要求承包人返工直至符合合同要求为止,由此造成的费用增加和(或)工期延误由承包人承担。

码6-2 施工合同中的质量管理

因发包人原因造成工程质量达不到合同约定验收标准的,发包人应承担由于承包人返工造成的费用增加和(或)工期延误,并支付承包人合理利润。

6.3.2.2 材料和工程设备

承包人应按合同约定进行材料、工程设备和工程的试验和检验,并为监理人对上述材料、工程设备和工程的质量检查提供必要的试验资料和原始记录。按合同约定,应由监理人与承包人共同进行试验和检验的,由承包人负责提供必要的试验资料和原始记录。

监理人未按合同约定派员参加试验和检验的,除监理人另有指示外,承包人可自行试验和检验,并应立即将试验和检验结果报送监理人,监理人应签字确认。

监理人对承包人的试验和检验结果有疑问的,或为查清承包人试验和检验成果的可靠性要求承包人重新试验和检验的,可按合同约定由监理人与承包人共同进行。重新试验和检验的结果证明该项材料、工程设备或工程的质量不符合合同要求的,由此增加的费用和(或)工期延误由承包人承担;重新试验和检验结果证明该项材料、工程设备和工程符合合同要求,由发包人承担由此增加的费用和(或)工期延误,并支付承包人合理利润。

承包人根据合同约定或监理人指示需进行的现场材料试验或现场工艺试验,应按"通用合同条款"规定进行。

6.3.2.3 施工设备和临时设施

1)承包人提供的施工设备和临时设施及监理人对其要求

承包人应按合同进度计划的要求,及时配置施工设备和修建临时设施。进入施工场地的承包人设备需经监理人核查后才能投入使用。承包人更换合同约定的承包人设备的,应报监理人批准。

除专用合同条款另有约定外,承包人应自行承担修建临时设施的费用,需要临时占地的,应由发包人办理申请手续并承担相应费用。

承包人使用的施工设备不能满足合同进度计划和(或)质量要求时,监理人有权要求承包人增加或更换施工设备,承包人应及时增加或更换,由此增加的费用和(或)工期延误由承包人承担。

除合同另有约定外,运入施工场地的所有施工设备以及在施工场地建设的临时设施应专用于合同工程。未经监理人同意,不得将上述施工设备和临时设施中的任何部分运出施工场地或挪作他用。

经监理人同意,承包人可根据合同进度计划撤走闲置的施工设备。

2)发包人提供的施工设备和临时设施

发包人提供的施工设备或临时设施在专用合同条款中约定。

6.3.2.4 测量放线

1)施工控制网

发包人应在专用合同条款约定的期限内,通过监理人向承包人提供测量基准点、基准线和水准点及其书面资料。除专用合同条款另有约定外,承包人应根据国家测绘基准、测绘系统和工程测量技术规范,按上述基准点(线)以及合同工程精度要求,测设施工控制网,并在专用合同条款约定的期限内,将施工控制网资料报送监理人审批。

承包人应负责管理施工控制网点。施工控制网点丢失或损坏的,承包人应及时修复。承包人应承担施工控制网点的管理与修复费用,并在工程竣工后将施工控制网点移交发包人。

2)施工测量

承包人应负责施工过程中的全部施工测量放线工作,并配置合格的人员、仪器、设备和其他物品。

监理人可以指示承包人进行抽样复测,当复测中发现错误或出现超过合同约定的误差时,承包人应按监理人指示进行修正或补测,并承担相应的复测费用。

3)基准资料错误的责任

发包人应对其提供的测量基准点、基准线和水准点及其书面资料的真实性、准确性和完整性负责。发包人提供上述基准资料错误导致承包人测量放线工作的返工或造成工程损失的,发包人应当承担由此增加的费用和(或)工期延误,并向承包人支付合理利润。承包人发现发包人提供的上述基准资料存在明显错误或疏忽的,应及时通知监理人。

4)监理人使用施工控制网

监理人需要使用施工控制网的,承包人应提供必要的协助,发包人不再为此支付费用。

6.3.2.5 试验和检验

1)材料、工程设备以及工程的试验和检验

承包人应按合同约定进行材料、工程设备以及工程的试验和检验,并为监理人对上述材料、工程设备和工程的质量检查提供必要的试验资料和原始记录。按合同约定,应由监理人与承包人共同进行试验和检验的,由承包人负责提供必要的试验资料和原始记录。

监理人未按合同约定派员参加试验和检验的,除监理人另有指示外,承包人可自行试验和检验,并应立即将试验和检验结果报送监理人,监理人应签字确认。

监理人对承包人的试验和检验结果有疑问的,或为查清承包人试验和检验成果的可靠性要求承包人重新试验和检验的,可按合同约定由监理人与承包人共同进行。重新试验和检验的结果证明该项材料、工程设备或工程的质量不符合合同要求的,由此增加的费用和(或)工期延误由承包人承担;重新试验和检验结果证明该项材料、工程设备和工程符合合同要求,由发包人承担由此增加的费用和(或)工期延误,并支付承包人合理利润。

2)现场材料试验

承包人根据合同约定或监理人指示进行的现场材料试验,应由承包人提供试验场所、试验人员、试验设备器材,以及其他必要的试验条件。

监理人在必要时,可以使用承包人的试验场所、试验设备器材以及其他试验条件,进行以工程质量检查为目的的复核性材料试验,承包人应予以协助。

3)现场工艺试验

承包人应按合同约定或监理人指示进行现场工艺试验。对大型的现场工艺试验,监理人认为必要时,应由承包人根据监理人提出的工艺试验要求,编制工艺试验措施计划,报送监理人审批。

6.3.2.6 工程质量检查

1)工程质量要求

工程质量验收按技术规范及《公路工程质量检验评定标准》(JTG F80/1—2017)执行。

因承包人原因造成工程质量达不到合同约定验收标准的,监理人有权要求承包人返工直至符合合同要求为止,由此造成的费用增加和(或)工期延误由承包人承担。

因发包人原因造成工程质量达不到合同约定验收标准的,发包人应承担由于承包人返工造成的费用增加和(或)工期延误,并支付承包人合理利润。

2)承包人的质量管理和质量检查

公路工程施行质量责任终身制。承包人应当书面明确相应的项目负责人和质量负责人。承包人的相关人员按照国家法律法规和有关规定在工程合理使用年限内承担相应的质量责任。

承包人对工程施工质量负责,应当按合同约定设立现场质量管理机构、配备工程技术人员和质量管理人员,落实工程施工质量责任制。建立完善的质量检查制度。承包人应在合同约定的期限内,提交工程质量保证措施文件,包括质量检查机构的组织和岗位责任、质检人员的组成、质量检查程序和实施细则等,报送监理人审批。

承包人应当严格按照工程设计图纸、施工技术标准和合同约定施工,对原材料、混合料、构配件、工程实体、机电设备等进行检验;按规定施行班组自检、工序交接检、专职质检员检验的质量控制程序;对分项工程、分部工程和单位工程进行质量自评。检验或者自评不合格的,不得进入下道工序或者投入使用。

承包人应当按照合同约定设立工地临时试验室,配齐检测和试验仪器、仪表,及时校正确保其精度;严格按照工程技术标准、检测规范和规程,在核定的试验检测参数范围内开展试验检测活动,并确保规范规定的检验、抽检频率。承包人应当对其设立的工地临时试验室所出具的试验检测数据和报告的真实性、客观性、准确性负责。

3)监理人的质量检查

监理人有权对工程的所有部位及其施工工艺、材料和工程设备进行检查和检验。承包人应为监理人的检查和检验提供方便,包括监理人到施工场地,或制造、加工地点,或合同约定的其他地方进行察看和查阅施工原始记录。承包人还应按监理人指示,进行施工场地取样试验、工程复核测量和设备性能检测,提供试验样品、提交试验报告和测量成果以及监理人要求进行的其他工作。监理人的检查和检验,不免除承包人按合同约定应负的责任。

4)工程隐蔽部位覆盖前的检查

(1)通知监理人检查。经承包人自检确认的工程隐蔽部位具备覆盖条件后,承包人应通知监理人在约定的期限内检查。承包人的通知应附有自检记录和必要的检查资料。监理人应按时到场检查。经监理人检查确认质量符合隐蔽要求,并在检查记录上签字后,承包人才能进行覆盖。监理人检查确认质量不合格的,承包人应在监理人指示的时间内修整返工后,由监理人重新检查。

(2)监理人未到场检查。监理人未按本款第(1)项约定的时间进行检查的,除监理人另有指示外,承包人可自行完成覆盖工作,并做相应记录报送监理人,监理人应签字确认。监理人事后对检查记录有疑问的,可按本款第(3)项的约定重新检查。

(3)监理人重新检查(图6-1)。承包人按本款第(1)项或第(2)项覆盖工程隐蔽部位后,监理人对质量有疑问的,可要求承包人对已覆盖的部位进行钻孔探测或揭开重新检验,承包人应遵照执行,并在检验后重新覆盖恢复原状。经检验证明工程质量符合合同要求的,由发包人承担由此增加的费用和(或)工期延误,并支付承包人合理利润;经检验证明工程质量不符合合同要求的,由此增加的费用和(或)工期延误由承包人承担。

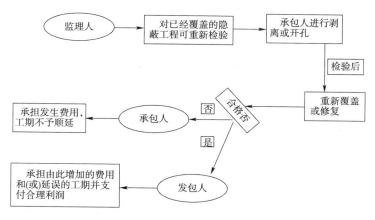

图 6-1　监理人重新检验

（4）承包人私自覆盖。承包人未通知监理人到场检查，私自将工程隐蔽部位覆盖的，监理人有权指示承包人钻孔探测或揭开检查，无论工程隐蔽部位质量是否合格，由此增加的费用和（或）工期延误由承包人承担。

5）清除不合格工程

承包人使用不合格材料、工程设备，或采用不适当的施工工艺，或施工不当，造成工程不合格的，监理人可以随时发出指示，要求承包人立即采取措施进行补救，直至达到合同要求的质量标准，由此增加的费用和（或）工期延误由承包人承担。

由于发包人提供的材料或工程设备不合格造成的工程不合格，需要承包人采取措施补救的，发包人应承担由此增加的费用和（或）工期延误，并支付承包人合理利润。

6.3.2.7　交竣工验收

1）竣工验收的含义

2）竣工验收申请报告

当工程具备以下条件时，承包人即可向监理人报送竣工验收申请报告：

（1）除监理人同意列入缺陷责任期内完成的尾工（甩项）工程和缺陷修补工作外，合同范围内的全部单位工程以及有关工作，包括合同要求的试验、试运行以及检验和验收均已完成，并符合合同要求。

（2）已按合同约定的内容和份数备齐了符合要求的竣工资料。

（3）已按监理人的要求编制了在缺陷责任期内完成的尾工（甩项）工程和缺陷修补工作清单以及相应施工计划。

（4）监理人要求在竣工验收前应完成的其他工作。

（5）监理人要求提交的竣工验收资料清单。

3）验收

监理人收到承包人提交的竣工验收申请报告后，应审查申请报告的各项内容，并按以下不同情况进行处理。

（1）监理人审查后认为尚不具备竣工验收条件的，应在收到竣工验收申请报告后的28天内通知承包人，指出在颁发接收证书前承包人还需进行的工作内容。承包人完成监理人通知的全部工作内容后，应再次提交竣工验收申请报告，直至监理人同意为止。

（2）监理人审查后认为已具备竣工验收条件的，应在收到竣工验收申请报告后的28天内提请发包人进行工程验收。

（3）发包人经过验收后同意接受工程的，应在监理人收到竣工验收申请报告后的56天内，由监理人向承包人出具经发包人签认的工程接收证书。发包人验收后同意接收工程但提出整修和完善要求的，限期修好，并缓发工程接收证书。整修和完善工作完成后，监理人复查达到要求的，经发包人同意后，再向承包人出具工程接收证书。

（4）发包人验收后不同意接收工程的，监理人应按照发包人的验收意见发出指示，要求承包人对不合格工程认真返工重做或进行补救处理，并承担由此产生的费用。承包人在完成不合格工程的返工重做或补救工作后，应重新提交竣工验收申请报告，按本款第（1）项、第（2）项和第（3）项的约定进行。

（5）除专用合同条款另有约定外，经验收合格工程的实际竣工日期，以提交竣工验收申请报告的日期为准，并在工程接收证书中写明。

（6）发包人在收到承包人竣工验收申请报告56天后未进行验收的，视为验收合格，实际竣工日期以提交竣工验收申请报告的日期为准，但发包人由于不可抗力不能进行验收的除外。

4）单位工程验收

发包人根据合同进度计划安排，在全部工程竣工前需要使用已经竣工的单位工程时，或承包人提出经发包人同意时，可进行单位工程验收。验收程序根据合同约定进行。验收合格后，由监理人向承包人出具经发包人签认的单位工程验收证书。已签发单位工程接收证书的单位工程由发包人负责照管。单位工程的验收成果和结论作为全部工程竣工验收申请报告的附件。

发包人在全部工程竣工前，使用已接收的单位工程导致承包人费用增加的，发包人应承担由此增加的费用和（或）工期延误，并支付承包人合理利润。

5）施工期运行

施工期运行是指合同工程尚未全部竣工，其中某项或某几项单位工程或工程设备安装已竣工，根据专用合同条款约定，需要投入施工期运行的，经发包人按合同约定验收合格，证明能确保安全后，才能在施工期投入运行。

在施工期运行中发现工程或工程设备损坏或存在缺陷的，由承包人按缺陷责任约定进行修复。

6）试运行

除专用合同条款另有约定外，承包人应按专用合同条款约定进行工程及工程设备试运行，负责提供试运行所需的人员、器材和必要的条件，并承担全部试运行费用。

由于承包人的原因导致试运行失败的，承包人应采取措施保证试运行合格，并承担相应费用。由于发包人的原因导致试运行失败的，承包人应当采取措施保证试运行合格，发包人应承担由此产生的费用，并支付承包人合理利润。

7）竣工清场

除合同另有约定外，工程接收证书颁发后，承包人应按以下要求对施工场地进行清理，直至监理人检验合格为止。竣工清场费用由承包人承担。

（1）施工场地内残留的垃圾已全部清除出场。

（2）临时工程已拆除，场地已按合同要求进行清理、平整或复原。

（3）按合同约定应撤离的承包人设备和剩余的材料，包括废弃的施工设备和材料，已按计划撤离施工场地。

（4）工程建筑物周边及其附近道路、河道的施工堆积物，已按监理人指示全部清理。

（5）监理人指示的其他场地清理工作已全部完成。

承包人未按监理人的要求恢复临时占地，或者场地清理未达到合同约定的，发包人有权委托其他人恢复或清理,所发生的金额从拟支付给承包人的款项中扣除。

8) 施工队伍的撤离

工程接收证书颁发后的 56 天内,除了经监理人同意需在缺陷责任期内继续工作和使用的人员、施工设备和临时工程外,其余的人员、施工设备和临时工程均应撤离施工场地或拆除。除合同另有约定外,缺陷责任期满时,承包人的人员和施工设备应全部撤离施工场地。

6.3.2.8 缺陷责任与保修责任

1) 缺陷责任期的起算时间

缺陷责任期自实际竣工日期起计算。在全部工程竣工验收前,已经发包人提前验收的单位工程,其缺陷责任期的起算日期相应提前。

2) 缺陷责任

(1) 承包人应在缺陷责任期内对已交付使用的工程承担缺陷责任。

(2) 缺陷责任期内,发包人对已接收使用的工程负责日常维护工作。发包人在使用过程中,发现已接收的工程存在新的缺陷或已修复的缺陷部位或部件又遭损坏的,承包人应负责修复,直至检验合格为止。

(3) 监理人和承包人应共同查清缺陷和(或)损坏的原因。经查明属承包人原因造成的,应由承包人承担修复和查验的费用。经查验属发包人原因造成的,发包人应承担修复和查验的费用,并支付承包人合理利润。

(4) 承包人不能在合理时间内修复缺陷的,发包人可自行修复或委托其他人修复,所需费用和利润的承担,按本款第(3)项约定办理。

3) 缺陷责任期的延长

由于承包人原因造成某项缺陷或损坏使某项工程或工程设备不能按原定目标使用而需要再次检查、检验和修复的,发包人有权要求承包人相应延长缺陷责任期,但缺陷责任期最长不超过 2 年。

4) 进一步试验和试运行

任何一项缺陷或损坏修复后,经检查证明其影响了工程或工程设备的使用性能,承包人应重新进行合同约定的试验和试运行,试验和试运行的全部费用应由责任方承担。

5) 承包人的进入权

缺陷责任期内承包人为缺陷修复工作需要,有权进入工程现场,但应遵守发包人的保安和保密规定。

6) 缺陷责任期终止证书

约定的缺陷责任期,包括根据第(3)项延长的期限终止后 14 天内,由监理人向承包人出具经发包人签认的缺陷责任期终止证书,并退还剩余的质量保证金。

7) 保修责任

合同当事人根据有关法律规定,在专用合同条款中约定工程质量保修范围、期限和责任。保修期自实际竣工日期起计算。在全部工程竣工验收前,已经发包人提前验收的单位工程,其保修期的起算日期相应提前。

应用案例 6-1

【案例概况】

(1) 某二级公路工程项目,在施工招标文件中,按工期定额计算工期为 550 天,但在施工合同中,开工日期为2017年12月15日,竣工日期为2019年7月20日,日历天数为582天,请问合同工期应该为多少天?为什么?

施工合同规定,发包人给承包人提供图纸7套,承包人在施工或要求发包人再提供3套图纸,施工图纸的费用由谁来承担?

(2)该项目一处挡土墙基础施工完成后,承包人应通知监理人到场验收,监理人按约定时间验收,并确认质量合格。3个月后,该挡土墙完工,监理人对其整体验收时,要求承包人开挖一处基础位置,重新检验基础质量。请问该项检查费用应由谁承担?

【案例评析】

(1)按照合同文件的解释顺序,协议条款与招标文件在内容上有矛盾时,应以协议条款为准。故该工程项目的合同工期为582天。

承包人要求发包人再提供3套图纸,费用由承包人承担。

(2)该项基础若重新检验质量合格,检查费用及工期延误应由发包人承担。若重新检验不合格,则检查费用及工期延误由承包人承担。

6.3.3 进度控制条款及案例

6.3.3.1 进度计划

1)合同进度计划

承包人应按专用合同条款约定的内容和期限,编制详细的施工进度计划和施工方案说明报送监理人。监理人应在专用合同条款约定的期限内批复或提出修改意见,否则,该进度计划视为已得到批准。经监理人批准的施工进度计划称合同进度计划,是控制合同工程进度的依据。承包人还应根据合同进度计划,编制更为详细的分阶段或分项进度计划,报监理人审批。

码6-3 施工合同中的进度管理

2)合同进度计划的修订

不论何种原因造成工程的实际进度与合同进度计划不符时,承包人可以在专用合同条款约定的期限内向监理人提交修订合同进度计划的申请报告,并附有关措施和相关资料,报监理人审批;监理人也可以直接向承包人作出修订合同进度计划的指示,承包人应按该指示修订合同进度计划,报监理人审批。监理人应在专用合同条款约定的期限内批复。监理人在批复前应获得发包人同意。

6.3.3.2 开工和竣工

1)开工

监理人应在开工日期7天前向承包人发出开工通知。监理人在发出开工通知前应获得发包人同意。工期自监理人发出的开工通知中载明的开工日期起计算。承包人应在开工日期后尽快施工。

承包人应按约定的合同进度计划,向监理人提交工程开工报审表,经监理人审批后执行。开工报审表应详细说明按合同进度计划正常施工所需的施工道路、临时设施、材料设备、施工人员等施工组织措施的落实情况以及工程的进度安排。

2)竣工

承包人应在约定的期限内完成合同工程。实际竣工日期在接收证书中写明。

3)发包人的工期延误

在履行合同过程中,由于发包人的下列原因造成工期延误的,承包人有权要求发包人延长工期和(或)增加费用,并支付合理利润。需要修订合同进度计划的,按照"合同进度计划的修订"的约定办理。

(1)增加合同工作内容。
(2)改变合同中任何一项工作的质量要求或其他特性。
(3)发包人迟延提供材料、工程设备或变更交货地点的。
(4)因发包人原因导致的暂停施工。
(5)提供图纸延误。
(6)未按合同约定及时支付预付款、进度款。
(7)发包人造成工期延误的其他原因。

4)异常恶劣的气候条件

由于出现专用合同条款规定的异常恶劣气候的条件导致工期延误的,承包人有权要求发包人延长工期。

5)承包人的工期延误

由于承包人原因,未能按合同进度计划完成工作,或监理人认为承包人施工进度不能满足合同工期要求的,承包人应采取措施加快进度,并承担加快进度所增加的费用。由于承包人原因造成工期延误,承包人应支付逾期竣工违约金。逾期竣工违约金的计算方法在专用合同条款中约定。承包人支付逾期竣工违约金,不免除承包人完成工程及修补缺陷的义务。

6)工期提前

发包人要求承包人提前竣工,或承包人提出提前竣工的建议能够给发包人带来效益的,应由监理人与承包人协商采取加快工程进度的措施和修订合同进度计划。发包人应承担承包人由此增加的费用,并向承包人支付专用合同条款约定的相应奖金。

6.3.3.3 暂停施工

1)承包人暂停施工的责任

因下列暂停施工增加的费用和(或)工期延误由承包人承担:
(1)承包人违约引起的暂停施工。
(2)由于承包人原因为工程合理施工和安全保障所必需的暂停施工。
(3)承包人擅自暂停施工。
(4)承包人其他原因引起的暂停施工。
(5)专用合同条款约定由承包人承担的其他暂停施工。

2)发包人暂停施工的责任

由于发包人原因引起的暂停施工造成工期延误的,承包人有权要求发包人延长工期和(或)增加费用,并支付合理利润。

3)监理人暂停施工指示

监理人认为有必要时,可向承包人作出暂停施工的指示,承包人应按监理人指示暂停施工。不论由于何种原因引起的暂停施工,暂停施工期间承包人应负责妥善保护工程并提供安全保障。

由于发包人的原因发生暂停施工的紧急情况,而且监理人未及时下达暂停施工指示的,承包人可先暂停施工,并及时向监理人提出暂停施工的书面请求。监理人应在接到书面请求后的24h内予以答复,逾期未答复的,视为同意承包人的暂停施工请求。

4)暂停施工后的复工

暂停施工后,监理人应与发包人和承包人协商,采取有效措施积极消除暂停施工的影响。

当工程具备复工条件时,监理人应立即向承包人发出复工通知。承包人收到复工通知后,应在监理人指定的期限内复工。

承包人无故拖延和拒绝复工的,由此增加的费用和工期延误由承包人承担;因发包人原因无法按时复工的,承包人有权要求发包人延长工期和(或)增加费用,并支付合理利润。

5)暂停施工持续 56 天以上

监理人发出暂停施工指示后 56 天内未向承包人发出复工通知,除了该项停工属于本条第 1)款的情况外,承包人可向监理人提交书面通知,要求监理人在收到书面通知后 28 天内准许已暂停施工的工程或其中一部分工程继续施工。如监理人逾期不予批准,则承包人可以通知监理人,将工程受影响的部分视为按本条第 1)款第(1)项的可取消工作。如暂停施工影响到整个工程,可视为发包人违约,应按发包人违约的规定办理。

由于承包人责任引起的暂停施工,如承包人在收到监理人暂停施工指示后 56 天内不认真采取有效的复工措施,造成工期延误,可视为承包人违约。

应用案例 6-2

【案例概况】

某高速公路项目,承包人为了避免今后可能支付延误赔偿金的风险,要求将路基的完工时间延长 6 个星期,承包人的理由如下:

(1)特别严重的降雨。

(2)现场劳务不足。

(3)发包人在原工地现场之外的另一地方追加了一项额外工作。

(4)无法遇见的恶劣土质条件。

以上哪些原因引起的延误是非承包商承担风险的延误,承包人可申请延长工期?

【案例评析】

根据"通用合同条款"的要求,上述(1)、(3)、(4)种原因引起的延误是非承包商承担风险的延误,承包人可申请延长工期。

6.3.4 造价控制条款及案例

6.3.4.1 计量

1)计量单位

计量采用国家法定的计量单位。

2)计量方法

工程量清单中的工程量计算规则应按有关国家标准、行业标准的规定,并在合同中约定执行。

3)计量周期

除专用合同条款另有约定外,单价子目已完成工程量按月计量,总价子目的计量周期按批准的支付分解报告确定。

4)单价子目的计量

(1)已标价工程量清单中的单价子目工程量为估算工程量。结算工程量是承包人实际完成的,并按合同约定的计量方法进行计量的工程量。

码 6-4 施工合同中的造价管理

(2)承包人对已完成的工程进行计量,向监理人提交进度付款申请单、已完成工程量报表和有关计量资料。

(3)监理人对承包人提交的工程量报表进行复核,以确定实际完成的工程量。对数量有异议的,可要求承包人按"施工测量"约定进行共同复核和抽样复测。承包人应协助监理人进行复核并按监理人要求提供补充计量资料。承包人未按监理人要求参加复核,监理人复核或修正的工程量视为承包人实际完成的工程量。

(4)监理人认为有必要时,可通知承包人共同进行联合测量、计量,承包人应遵照执行。

(5)承包人完成工程量清单中每个子目的工程量后,监理人应要求承包人派员共同对每个子目的历次计量报表进行汇总,以核实最终结算工程量。监理人可要求承包人提供补充计量资料,以确定最后一次进度付款的准确工程量。承包人未按监理人要求派员参加的,监理人最终核实的工程量视为承包人完成该子目的准确工程量。

(6)监理人应在收到承包人提交的工程量报表后的7天内进行复核,监理人未在约定时间内复核的,承包人提交的工程量报表中的工程量视为承包人实际完成的工程量,据此计算工程价款。

5)总价子目的计量

除专用合同条款另有约定外,总价子目的分解和计量按照下述约定进行。

(1)总价子目的计量和支付应以总价为基础,不因通用合同条款"因价格波动引起的价格调整"中的因素而进行调整。承包人实际完成的工程量,是进行工程目标管理和控制进度支付的依据。

(2)承包人在合同约定的每个计量周期内,对已完成的工程进行计量,并向监理人提交进度付款申请单、专用合同条款约定的合同总价支付分解表所表示的阶段性或分项计量的支持性资料,以及所达到工程形象目标或分阶段需完成的工程量和有关计量资料。

(3)监理人对承包人提交的上述资料进行复核,以确定分阶段实际完成的工程量和工程形象目标。对其有异议的,可要求承包人按"施工测量"约定进行共同复核和抽样复测。

(4)除按照"变更"约定的变更外,总价子目的工程量是承包人用于结算的最终工程量。

6.3.4.2 支付

1)预付款

(1)预付款用于承包人为合同工程施工购置材料、工程设备、施工设备、修建临时设施,以及组织施工队伍进场等。预付款的额度和预付办法在专用合同条款中约定。预付款必须专用于合同工程。

(2)预付款保函。除专用合同条款另有约定外,承包人应在收到预付款的同时向发包人提交预付款保函,预付款保函的担保金额应与预付款金额相同。保函的担保金额可根据预付款扣回的金额相应递减。

(3)预付款的扣回与还清。预付款在进度付款中扣回,扣回办法在专用合同条款中约定。在颁发工程接收证书前,由于不可抗力或其他原因解除合同时,预付款尚未扣清的,尚未扣清的预付款余额应作为承包人的到期应付款。

2)工程进度付款

(1)付款周期。付款周期同计量周期。

(2)进度付款申请单。承包人应在每个付款周期末,按监理人批准的格式和专用合同条款约定的份数,向监理人提交进度付款申请单,并附相应的支持性证明文件。除专用合同条款另有约定外,进度付款申请单应包括下列内容:

①截至本次付款周期末已实施工程的价款。
②应增加和扣减的变更金额。
③应增加和扣减的索赔金额。
④应支付的预付款和扣减的返还预付款。
⑤应扣减的质量保证金。
⑥根据合同应增加和扣减的其他金额。

(3)进度付款证书和支付时间。

①监理人在收到承包人进度付款申请单以及相应的支持性证明文件后的14天内完成核查,提出发包人到期应支付给承包人的金额以及相应的支持性材料,经发包人审查同意后,由监理人向承包人出具经发包人签认的进度付款证书。监理人有权扣发承包人未能按照合同要求履行任何工作或义务的相应金额。

②发包人应在监理人收到进度付款申请单后的28天内,将进度应付款支付给承包人。发包人不按期支付的,按专用合同条款的约定支付逾期付款违约金。

③监理人出具进度付款证书,不应视为监理人已同意、批准或接受了承包人完成的该部分工作。

④进度付款涉及政府投资资金的,按照国库集中支付等国家相关规定和专用合同条款的约定办理。

(4)工程进度付款的修正。

在对以往历次已签发的进度付款证书进行汇总和复核中发现错、漏或重复的,监理人有权予以修正,承包人也有权提出修正申请。经双方复核同意的修正,应在本次进度付款中支付或扣除。

3)质量保证金

(1)监理人应从第一个付款周期开始,在发包人的进度付款中,按专用合同条款的约定扣留质量保证金,直至扣留的质量保证金总额达到专用合同条款约定的金额或比例为止。质量保证金的计算额度不包括预付款的支付、扣回以及价格调整的金额。

(2)在约定的缺陷责任期满时,承包人向发包人申请到期应返还承包人剩余的质量保证金金额,发包人应在14天内会同承包人按照合同约定的内容核实承包人是否完成缺陷责任。如无异议,发包人应当在核实后将剩余保证金返还承包人。

(3)在约定的缺陷责任期满时,承包人没有完成缺陷责任的,发包人有权扣留与未履行责任剩余工作所需金额相应的质量保证金余额,并有权根据"缺陷责任期的延长"约定要求延长缺陷责任期,直至完成剩余工作为止。

4)竣工结算

(1)竣工付款申请单。

①工程接收证书颁发后,承包人应按专用合同条款约定的份数和期限向监理人提交竣工付款申请单,并提供相关证明材料。除专用合同条款另有约定外,竣工付款申请单应包括下列内容:竣工结算合同总价、发包人已支付承包人的工程价款、应扣留的质量保证金、应支付的竣工付款金额。

②监理人对竣工付款申请单有异议的,有权要求承包人进行修正和提供补充资料。经监理人和承包人协商后,由承包人向监理人提交修正后的竣工付款申请单。

(2)竣工付款证书及支付时间。

①监理人在收到承包人提交的竣工付款申请单后的14天内完成核查,提出发包人到期应

支付给承包人的价款送发包人审核并抄送承包人。发包人应在收到后14天内审核完毕,由监理人向承包人出具经发包人签认的竣工付款证书。监理人未在约定时间内核查,又未提出具体意见的,视为承包人提交的竣工付款申请单已经监理人核查同意;发包人未在约定时间内审核又未提出具体意见的,监理人提出发包人到期应支付给承包人的价款视为已经发包人同意。

②发包人应在监理人出具竣工付款证书后的14天内,将应支付款支付给承包人。发包人不按期支付的,将逾期付款违约金支付给承包人。

③承包人对发包人签认的竣工付款证书有异议的,发包人可出具竣工付款申请单中承包人已同意部分的临时付款证书。

④竣工付款涉及政府投资资金的,按约定办理。

5)最终结清

(1)最终结清申请单。

①缺陷责任期终止证书签发后,承包人可按专用合同条款约定的份数和期限向监理人提交最终结清申请单,并提供相关证明材料。

②发包人对最终结清申请单内容有异议的,有权要求承包人进行修正和提供补充资料,由承包人向监理人提交修正后的最终结清申请单。

(2)最终结清证书和支付时间。

①监理人收到承包人提交的最终结清申请单后的14天内,提出发包人应支付给承包人的价款送发包人审核并抄送承包人。发包人应在收到后14天内审核完毕,由监理人向承包人出具经发包人签认的最终结清证书。监理人未在约定时间内核查,又未提出具体意见的,视为承包人提交的最终结清申请已经监理人核查同意;发包人未在约定时间内审核又未提出具体意见的,监理人提出应支付给承包人的价款视为已经发包人同意。

②发包人应在监理人出具最终结清证书后的14天内,将应支付款支付给承包人。发包人不按期支付的,按约定将逾期付款违约金支付给承包人。

③承包人对发包人签认的最终结清证书有异议的,按约定办理。

④最终结清付款涉及政府投资资金的,按"工程进度付款的修正"约定办理。

应用案例6-3

【案例概况】

某公路工程项目合同中发包人承诺的合同价款支付期限与方式如下。

(1)工程预付款:发包人在开工前7天向承包人支付工程预付款,承包人应在签认合同时向发包人提交预付款保函。

(2)工程进度款:发包人按每月承包人提交并经监理人审查的计量支付结算证书支付,为确保工程如期竣工,承包人不得因发包人资金的暂时不到位而停工和拖延工期。

(3)竣工结算:工程竣工验收后,进行竣工结算。质量保证金无条件全部返还承包人。

该合同签订的条款有哪些不妥之处?该如何修改?

【案例评析】

(1)工程预付款保函提交时间不合理。根据"通用合同条款"的有关规定,承包人应在收到预付款的同时向发包人提交预付款保函。

(2)"承包人不得因发包人资金的暂时不到位而停工和拖延工期"显失公平。应说明发包人资金不到位在什么期限内承包人不得停工和拖延工期,逾期发包人应支付的利息如何计算。

（3）质量保证金的无条件返还不妥。缺陷责任期满时，承包人向发包人申请到期应返还承包人剩余的质量保证金金额，发包人应在14天内会同承包人按照合同约定的内容核实承包人是否完成缺陷责任。如无异议，发包人应当在核实后将剩余保证金返还承包人。承包人若没有完成缺陷责任的，发包人有权扣留与未履行责任剩余工作所需金额相应的质量保证金余额。

6.3.5 变更

6.3.5.1 变更的范围和内容

除专用合同条款另有约定外，在履行合同中发生以下情形之一，应按照规定进行变更。

码6-5　工程变更　　码6-6　变更通知单示例

（1）取消合同中任何一项工作，但被取消的工作不能转由发包人或其他人实施。

（2）改变合同中任何一项工作的质量或其他特性。

（3）改变合同工程的基线、高程、位置或尺寸。

（4）改变合同中任何一项工作的施工时间或改变已批准的施工工艺或顺序。

（5）为完成工程需要追加的额外工作。

6.3.5.2 变更权

在履行合同过程中，经发包人同意，监理人可按"变更程序"的约定向承包人作出变更指示，承包人应遵照执行。没有监理人的变更指示，承包人不得擅自变更。

6.3.5.3 变更程序

（1）变更的提出。在合同履行过程中，可能发生"变更的范围和内容"约定情形的，监理人可向承包人发出变更意向书。变更意向书应说明变更的具体内容和发包人对变更的时间要求，并附必要的图纸和相关资料。变更意向书应要求承包人提交包括拟实施变更工作的计划、措施和竣工时间等内容的实施方案。发包人同意承包人根据变更意向书要求提交的变更实施方案的，由监理人按"变更指示"约定发出变更指示。

在合同履行过程中，发生"变更的范围和内容"约定情形的，监理人应按照"变更指示"约定向承包人发出变更指示。

承包人收到监理人按合同约定发出的图纸和文件，经检查认为其中存在"变更的范围和内容"约定情形的，可向监理人提出书面变更建议。变更建议应阐明要求变更的依据，并附必要的图纸和说明。监理人收到承包人书面建议后，应与发包人共同研究，确认存在变更的，应在收到承包人书面建议后的14天内作出变更指示。经研究后不同意作为变更的，应由监理人书面答复承包人。

若承包人收到监理人的变更意向书后认为难以实施此项变更，应立即通知监理人，说明原因并附详细依据。监理人与承包人和发包人协商后确定撤销、改变或不改变原变更意向书。

（2）变更估价。除专用合同条款对期限另有约定外，承包人应在收到变更指示或变更意向书后的14天内，向监理人提交变更报价书，报价内容应根据"变更的估价原则"约定估价原则，详细开列变更工作的价格组成及其依据，并附必要的施工方法说明和有关图纸。

变更工作影响工期的，承包人应提出调整工期的具体细节。监理人认为有必要时，可要求承包人提交要求提前或延长工期的施工进度计划及相应施工措施等详细资料。

除专用合同条款对期限另有约定外，监理人收到承包人变更报价书后的14天内，根据"变更的估价原则"约定估价原则，按照通用合同条款商定或确定变更价格。

(3)变更指示。变更指示只能由监理人发出。

变更指示应说明变更的目的、范围、变更内容以及变更的工程量及其进度和技术要求,并附有关图纸和文件。承包人收到变更指示后,应按变更指示进行变更工作。

6.3.5.4 变更估价

除专用合同条款另有约定外,变更估价按照本款约定处理。

(1)已标价工程量清单或预算书有相同项目的,按照相同项目单价认定。

(2)已标价工程量清单或预算书中无相同项目,但有类似项目的,参照类似项目的单价认定。

(3)变更导致实际完成的变更工程量与已标价工程量清单或预算书中列明的该项目工程量的变化幅度超过15%的,或已标价工程量清单或预算书中无相同项目及类似项目单价的,按照合理的成本与利润构成原则,由合同当事人商定或确定变更工作的单价。

6.3.5.5 承包人的合理化建议

(1)在履行合同过程中,承包人对发包人提供的图纸、技术要求以及其他方面提出的合理化建议,均应以书面形式提交监理人。合理化建议书的内容应包括建议工作的详细说明、进度计划和效益以及与其他工作的协调等,并附必要的设计文件。监理人应与发包人协商是否采纳建议。建议被采纳并构成变更的,应按约定向承包人发出变更指示。

(2)承包人提出的合理化建议降低了合同价格、缩短了工期或者提高了工程经济效益的,发包人可按国家有关规定在专用合同条款中约定给予奖励。

6.3.5.6 暂列金额

暂列金额只能按照监理人的指示使用,并对合同价格进行相应调整。

6.3.5.7 计日工

(1)发包人认为有必要时,由监理人通知承包人以计日工方式实施变更的零星工作。其价款按列入已标价工程量清单中的计日工计价子目及其单价进行计算。

(2)采用计日工计价的任何一项变更工作,应从暂列金额中支付,承包人应在该项变更的实施过程中,每天提交以下报表和有关凭证报送监理人审批。

工作名称、内容和数量;投入该工作所有人员的姓名、工种、级别和耗用工时;投入该工作的材料类别和数量;投入该工作的施工设备型号、台数和耗用台时;监理人要求提交的其他资料和凭证。

(3)计日工由承包人汇总后,列入进度付款申请单,由监理人复核并经发包人同意后列入进度付款。

6.3.5.8 暂估价

(1)发包人在工程量清单中给定暂估价的材料、工程设备和专业工程属于依法必须招标的范围并达到规定的规模标准的,由发包人和承包人以招标的方式选择供应商或分包人。发包人和承包人的权利义务关系在专用合同条款中约定。中标金额与工程量清单中所列的暂估价的金额差以及相应的税金等其他费用列入合同价格。

(2)发包人在工程量清单中给定暂估价的材料和工程设备不属于依法必须招标的范围或未达到规定的规模标准的,应由承包人"承包人提供的材料和工程设备"的约定提供。经监理人确认的材料、工程设备的价格与工程量清单中所列的暂估价的金额差以及相应的税金等其他费用列入合同价格。

(3)发包人在工程量清单中给定暂估价的专业工程不属于依法必须招标的范围或未达到规定的规模标准的,由监理人按照"变更的估价原则"进行估价,但专用合同条款另有约定的除外。经估价的专业工程与工程量清单中所列的暂估价的金额差以及相应的税金等其他费用列入合同价格。

应用案例 6-4

【案例概况】

某施工单位(承包方)与某建设单位(发包方)签订了公路工程施工承包合同,合同价款 1500 万元,其中包括中桥一座,基础采用扩大基础,上部结构为预应力混凝土 T 梁。开工前,施工单位提交了详细的施工组织设计并得到批准,合同规定,变更工程超过合同总价的 15% 时,监理工程师应与业主和承包商协商确定一笔管理费调整额。

问题:

(1)在进行桥梁工程基础开挖时,发现地基与设计不符,不能满足承载力的要求,承包商应该如何处理?

(2)在工程施工过程中,乙方根据监理工程师的指示就部分工程进行了变更施工,试问变更部分合同价款根据什么原则确定?

(3)签发交工证书时,监理工程师发现变更工程的价款累计金额为 302 万元,假设投标报价的管理费费率为直接费的 10%,业主、监理工程师和承包人协商后确定管理费调整两个百分点,在其他工程内容不变的情况下,请问工程价款应如何调整?

【案例评析】

该案例着重考虑承包商遇到工程地质条件发生变化时的工作程序以及工程价款的确定原则,当变更数量较大时管理费的调整方法。

(1)承包商应根据合同规定,及时通知甲方,要求对工程地质重新勘察并对设计进行变更,按变更后的设计图纸进行施工,并及时申报变更费用。

(2)变更部分合同价款根据下列原则确定:

如果取消某项工作,则该项工作的总额价不予支付;已标价工程量清单中有适用于变更工作的子目的,采用该子目的单价;已标价工程量清单中无适用于变更工作的子目、但有类似子目的,可在合理范围内参照类似子目的单价,由监理工程师按合同约定商定或确定变更工作的单价;已标价工程量清单中无适用或类似子目的单价的,可在综合考虑承包人投标时所提供的单价分析表的基础上,由监理人按合同约定商定或确定变更工作的单价;如果本工程的变更指示是因承包人过错、承包人违反合同或承包人责任造成的,则这种违约引起的任何额外费用应由承包人承担。

(3)当变更工程超过合同总价的 15% 时,超过部分的管理费应下调两个百分点。

管理费调整的起点为:$1500 \times (1 + 15\%) = 1725$(万元)。

管理费调整部分的金额:$1500 + 302 - 1725 = 77$(万元)。

管理费调整部分的直接费:$77/(1 + 10\%) = 70$(万元)。

调整后的工程价款:$1725 + 70 \times (1 + 8\%) = 1800.6$(万元)。

6.3.6 不可抗力

6.3.6.1 不可抗力的确认

(1)不可抗力是指承包人和发包人在订立合同时不可预见,在工程施工过程中不可避免发生并不能克服的自然灾害和社会性突发事件,如地震、海啸、瘟疫、水灾、骚乱、暴动、战争和专用合同条款约定的其他情形。

(2)不可抗力发生后,发包人和承包人应及时认真统计所造成的损失,收集不可抗力造成损失的证据。合同双方对是否属于不可抗力或其损失的意见不一致的,由监理人按"通用合同条款"商定或确定。发生争议时,按"争议的解决"的约定办理。

6.3.6.2 不可抗力的通知

(1)合同一方当事人遇到不可抗力事件,使其履行合同义务受到阻碍时,应立即通知合同另一方当事人和监理人,书面说明不可抗力和受阻碍的详细情况,并提供必要的证明。

(2)如不可抗力持续发生,合同一方当事人应及时向合同另一方当事人和监理人提交中间报告,说明不可抗力和履行合同受阻的情况,并于不可抗力事件结束后28天内提交最终报告及有关资料。

6.3.6.3 不可抗力后果及其处理

1)不可抗力造成损害的责任

除专用合同条款另有约定外,不可抗力导致的人员伤亡、财产损失、费用增加和(或)工期延误等后果,由合同双方按以下原则承担:

(1)永久工程,包括已运至施工场地的材料和工程设备的损害,以及因工程损害造成的第三者人员伤亡和财产损失由发包人承担。

(2)承包人设备的损坏由承包人承担。

(3)发包人和承包人各自承担其人员伤亡和其他财产损失及其相关费用。

(4)承包人的停工损失由承包人承担,但停工期间应监理人要求照管工程和清理、修复工程的金额由发包人承担。

(5)不能按期竣工的,应合理延长工期,承包人不需支付逾期竣工违约金。发包人要求赶工的,承包人应采取赶工措施,赶工费用由发包人承担。

2)延迟履行期间发生的不可抗力

合同一方当事人延迟履行,在延迟履行期间发生不可抗力的,不免除其责任。

3)避免和减少不可抗力损失

不可抗力发生后,发包人和承包人均应采取措施尽量避免和减少损失的扩大,任何一方没有采取有效措施导致损失扩大的,应对扩大的损失承担责任。

4)因不可抗力解除合同

合同一方当事人因不可抗力不能履行合同的,应当及时通知对方解除合同。合同解除后,承包人应按"解除合同后的承包人撤离"约定撤离施工场地。已经订货的材料、设备由订货方负责退货或解除订货合同,不能退还的货款和因退货、解除订货合同发生的费用,由发包人承担,因未及时退货造成的损失由责任方承担。合同解除后的付款,参照"解除合同后的付款"约定,由监理人按"通用合同条款"商定或确定。

6.3.7 保险

6.3.7.1 工程保险

除专用合同条款另有约定外,承包人应以发包人和承包人的共同名义向双方同意的保险人投保建筑工程一切险、安装工程一切险。其具体的投保内容、保险金额、保险费率、保险期限等有关内容在专用合同条款中约定。

6.3.7.2 人员工伤事故的保险

(1)承包人员工伤事故的保险。承包人应依照有关法律规定参加工伤保险,为其履行合同所雇佣的全部人员,缴纳工伤保险费,并要求其分包人也进行此项保险。

(2)发包人员工伤事故的保险。发包人应依照有关法律规定参加工伤保险,为其现场机构雇佣的全部人员,缴纳工伤保险费,并要求其监理人也进行此项保险。

6.3.7.3 人身意外伤害险

(1)发包人应在整个施工期间为其现场机构雇用的全部人员,投保人身意外伤害险,缴纳保险费,并要求其监理人也进行此项保险。

(2)承包人应在整个施工期间为其现场机构雇用的全部人员,投保人身意外伤害险,缴纳保险费,并要求其分包人也进行此项保险。

6.3.7.4 第三者责任险

(1)第三者责任系指在保险期内,对因工程意外事故造成的、依法应由被保险人负责的工地上及毗邻地区的第三者人身伤亡、疾病或财产损失(本工程除外),以及被保险人因此而支付的诉讼费用和事先经保险人书面同意支付的其他费用等赔偿责任。

(2)在缺陷责任期终止证书颁发前,承包人应以承包人和发包人的共同名义,投保第(1)项约定的第三者责任险,其保险费率、保险金额等有关内容在专用合同条款中约定。

6.3.7.5 其他保险

除专用合同条款另有约定外,承包人应为其施工设备、进场的材料和工程设备等办理保险。

6.3.7.6 对各项保险的一般要求。

(1)保险凭证。承包人应在专用合同条款约定的期限内向发包人提交各项保险生效的证据和保险单副本,保险单必须与专用合同条款约定的条件保持一致。

(2)保险合同条款的变动。承包人需要变动保险合同条款时,应事先征得发包人同意,并通知监理人。保险人作出变动的,承包人应在收到保险人通知后立即通知发包人和监理人。

(3)持续保险。承包人应与保险人保持联系,使保险人能够随时了解工程实施中的变动,并确保按保险合同条款要求持续保险。

(4)保险金不足的补偿。保险金不足以补偿损失的,应由承包人和(或)发包人按合同约定负责补偿。

(5)未按约定投保的补救。

①由于负有投保义务的一方当事人未按合同约定办理保险,或未能使保险持续有效的,另一方当事人可代为办理,所需费用由对方当事人承担。

②由于负有投保义务的一方当事人未按合同约定办理某项保险,导致受益人未能得到保险人的赔偿,原应从该项保险得到的保险金应由负有投保义务的一方当事人支付。

(6)报告义务。当保险事故发生时,投保人应按照保险单规定的条件和期限及时向保险人报告。

本模块小结

合同管理工作贯穿于整个公路建设实施过程。要加强对公路建设的监督管理,维护公路建设市场的秩序,保证公路工程的质量和安全,促进公路事业的健康发展,必须加强公路工程建设合同管理,以保证公路建设工程合同订立的合法性、全面性、准确性和完整性。施工合同的有效管理,不仅是督促参与工程施工各方履行合同约定的相关事项、切实维护合同双方的根本利益的重要手段,更是保证工程目标顺利完成的一个关键环节。

模块训练

一、单选题

1. 下列选项中关于合同文件优先顺序正确的是(　　)。
   A. 中标通知书—技术标准和要求—通用合同条款—专用合同条款
   B. 合同协议书—中标通知书—专用合同条款—通用合同条款
   C. 专用合同条款—通用合同条款—中标通知书—合同协议书
   D. 中标通知书—合同协议书—通用合同条款—专用合同条款

2. 发包人在工程量清单中给定的用于支付必然发生但暂时不能确定价格的材料、设备以及专业工程的金额称为(　　)。
   A. 计日工　　　　　B. 合同金额　　　　C. 质量保证金　　　D. 暂估价

3. 经承包人自检确认的工程隐蔽部位具备覆盖条件后,承包人应通知(　　)在约定的期限内检查。
   A. 承包人总工程师　B. 业主　　　　　　C. 监理人　　　　　D. 质量监督部门

4. 缺陷责任期的起算时间自(　　)起计算。
   A. 实际竣工日期　　B. 发包人接收日期　C. 实际通车时间　　D. 监理人确定的时间

5. 若无其他特殊延长情况,监理人应在缺陷责任期终止后的(　　)内,向承包人出具经发包人签认的缺陷责任期终止证书。
   A. 7 天　　　　　　B. 14 天　　　　　　C. 28 天　　　　　　D. 30 天

6. 监理人在开工日期(　　)前向承包人发出开工通知。监理人发出开工通知前应获得发包人同意。
   A. 7 天　　　　　　B. 14 天　　　　　　C. 28 天　　　　　　D. 30 天

7. 发包人通知承包人中标的函件称为(　　)。
   A. 合同协议书　　　B. 中标通知书　　　C. 投标函　　　　　D. 合同文件

8. 由监理人委派常驻施工场地对合同履行实施管理的全权负责人为(　　)。
   A. 监理工程师　　　　　　　　　　　　B. 总监理工程师
   C. 专业监理工程师　　　　　　　　　　D. 监理人

9. 发包人应在监理人出具竣工付款证书后的(　　)内,将应支付款支付给承包人。发包人不按期支付的,将逾期付款违约金支付给承包人。
   A. 7 天　　　　　　B. 14 天　　　　　　C. 28 天　　　　　　D. 30 天

10. 在保险期内,对因工程意外事故造成的、依法应由被保险人负责的工地上及毗邻地区的第三者人身伤亡、疾病或财产损失(本工程除外),以及被保险人因此而支付的诉讼费用和事先经保险人书面同意支付的其他费用等赔偿责任称为(　　)。
    A. 建设工程一切险　B. 疾病伤亡险　　　C. 第三者责任险　　D. 工程意外险

11. 承包人需要变动保险合同条款时,应事先征得(　　)同意,并通知(　　)。

A. 发包人　　　　B. 保险人　　　　C. 监理人　　　　D. 保险公司

12. 工程变更必须经( )批准后,承包人才能实施工程变更。
    A. 发包人　　　　B. 保险人　　　　C. 监理人　　　　D. 设计单位

13. 承包人不得将工程主体、关键性工作分包给第三人。经( )同意,承包人可将工作的其他部分或工作分包给第三人。分包包括专业分包和劳务分包。
    A. 发包人　　　　B. 承包人　　　　C. 监理人　　　　D. 设计单位

14. 监理工程师对分包工程实施现场监管,若发现分包工程在质量、进度等方面出现问题,应通过( )对分包工程施工采取措施处理。
    A. 发包人　　　　B. 监理人　　　　C. 承包人　　　　D. 设计单位

15. 监理工程师不可以指示承包人进行如下工程变更( )。
    A. 改变工程线型　　　　　　　　　B. 增加某项附加工程
    C. 改变承包人既定施工方法　　　　D. 改变工程施工顺序和时间安排

二、多选题

1. 施工合同的分类有( )。
    A. 监理合同　　B. 施工总承包合同　　C. 施工分包合同　　D. 费用合同

2. 下列选项中属于发包人责任与义务的有( )。
    A. 发出开工通知　　　　　　　　B. 提供施工场地
    C. 组织竣工验收　　　　　　　　D. 协助承包人办理证件和批件

3. 监理人若未按合同约定派员参加材料的试验和检验的,除监理人另有指示外,承包人应该如何处理?( )
    A. 可自行试验和检验　　　　　　B. 待监理到场后再进行试验
    C. 试验和检验后立即将结果报送监理人　D. 试验结果无须监理人签字认可

4. 在履行合同过程中,出现下列哪些情况,承包人有权要求发包人延长工期?( )
    A. 发包人提供图纸延误　　　　　B. 增加合同工作内容
    C. 季节性暴雨　　　　　　　　　D. 改变合同中一项工作的质量要求

5. 在履行合同过程中,下列哪些情况产生的工期延误应由承包人自行承担?( )
    A. 承包人施工机械故障　　　　　B. 承包人擅自停工
    C. 季节性暴雨　　　　　　　　　D. 改变合同中一项工作的质量要求

6. 下列哪些文件属于合同文件内容?( )
    A. 中标通知书　　B. 图纸　　C. 通用合同条款　　D. 合同协议书

7. 下列选项中符合变更引起的价格调整的约定处理方法的有:( )
    A. 已标价工程量清单中有适用于变更工作的子目的,采用该子目单价
    B. 已标价工程量清单中无适用于变更工作的子目,但有类似子目的,可在合理范围内参照类似子目的单价,由监理人商定或确定变更工作的单价
    C. 已标价的工程量清单中无适用或类似子目的单价,可由监理人决定价格
    D. 已标价的工程量清单中无适用或类似子目的单价,可由承包人决定价格,报监理人批准

8. 不可抗力导致的人员伤亡、财产损失、费用增加、工期延误等,合同双方承担的原则中正确的有:( )
    A. 承包人设备的损坏、人员伤亡及财产损失由发包人承担

B. 承包人的停工损失由承包人承担,但停工期间应监理人要求照管工程和清理、修复工程的金额由发包人承担

C. 不能按期竣工的,应合理延长工期,承包人不需支付逾期竣工违约金

D. 永久工程,包括已运至施工场地的材料和工程设备的损害由发包人承担

9. 工程在履行合同中,发生的下列情形(　　)应进行工程变更。

A. 取消合同中任何一项工作,但被取消的工作能转由发包人或其他人实施

B. 改变合同中任何一项工作的质量或其他特性

C. 改变合同工程的基线、高程、位置或尺寸

D. 为完成工程需要追加的额外工作。

10. 保险人作出保险合同条款变动的,承包人应在收到保险人通知后立即通知(　　)。

A. 保险公司　　　B. 发包人　　　C. 承包人总公司　　　D. 监理人

三、简答题

1. 请按优先顺序列举合同文件的组成。
2. 试述应由承包人自行承担责任的暂停施工。
3. 试述应由发包人承担责任的暂停施工。
4. 试述合同双方承担由不可抗力造成损害的原则。

四、案例分析题

1. 背景:某高速公路 N 合同段路基工程施工,工期 18 个月,其中 K23+200~K32+200 路段以填方为主,合同段附近表土主要是高液限黏土,在较远地带分布有膨胀土、沼泽土、盐渍土、有机土、粉土、砂性土等。出于控制造价的考虑,业主要求就地取材。为此,施工单位针对高液限土填筑路堤做了试验路段,以确定其最大干密度和松铺厚度等指标。

场地清理完毕后,对路基横断面进行测量放样,动力触探,并绘制出横断面图,提交监理工程师复测,确认后开始填筑路基。

施工单位严格按照试验路段提供的数据指导施工,经过两个月的填筑,发现按试验路段数据控制施工,施工周期 K(每层的填筑周期超过 5 天,在雨期,填筑周期达到 15 天以上),无法满足工期要求。业主在了解情况后,书面要求监理工程师指示施工单位在半个月后变更路堤填料,经过现场考查并征得监理工程师书面同意和设计单位确认后,选择了粉土与砂性土两种路堤填料,施工单位随即组织施工。由于变更后取用的路堤填料需增加较长运距,而在合同中没有该变更的价格,整个工程完工后,施工单位向业主提出了变更工程价款报告。

问题:

(1) 简述公路工程变更后合同价款的确定方法,再结合背景资料,说明本工程填料变更的变更价款应如何确定。

(2) 施工单位提出变更工程价款的时间是否符合相关规定?说明理由。

2. 背景:某公路项目 1 合同段,按我国施工合同示范文本签订的施工承包合同规定实际完成工程量计价。根据合同规定,承包商必须严格按照施工图及承包合同规定的内容及技术规范要求施工,工程价款根据承包商取得计量证书的工程量进行结算。

问题:

(1) 简述单价子目的计量程序和原则。

(2) 在路基填筑施工时,承包商为确保路基边缘的压实度,在路基设计尺寸范围外加宽了

30cm 填筑,施工完成后,承包商将其实际完成量(含加宽填筑部分)向监理工程师提出计量付款要求,根据专用合同条款规定该如何处理?理由是什么?

技 能 实 训

【实训目标】

通过编制一份实际工程的公路工程施工合同,使学生进一步理解合同条款的内容,提高合同管理的综合能力。

【实训要求】

1. 给学生提供一个真实公路项目,学生分组进行讨论交流和调研,以小组为单位编制一份公路工程施工合同。

2. 工程概况:某市绕城公路,起于××市××乡,经××乡后跨××国道,终于××乡平交处。路线全长 5.580km,采用一级公路技术标准,设计速度为 60km/h,23m 路基宽度路幅划分为中间带 3m(中央分隔带 2m,路缘带 2×0.5m),行车道 4×3.5m,硬路肩 2×2.5m,土路肩 2×0.5m。汽车荷载等级采用公路-Ⅰ级,其他技术指标执行《公路工程技术标准》(JTG B01)。

工程建设投资为国有投资,业主为××绕城公路建设开发公司。

3. 实践(训练)方式及内容。充分发挥学生的积极性、主动性和创造性,分组查阅资料、讨论交流,培养团队协助能力。在实训条件允许下,带领学生走访一家公路工程施工企业,了解其近三年施工合同情况,然后根据所掌握的情况和所学知识,编制项目施工合同。

模块6 在线测试

模块 7　公路工程施工索赔

知识目标

通过学习公路工程索赔的主要内容和程序,掌握工程索赔的起因、依据、索赔程序,掌握索赔的内容与时间要求,掌握索赔金额的计算,熟悉工程索赔的相关规定,并能结合案例进行实际应用。

能力目标

1. 能够描述索赔的程序并能参与施工索赔;
2. 能够根据合同文件的要求进行索赔机会分析、干扰事件的影响分析、索赔证据列举等;
3. 能够进行工程索赔计算;
4. 能够根据合同文件的要求进行索赔报告的编制。

引例

某公路工程项目,发包人方与承包人按照《公路工程标准施工招标文件》签订了施工合同。在工程施工过程中,由于洪水袭击,造成了损失,承包人及时向监理工程师提出索赔要求,并附有索赔有关资料和证据。索赔报告如下:

(1)已建部分工程造成损坏的,损失共计 10 万元,应由发包人承担修复的责任。

(2)承包人人员受伤,处理伤病医疗费用和补偿总计 3 万元,发包人应给予赔偿;承包人机械、设备受到损坏,造成损失 6 万元,现场停工造成的台班损失 2 万元,工人窝工费 3.5 万元,发包人应承担赔偿责任。

(3)因洪水造成现场停工 15 天,承包人要求合同工期顺延 15 天。

(4)清理现场需要费用 2.4 万元,发包人承担责任。

经发包人对承包人的索赔报告及索赔原因研究认为,发包人应承担遭受洪水后由发包人承担损失部分的赔偿费用,但承包人所提出的施工单位人员受伤所发生的费用和机械、设备的损坏修复费用等应由承包人自己承担。

阅读完本案例后,请思考承包人的索赔要求是否合理?应由发包人承担的损失有哪些?

7.1　公路工程施工索赔概述

7.1.1　施工索赔的概念

索赔是工程承包合同履行中,当事人一方因对方不履行或不完全履行既定的义务,或者由于对方的行为使权利人受到损失时,要求对方补偿损失的权利。施工索赔就是在施工阶段发生的索赔,是工程承包中常发生并随处可见的正常现象。由于施工现场条件、气候条件的变化、施工进度的变化以及合同条款、规范和施工图纸的变更、差异、延误等因素的影响,使得工程承包中不可避免地出现索赔,进而导致项目的工程造价发生变化。因此,索赔的控制将是公路工程施工阶段造价控制的重要手段。

7.1.2 索赔的基本特征

(1)索赔是双向的,不仅承包人可以向发包人索赔,发包人同样也可以向承包人索赔。
(2)只有实际发生了经济损失或权利损害,一方才能向对方索赔。
(3)索赔的依据是合同文件及适用法律的规定,并且必须有切实证据。
(4)索赔是一种未经对方确认的单方行为。索赔是单方面行为,对对方未形成约束力,索赔要求能否得到最终实现,必须要通过双方确认(如双方协商、谈判、调解或仲裁、诉讼)后才能实现。

索赔促使承发包双方实事求是地协商工程造价,有利于双方提高管理水平,减少合同管理中的漏洞。

7.2 施工索赔产生的原因及分类

7.2.1 施工索赔的起因

引起索赔的原因是多种多样的,有的是因发包人违约或监理人的不当行为引起的,也有的是因现场条件、工程变更、有关政策和法令变更等引起的。

7.2.1.1 发包人违约

发包人违约常常表现为发包人或监理人未能按合同规定为承包人提供得以顺利施工的条件。《公路工程标准施工招标文件》通用合同条款约定的有:

(1)发包人未能按合同约定支付预付款或合同价款,或拖延、拒绝批准付款申请和支付凭证,导致付款延误的。
(2)发包人原因造成停工的。
(3)监理人无正当理由没有在约定期限内发出复工指示,导致承包人无法复工的。
(4)发包人无法继续履行或明确表示不履行或实质上已停止履行合同的。
(5)发包人不履行合同约定其他义务的。

7.2.1.2 合同缺陷

合同缺陷常常表现为合同文件规定不严谨甚至矛盾、合同中有遗漏或错误,这不仅包括商务条款中的缺陷,也包括技术规范和图纸中的缺陷。在这种情况下,监理人有权作出解释。但如果承包人执行监理人的解释后引起成本增加或工期延长,则承包人可以为此提出索赔,监理人应给予证明,发包人应给予补偿。一般情况下,发包人作为合同起草人,要对合同中的缺陷负责,除非其中有非常明显的含糊或其他缺陷,根据法律可以推定承包人有义务在投标前发现并及时向发包人指出。

7.2.1.3 工程变更

工程变更是合同变更的一种特殊形式,通常是指合同文件中"设计图纸"、"技术规范"或工程量清单的改变,常常表现为设计变更、施工方法变更、追加或取消某些工作、合同规定的其他变更等。工程变更可以由发包人、监理人或承包人提出,变更是在原合同范围内的变更,即有经验的承包人意料之中的变更,否则承包人可以拒绝。工程变更与索赔有密切的关系。在实际工作中,可以把工程变更分为变更及相应的索赔两个部分,即把事先可以确定费用、双方签订了变更令的变更归入"工程变更"办理;把变更当时无法预知的费用或双方没有达成一致的变更价格,事后再由承包人以索赔形式提出补偿要求的变更归入"索赔"办理。

7.2.1.4　其他承包人干扰

其他承包人干扰通常是指因其他承包人未能按时按质按量进行并完成某工作,各承包人之间配合协调不好等而给承包人工作带来的干扰。高等级公路建设,一般分为几个合同段,每个合同段由不同的承包人承担,由于各承包人之间没有合同关系,他们只各自与发包人存在合同关系,监理人作为发包人代理人有责任组织协调好各承包人之间的工作,否则,就会给整个工程和各承包人的工作带来严重影响并引起承包人索赔。

7.2.1.5　工程环境发生变化

公路工程项目本身的特点决定了合同实施过程中将受到经济环境、社会环境、法律环境等的变化,同时也会受到地质条件变化、材料价格上涨、货币贬值等的影响。

7.2.1.6　不可抗力因素

不可抗力是指合同订立时不能预见、不能避免并不能克服的客观情况。一是由自然原因引起的自然现象,如火灾、旱灾、地震、风灾、大雪、山崩等;二是由社会原因引起的社会现象,如战争、动乱、政府干预、罢工等。

7.2.2　施工索赔的分类

由于索赔贯穿于工程项目全过程,可能发生的范围比较广泛,其分类随标准、方法不同而不同,主要有以下几种分类方法。

7.2.2.1　按索赔的依据分类

(1)合同内索赔。合同内索赔是指索赔所涉及的内容可以在合同条款中找到依据,并可根据合同规定明确划分责任。一般情况下,合同内索赔的处理和解决要顺利一些。

(2)合同外索赔。合同外索赔是指索赔的内容和权利难以在合同条款中找到依据,但可从合同引申含义和合同适用法律或政府颁发的有关法规中找到索赔的依据。

7.2.2.2　按索赔目标分类

(1)工期索赔。由于非承包人自身原因造成拖期的,承包人要求发包人延长工期,推迟竣工日期,避免违约误期罚款等。

(2)费用索赔。要求发包人补偿费用损失,调整合同价格,弥补经济损失。

7.2.2.3　按索赔事件的性质分类

(1)工程延误索赔。因发包人未按合同要求提供施工条件,如未及时交付设计图纸、施工现场、道路等,或因发包人指令工程暂停或不可抗力事件等原因造成工期拖延的,承包人对此提出索赔。这是工程中常见的一类索赔。

(2)工程变更索赔。由于发包人或监理人指令增加或减少工程量或增加附加工程、修改设计、变更工程顺序等,造成工期延长和费用增加,承包人对此提出索赔。

(3)工程终止索赔。由于发包人违约或发生了不可抗力事件等造成工程非正常终止,承包人因蒙受经济损失而提出索赔。

(4)施工加速索赔。由于发包人或监理人指令承包人加快施工速度,缩短工期,引起承包人额外开支而提出的索赔。

(5)意外风险和不可预见因素索赔。在工程实施过程中,因人力不可抗拒的自然灾害、特殊风险以及一个有经验的承包人通常不能合理预见的不利施工条件或外界障碍,如地下水、地质断层、地下障碍物等引起的索赔。

(6)其他索赔。如因货币贬值、汇率变化、物价上涨、政策法令变化等原因引起的索赔。

7.2.2.4 按索赔处理方式分类

(1)单项索赔。单项索赔是针对某一干扰事件提出的,在影响原合同正常运行的干扰事件发生时或发生后,由合同管理人员立即处理,并在合同规定的索赔有效期内向责任方提交索赔要求和报告。单项索赔通常原因单一,责任单一,分析起来相对容易,由于涉及金额一般较小,双方容易达成协议,处理起来也比较简单。因此,合同双方应尽可能采用此方式来处理索赔。

(2)综合索赔。综合索赔又称一揽子索赔,一般在工程竣工前和工程移交前,承包人将工程实施过程中因各种原因未能及时解决的单项索赔集中起来进行综合考虑,提出一份综合索赔报告,在工程交付前后由合同双方进行最终谈判,以一揽子方案解决索赔问题。在合同实施过程中,有些单项索赔问题比较复杂,不能立即解决,为不影响工程进度,经双方协商同意后留待以后解决。有的是发包人或监理人对索赔采用拖延办法,迟迟不作答复,使索赔谈判持久未达成共识。还有的是承包人因自身原因,未能及时采用单项索赔方式等,都有可能出现一揽子索赔。由于在一揽子索赔中许多干扰事件交织在一起,影响因素比较复杂而且相互交叉,责任分析和索赔值计算都很困难,索赔涉及金额往往又很大,双方都不愿或不容易作出让步,使索赔的谈判和处理都很困难。因此,综合索赔的成功率比单项索赔要低得多。

应用案例 7-1

【案例概况】

某工程发包人(甲方)与某公路施工承包人(乙方)签订了某项公路工程的地基处理与基础工程施工合同。由于工程量无法准确确定,根据施工合同规定,按施工图预算方式计价。乙方必须严格按照施工图纸及合同规定的内容及技术要求施工,乙方的分项工程首先向监理人申请质量认证,取得质量认证后,向造价工程师提出计量申请和支付工程款。工程开工前,乙方提交了施工组织设计并得到批准。

在施工过程中,出现了如下事件。

事件1:在工程施工过程中,当进行到施工图所规定的处理范围边缘时,乙方为了使夯击质量得到保证,将夯击范围适当扩大。施工完成后,乙方将扩大范围内的施工工程量向造价工程师提出计量付款的要求,但遭到拒绝。试问工程师拒绝承包商的要求合理否?为什么?

事件2:在工程施工过程中,乙方根据监理工程师指示就部分工程进行了变更施工。试问承包商是否可就工程变更部分提出索赔,产生该索赔的原因是什么?合同价款应根据什么原则确定?

事件3:在开挖土方过程中,有两项重大事件使工期发生较大的拖延。一是土方开挖时遇到了一些工程地质勘探没有探明的孤石,排除孤石拖延了一定的时间;二是施工过程中遇到数天季节性大雨后又转为特大暴雨引起山洪暴发,造成现场临时道路、管网和施工用房等设施以及已施工的部分基础被冲坏,施工设备损坏,运进现场的部分材料被冲走,乙方数名施工人员受伤,雨后乙方用了很多工时清理现场和恢复施工条件。为此,乙方按照索赔程序提出了延长工期和费用补偿要求。试问应如何处理?

【案例评析】

事件1:造价工程师的拒绝合理。其原因:该部分的工程量超出了施工图的要求,一般来讲,也就超出了工程合同约定的工程范围。对该部分的工程量可以认为是承包人的保证施工质量的技术措施，一般在甲方没有批准追加相应费用的情况下，技术措施费用应由乙方自己承担。

事件2：可以索赔，该索赔是由于合同执行过程中的变更引起的。工程变更价款的确定原则：(1)合同中已有适用于变更工程的价格，按合同已有的价格计算、变更合同价款；(2)合同中只有类似于变更工程的价格，可以参照类似价格变更合同价款；(3)合同中没有适用或类似于变更工程的价格，由承包人提出适当的变更价格，工程师批准执行，这一批准的变更价格，应与承包人达成一致，否则，按合同争议的处理方法解决。

事件3：造价工程师应对两项索赔事件作出处理如下。

(1)对处理孤石引起的索赔，这是预先无法估计的地质条件变化，属于甲方应承担的风险，应给予乙方工期顺延和费用补偿。

(2)对于天气条件变化引起的索赔应分两种情况处理：

①对于前期的季节性大雨，这是一个有经验的承包人预先能够合理估计的因素，应在合同工期内考虑，由此造成的时间和费用损失不能给予补偿。

②对于后期特大暴雨引起的山洪暴发不能视为一个有经验的承包人预先能够合理估计的因素，应按不可抗力处理由此引起的索赔问题。被冲坏的现场临时道路、管网和施工用房等设施以及已施工的部分基础、被冲走的部分材料、清理现场和恢复施工条件等经济损失，应由甲方承担；损坏的施工设备、受伤的施工人员以及由此造成的人员窝工和设备闲置等经济损失应由乙方承担；工期顺延。

7.3 施工索赔的程序与技巧

7.3.1 施工索赔的程序

索赔工作程序是指从索赔事件产生到最终处理全过程所包括的工作内容和工作步骤。由于索赔工作实质上是承包人和发包人在分担工程风险方面的重新分配过程，涉及双方的众多经济利益，因而是一项烦琐、细致、耗费精力和时间的过程。因此，合同双方必须严格按照合同规定办事，按合同规定的索赔程序工作，才能获得成功的索赔。

具体工程的索赔工作程序，应根据双方签订的施工合同产生。在工程实际中，承包人提出的索赔工作程序一般可分为如下主要步骤。

7.3.1.1 索赔意向的提出

当施工中出现索赔事件后，承包人应在合同规定的时间内，及时向发包人或监理人书面提出索赔意向通知，亦即向发包人或监理人就某一个或若干个索赔事件表示索赔愿望，要求或声明保留索赔的权利。

合同通用条款要求：承包人应在知道或应当知道索赔事件发生后28天内，向监理人递交索赔意向通知书，并说明发生索赔事件的事由。承包人未在上述28天内发出索赔意向通知书的，丧失要求追加付款和(或)延长工期的权利。

(1)施工合同要求承包人在规定期限内首先提出索赔意向，是基于以下考虑：

①提醒发包人或监理人及时关注索赔事件的发生、发展等全过程。

②为发包人或监理人的索赔管理做准备，如可进行合同分析、收集证据等。

③如属发包人责任引起索赔,发包人有机会采取必要的改进措施,防止损失的进一步扩大。
④对于承包人来讲,索赔意向通知也可以起到保护作用。
(2)索赔意向通知一般应包括以下内容:
①事件发生的时间、地点或工程部位。
②事件发生的双方当事人或其他有关人员。
③时间发生的原因及性质,应特别说明并非承包人的责任。
④承包人对发生事件的态度。应说明承包人为控制事件的发展、减少损失所采取的措施。
⑤说明事件的发生将会使承包人产生额外经济支出或其他不利影响。
⑥提出索赔意向,注明合同条款依据。

7.3.1.2 索赔资料的准备

(1)索赔资料准备阶段的主要工作有:
①跟踪和调查干扰事件,掌握事件产生的详细经过和前因后果。
②分析干扰事件产生原因,划清各方责任,确定由谁承担,并分析这些干扰事件是否违反了合同规定,是否在合同规定的赔偿或补偿范围内。
③损失或损害调查或计算,通过对比实际和计划的施工进度和工程成本,分析经济损失或权利损害的范围和大小,并由此计算出工期索赔和费用索赔值。
④收集证据,从干扰事件产生、持续直至结束的全过程,都必须保留完整的当时记录,这是索赔能否成功的重要条件。
⑤起草索赔文件。按照索赔文件的格式和要求,将上述各项内容系统反映在索赔文件中。
(2)工程实施中,合同双方应注意以下资料的积累和准备:
①发包人指令书、确认书。
②承包人要求、请求、通知书。
③发包人提供的水文地质、地下管网资料,施工所需的证件、批件、临时用地占地证明手续、坐标控制点资料、图纸等。
④承包人的年、季、月施工计划,施工方案,施工组织设计及监理人批准、认可的记录等。
⑤施工规范、质量验收单、隐蔽工程验收单、验收记录。
⑥承包人要求预付通知,工程量核实确认单。
⑦发包人对承包人的材料供应清单、合格证书。
⑧竣工验收资料、竣工图。
⑨工程结算书、保修单等。

7.3.1.3 索赔报告的提交

合同通用条款规定,承包人应在发出索赔意向通知书后28天内,向监理人正式递交索赔报告。索赔报告应详细说明索赔理由以及要求追加的付款金额和(或)延长的工期,并附必要的记录和证明材料;当索赔事件持续进行时,承包人应按合理时间间隔继续递交延续索赔通知,说明连续影响的实际情况和记录,列出累计的追加付款金额和(或)工期延长天数;在索赔事件终了后的28天内,向监理人递交最终索赔通知书,说明最终要求索赔的追加付款金额和延长的工期,并附必要的记录和证明材料。

7.3.1.4 监理人对索赔文件的审核

监理人根据发包人的委托或授权,对承包人索赔的审核工作主要分为判定索赔事件是否成立和核查承包人的索赔计算是否正确、合理两个方面,并可在发包人授权的范围内作出自己独立的判断。

索赔要求的成立必须同时具备以下四个条件：

(1) 与合同相比较已经造成了实际的额外费用增加或工期损失。

(2) 造成费用增加或工期损失的原因不是由于承包人自身的过失所造成。

(3) 这种经济损失或权利损害也不是应由承包人应承担的风险所造成。

(4) 承包人在合同规定的期限内提交了书面的索赔意向通知和索赔文件。

上述四个条件没有先后主次之分，并且必须同时具备，承包人的索赔才能成立。其后，监理人对索赔文件的审查重点主要有两步：

第一步，重点审查承包人的申请是否有理有据，即承包人的索赔要求是否有合同依据，所受损失确属不应由承包人负责的原因造成，提供的证据是否足以证明索赔要求成立，是否需要提交其他补充材料等。

第二步，监理人以公正的立场、科学的态度，审查并核算承包人的索赔值计算，分清责任，剔除承包人索赔值计算中的不合理部分，确定索赔金额和工期延长天数。

公路工程专用合同条款要求：监理人应按合同条款商定或确定追加的付款和(或)延长的工期，并在收到索赔通知书或有关索赔的进一步证明材料后 42 天内，将索赔处理结果报发包人批准后答复承包人。如果承包人提出的索赔要求未能遵守合同的规定，则承包人只限于索赔由监理人按当时记录予以核实的那部分款额外负担和(或)工期延长天数。

7.3.1.5 索赔的处理与解决

从递交索赔报告到索赔结束是索赔的处理与解决过程。监理人经过对索赔文件的评审，应提出对索赔处理决定的初步意见，并参加发包人和承包人之间的索赔谈判，根据谈判达成索赔最后处理的一致意见。如果发包人和承包人谈判达不成一致，就会导致合同争议。通过协商双方达到互谅互让的解决方案，是处理争议的最理想方式，如达不成谅解，承包人可根据合同规定有权将索赔争议提交争议评审组或仲裁或诉讼，使索赔问题得到最终解决。

承包人索赔程序，如图 7-1 所示。

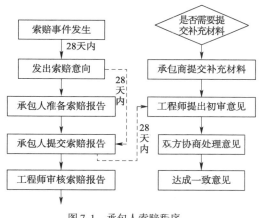

图 7-1 承包人索赔程序

7.3.2 承包人索赔技巧

在市场经济环境下，承包人要提高工程经济效益必须重视索赔问题，而且有索赔意识，才能重视索赔、敢于索赔，善于索赔。

7.3.2.1 及时发现索赔机会

一个有经验的承包人，在投标阶段就应考虑将来可能要发生索赔的问题，要仔细研究招标文件中的合同条款和规范，仔细查勘施工现场，探索可能索赔的机会，在报价时要考虑索赔的需要。在索赔谈判中，如果没有生产效率降低的资料，则很难完成索赔。要论证效率降低，承包人应做好施工记录，记录好每天使用的设备工时、材料和人工数量、完成的工程，及施工中遇到的问题。

7.3.2.2 索赔必须以合同为依据

监理人依据合同和事实对索赔进行处理是公平性的重要体现。在不同的合同条件下，这些依据很可能是不同的。如不可抗力导致的索赔,在国内《公路工程标准施工招标文件》的合同条款中,承包人机械设备损坏的损失,是由承包人承担的,不能向发包人索赔;但在 FIDIC 合同条件下,不可抗力事件一般都列为发包人承担的风险。所以各个合同的协议条款不同,索赔差别就很大。《公路工程标准施工招标文件》(2018 年版)中规定的可以索赔条款,见表 7-1。

可以合理补偿承包人索赔的条款　　　　　　　表 7-1

序号	条款号	主 要 内 容	可补偿内容		
			工期	费用	利润
1	1.10.1	施工过程发现文物、古迹以及其他遗迹、化石、钱币或物品	√	√	
2	4.11.2	承包人遇到不利物质条件	√	√	
3	5.2.4	发包人要求向承包人提前交付材料和工程设备		√	
4	5.2.6	发包人提供的材料和工程设备不符合合同要求	√	√	√
5	8.3	发包人提供基准资料错误导致承包人的返工或造成工程损失	√	√	√
6	11.3	发包人的原因造成工期延误	√	√	√
7	11.4	异常恶劣的气候条件	√		
8	11.6	发包人要求承包人提前竣工		√	
9	12.2	发包人原因引起的暂停施工	√	√	√
10	12.4.2	发包人原因造成暂停施工后无法达到按时复工	√	√	
11	13.1.3	发包人原因造成工程质量达不到合同约定验收标准的	√	√	√
12	13.5.3	监理人对隐蔽工程重新检查,经检验证明工程质量符合合同要求的	√	√	
13	16.2	法律变化引起的价格调整		√	
14	18.4.2	发包人在全部工程竣工前,使用已接收的单位工程导致承包人费用增加		√	√
15	18.6.2	发包人的原因导致试运行失败的		√	√
16	19.2	发包人的原因导致的工程缺陷或损失		√	√
17	21.3.1	不可抗力	√		

注:带有√符号的,代表此项可补偿。

7.3.2.3 承包人及时、合理地提出索赔

索赔要求的成立必须同时具备以下四个条件:

(1)与合同相比较已经造成了实际的额外费用增加或工期损失。

(2)造成费用增加或工期损失的原因不是由于承包人自身的过失所造成。

(3)这种经济损失或权利损害也不是应由承包人应承担的风险所造成。

(4)承包人在合同规定的期限内提交了书面的索赔意向通知和索赔文件。

上述四个条件没有先后主次之分,并且必须同时具备,承包人的索赔才能成立。索赔事件发生后,索赔的提出应当及时,如承包人的索赔意向通知书迟于索赔事件发生后 28 天,就丧失了要求补偿的权利。

7.3.2.4 合同争议的处理

工程项目实施中,会发生各种各样、大大小小的索赔、争议等问题,应该强调,合同各方应该争取尽量在最早的时间、最低的层次,尽最大可能以友好协商的方式解决索赔问题,不要轻易提交仲裁。因为对工程争议的仲裁往往是非常复杂的,要花费大量的人力、物力、财力和精力,对工程建设也会带来不利,有时甚至是严重的影响。

7.3.2.5 其他注意事项

(1)对口头变更指令要得到确认。监理人常做口头指令变更,如果承包人不对监理人的口头指令予以书面确认,就进行变更工程的施工,有可能出现监理人矢口否认的情况,拒绝承包人的索赔要求。

(2)及时发出"索赔意向通知书"。一般合同规定,索赔事件发生后的 28 天内,承包方必须发出"索赔意向通知书",过期无效。

(3)索赔事件论证要充足。索赔证据要充足,令人信服,经得起推敲。索赔计算时计价不能过高,要价过高容易让对方反感,使索赔不容易解决,还有可能让业主准备周密的反索赔计划,以高额的反索赔对付高额的索赔,使索赔工作更加复杂化。

(4)力争单项索赔,避免一揽子索赔。单项索赔事件简单,容易解决,而且能得到及时支付。一揽子索赔,问题复杂、金额大、不易解决,往往工程结束后还不到付款。

应用案例 7-2

【案例概况】

某公路建设施工土方工程中,承包方在合同标明有松软石的地方没有遇到松软石,因此,工期提前 1 个月。但在合同中另一未标明有坚硬岩石的地方遇到更多的坚硬岩石,开挖工作变得更加困难,由此造成了实际生产率比原计划低得多,经测算影响工期 3 个月。由于施工速度减慢,使得部分施工任务拖到雨季进行,按一般公认标准推算,又影响工期 2 个月。为此承包方准备提出索赔。

问题:

1. 该项施工索赔能否成立?为什么?
2. 在该索赔事件中,应提出的索赔内容包括哪两方面?
3. 在工程施工中,通常可以提供的索赔证据有哪些?
4. 承包商应提供的索赔文件有哪些?请协助承包商拟订一份索赔通知?

【案例评析】

1. 本事件能索赔成立。因为事件起因是由于意外地质条件造成施工困难,不是承包人自身过错,属于可原谅延误,索赔成立。

2. 本事件使承包人由于意外地质条件造成施工困难,导致工期延长,相应产生额外的工程费用,因此,应包括费用索赔和工期索赔。

3. 索赔的证据包括:(1)工程照片,各项由业主代表或监理人签认的签证,工程施工现场实施情况记录,与本事件有关的合同文件(如标书、图纸、设计交底记录、变更指令等)。这些证明用以说明施工条件变化的程度及是否真实等情况。(2)施工进度表、施工备忘录、会议记录或纪要,以及以上各种记录报告,用以分析计算延误的工期情况并证实其可信性。(3)与本事件相关的人工报表、材料报表、机械设备报表,用以分析计算多用了人工或延长工作时间,增加了设备数量、种类或工作时间,以及多用材料数量等。

4. 索赔文件的主要包括:索赔意向通知(书)、索赔报告、详细的计算书与证据。索赔意向通知应在索赔事件发生后合同规定的有效期内向发包人或监理人提出索赔要求,在发出通知后,承包人应进一步开展索赔的取证工作,以备要求进一步补充索赔理由和证据。具体的索赔意向通知如下:

> 索赔意向通知
>
> 致监理人:
> 　　我方希望你方对土方开挖中工程地质条件变化问题引起重视。
> 　　1. 在合同文件中标明有松软石的地方未遇到预计的松软石。
> 　　2. 在合同文件中未标明有坚硬岩石的地方遇到更多的坚硬岩石。
> 　　由于第一条,我方实际工期提前。
> 　　由于第二条,我方实际生产效率降低,而引起工期拖延,并不得不在雨季施工。
> 　　综合上述情况,由于施工条件变化造成我方实际工期拖延4个月,并由此使得我方费用比合同预计的增加很多。所以,我方就施工现场的施工条件与原勘察设计有很大不同,向你方提出工期索赔及费用索赔,具体工期索赔及费用索赔依据及数额的计算在随后的索赔报告中体现。
>
> 　　　　　　　　　　　　　　　　　　　　　　　　　　　　报送人:
> 　　　　　　　　　　　　　　　　　　　　　　　　　　　　报送日期:

7.4 施工索赔的计算及案例

7.4.1 工期索赔

工程施工中,常会发生一些未能预料的事件,使得施工不能顺利进行。工期延长意味着工程成本的增加,对合同双方都会造成损失。

7.4.1.1 工程延误的分类和识别

1)按工程延误责任分

(1)发包人及监理人的责任。发包人和监理人的责任引起的延误一般可分为两种情况:第一种是由发包人和监理人主观原因引起的延误,如拖延交付施工场地、拖延交付图纸、拖延审批施工方案、拖延支付工程款、未能按合同规定及时提供材料或设备、发布错误的指令等;第二种情况是由工程变更引起的延误,如设计变更引起的工程量增加、额外工作等。

(2)承包人的责任。由承包人责任引起的延误一般是由于承包人施工管理不善、组织协调不力、指挥不当、财务困难、工作失误等原因引起的。

(3)不可控制因素导致的延误。主要有不可抗力的自然灾害、不利现场条件等。

2)按延误原因分

(1)可原谅延误,指不是由承包人的过失和违约所造成的延误。例如发包人责任、不可抗力因素导致的延误都是可原谅延误。

(2)不可原谅延误,指承包人可以预见或可以控制的情况,但由于过失而造成的延误,也即承包人责任的延误。

实际中,可原谅延误与不可原谅延误,各合同的规定可能不尽相同,遇到具体情况时,应查阅合同规定。

3)按延误是否可补偿经济损失分

可原谅延误根据是否可以补偿经济损失又进一步划分为可补偿延误和不可补偿延误。

(1)可补偿延误。可补偿延误是指承包人有权同时要求延长工期和经济损失的延误。

(2)不可补偿延误,是指可以给予工期延长,但不能对相应的经济损失给予补偿的可原谅延误。判断延误是否可以补偿经济损失的决定因素是:发包人或代理人是否应对造成该延误的情况负责或合同规定的不由承包人承担的风险,如果是,则是可补偿的,否则是不可补偿的。

4) 按延误出现的活动类型分

(1) 关键延误,是指发生在网络计划中关键活动上的延误。

(2) 非关键延误,指发生在非关键活动上的延误。由于非关键活动上都有一定的时差可以利用,具有一定的灵活性。因此,只要延误时间不超过该活动可以利用的时差,就不会导致整个工期的延误,而关键活动一旦延误,整个工期就会延误。

显然,只有当延误发生在关键活动或者延误导致非关键活动成为关键活动时,监理人才会考虑承包人的延期要求。

5) 按延误出现的形式分

(1) 单独延误,是指单一的只发生一项延误而没有其他延误同时发生。

(2) 共同延误。共同延误可能是在同一工作上同时发生两项或两项以上的延误,也可能是在不同的工作上同时发生两项或两项以上的延误。

工期延误索赔的分类及其处理原则,见表 7-2。

工期延误索赔的分类及其处理原则　　　　表 7-2

索赔原因	是否可原谅	延误原因	责任者	处理原则	索赔情况
工期延误	可原谅的延误	①修改设计 ②施工条件变化 ③发包人原因 ④监理人原因等 (属于可补偿延误)	发包人	可给予工期延长并补偿费用损失	可获工期索赔及费用索赔
	不可原谅的延误	①特殊反常的天气 ②工人罢工 ③天灾等 (属于不可补偿延误)	客观原因	可给予工期延长,但是否给予费用补偿依合同具体规定	可获工期索赔(除合同规定外,一般不获得费用索赔)
		①工效不高 ②施工组织不好 ③设备材料不足等	承包人	不延长工期也不补偿损失	无权索赔

7.4.1.2 延误的一般处理原则

1) 单一延误的处理

综上所述,在单一延误的索赔中,承包人能否得到补偿,如何补偿,关键在于延误是否影响了工期以及延误的责任应由谁负责。一般原则如下:

(1) 延误发生在关键活动上。

(2) 发包人责任的延误,同时给予时间和经济补偿。

(3) 承包人责任的延误不能得到任何补偿。

(4) 不可控制因素导致的延误,可以得到时间补偿,能否得到经济补偿取决于合同规定。

2) 共同延误的处理

(1) 两个或两个以上的延误事件从发生到终止的时间完全相同的情况下:

①多事件均为发包人或双方不可控制因素——可索赔。

②多事件均为承包人因素——不可索赔。

③多事件为发包人引起的延误或双方不可控制因素引起的延误与承包人的延误并存——不可索赔(索赔惯例)。

(2)两个或两个以上的延误事件从发生到终止只有部分时间重合的情况下：

当共同延误同时出现在一项关键活动中时，可以按照出现延误的责任顺序进行处理。处理的原则是：追究首先出现延误责任的第一方，当第一责任方的延误已经结束，第二责任方的延误仍在继续时，追究第二责任方，若第三责任方的延误一直持续到第二责任方之后，则之后的延误追究第三责任方。出现不同延误责任顺序的情况及处理见图7-2。

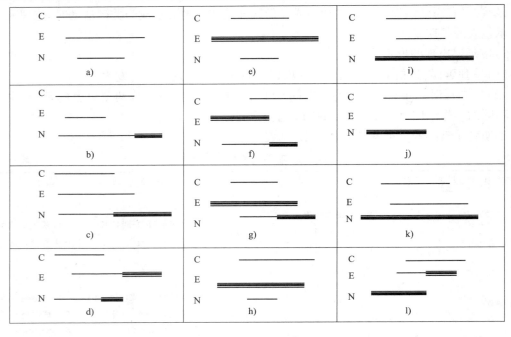

图 7-2 共同延误的补偿分析和处理

注：C 为承包人原因造成的延误；E 为发包人或监理人原因造成的延误；N 为双方不可控制因素造成的延误
──── 不可得到补偿的延期；▬▬▬▬ 可以得到时间补偿的延期；▬▬▬▬ 可以得到时间和费用补偿的延期

图7-2中的第1列表明延误的第一责任方是承包人，第二、第三责任方分别是发包人和不可控制因素的不同组合情况。在这些情况中，只有当第二、第三责任方的延误超过第一责任方的延误时，承包人才能得到时间或经济补偿[图7-2中b)、c)、d)]。第2列表明延误的第一责任方是发包人。因此，只要其他延误同时出现在发包人延误期间，承包人都有权得到时间和经济补偿[图7-2e)]；如果第二责任方是不可控制因素时，发包人之后的不可控制因素导致的延误，承包人仅能得到时间的补偿[图7-2f)]；若承包人为第二责任方，而且延误超出其他两方时，发包人之后的延误不能得到任何补偿[图7-2h)]。第3列表明延误的第一责任为不可控制因素。根据不同的情况，承包人可以得到时间和经济的补偿。由此看出，不论何种组合情况，只要承包人责任的延误首先出现，在其延误期间就不能得到任何补偿。

7.4.1.3 工期索赔的分析方法

1)网络分析法

网络分析法的一般思路是：假定工程一直按基准网络计划确定的施工顺序和时间施工，当一个或一些干扰事件发生后，使网络中的某个或某些活动受到干扰而延长施工持续时间，将这些活动受干扰后的新的持续时间代入网络中,重新进行网络分析和计算,以此计算延误对工期的影响。网络分析是一种科学、合理的计算方法,它是通过分析干扰事件发生前、后网络计划之差异而计算工期索赔值的,通常可适用于各种干扰事件引起的工期索赔。

2)比例类推法

在实际工程中,若干扰事件仅影响某些单项工程、单位工程或分部分项工程的工期,要分析它们对总工期的影响,可采用较简单的比例类推法。比例类推法可根据工程量进行类推,也要根据工程造价进行类推。

(1)按工程量进行比例类推:

$$\text{工期索赔值} = \text{原合同工期} \times \frac{\text{额外增加的工程量}}{\text{原合同工程量}} \quad (7-1)$$

(2)按造价进行比例类推:

$$\text{工期索赔值} = \text{原合同工期} \times \frac{\text{额外增加的工程量的价格}}{\text{原合同总价}} \quad (7-2)$$

例如某工程基础施工中,出现了不利地质障碍,监理指令承包人进行处理,土方工程量由原来的 2760 m³ 增至 3280 m³,原定工期 45 天,同时合同约定 10% 范围内的工程量增加为承包人承担的风险,则承包人可索赔工期工程量为:

$$Q = 3280 - 2760(1 + 10\%) = 244(\text{m}^3)$$

可索赔的工期为:

$$\Delta T = 45 \times \frac{244}{2760(1 + 10\%)} = 3.62(\text{天}) \approx 4 \text{ 天}$$

比例类推法简单、方便,实际中变更可能会使合同价增加,但却不一定会影响工期;有时变更的价值可能很小,却会显著地延长工期。因此,在采用比例类推法时应与进度计划结合起来分析。

应用案例 7-3

【案例概况】

某高速公路施工过程中,监理工程师没有按时提交设计图纸,延误时间从 9 月 1 日—9 月 30 日,同时,承包人从 9 月 1 日—9 月 25 日遇到了异常恶劣的气候,承包人由此可以得到的补偿分析如下。

施工延误一:设计延误。开始日期:9 月 1 日;结束日期:9 月 30 日;总的延误:30 天。

施工延误二:异常恶劣气候。开始日期:9 月 1 日;结束日期:9 月 25 日;总的施工延误:25 天。

问题:

承包人有权获得什么样的补偿?工期延长和费用补偿分别是多少?

【案例评析】

当共同延误同时出现在两条平行关键线路上时,可能有三种情况:

(1)发包人责任的延误与不可控制因素导致的延误同时出现。

(2)承包人责任的延误与不可控制因素导致的延误同时出现。

(3)发包人与承包人责任的延误同时出现。

对于(1)、(2)两种情况,可以给予时间补偿,但不能给予经济补偿。因为在这种情况下,即使没有发包人和承包人责任的延误,不可控制因素导致的延误也已经造成了工程拖延,两条平行关键线路,只要一条延误,工期就会拖延。(3)情况可以有两种处理方式。方式一仅给予时间补偿;方式二依据双方过失的大小及造成影响的大小,分担责任,这种处理方式需根据具体问题分析决定。

结果:承包人有权获得工期补偿和费用补偿,能获得30天的工期延长和5天施工延误的费用补偿。

7.4.2 费用索赔

索赔费用的构成,与施工合同价格包括的内容一致。从原则上来说,只要是承包人(或发包人)有索赔权的事项,导致了工程成本的增加,承包人(或发包人)都可以提出费用索赔。

7.4.2.1 承包人向发包人的费用索赔

承包人向发包人的费用索赔是指承包人在非自身因素而遭受经济损失时向发包人提出补偿其额外费用损失的要求,是承包人根据合同条款的有关规定,向发包人索取的合同价款以外的费用。

1) 可索赔的费用

施工费用一般由可变费用和不变费用构成,引起可变费用增加的可能:一是停工损失和生产效率下降,二是增加工作,三是物价因素。

(1) 工、料、机费。

$$人工费索赔值 = 人工工时增加费 + 停工损失和劳动生产率降低损失费 \tag{7-3}$$

$$材料费索赔值 = 材料单价上涨费 + 材料用量增加费 \tag{7-4}$$

$$机械费索赔值 = 自有施工机械增加费 + 租赁机械增加费$$
$$(包括必要的机械进出场费) + 机械设备闲置损失费 \tag{7-5}$$

其中,增加工作内容的人工费应按照计日工费计算,而停工损失费和工作效率降低的损失费按窝工费计算,窝工费的标准双方应在合同中约定。当工作内容增加引起机械费索赔时,可以按照机械台班费计算;因窝工引起的机械费索赔,如果施工机械属于施工企业自有时,按照机械折旧费计算索赔费用;当施工机械是施工企业从外部租赁时,索赔费用可以按照设备租赁费计算。

(2) 管理费。施工管理费一般由两部分组成:现场管理费和企业管理费。按照成本管理的费用划分标准,现场管理费构成直接费,是直接用于本工程的管理费用,一般是在直接费的基础上计算的。企业管理费构成间接费,是企业间接用于本工程的管理费用,是按照一定的比例由本工程分摊的。

①现场管理费。现场管理费是某单个合同发生的、用于现场管理的总费用,一般包括现场管理人员的工资、办公费、差旅费、固定资产使用费、工具用具使用费、保险费、工程排污费等。它一般占工程总成本的5%~10%。现场管理费的索赔计算方法一般有以下两种情况。

A. 直接成本的现场管理费索赔。对于发生直接成本的索赔事件,其现场管理费索赔额一般可按下式计算:

$$直接成本的现场管理费索赔 = 索赔事件直接费 \times 现场管理费费率 \tag{7-6}$$

$$现场管理费费率 = \frac{本合同工程的现场管理费总额}{本合同工程直接成本总额} \times 100\% \tag{7-7}$$

B. 工程延期的现场管理费索赔。如果某项工程延误索赔不涉及直接费的增加,或由于工期延误时间较长,按直接成本的现场管理费索赔方法计算的金额不足以补偿工期延误所造成的实际现场管理费支出,则可按如下方法计算:

$$\text{工程延期的现场管理费索赔} = \text{单位时间现场管理费费率} \times \text{可索赔的延期时间} \quad (7\text{-}8)$$

$$\text{单位时间现场管理费费率} = \frac{\text{实际(或合同)现场管理费总额}}{\text{实际(或合同)工期}} \times 100\% \quad (7\text{-}9)$$

②企业管理费。企业管理费是承包人企业总部发生的，为整个企业的经营运作提供支持和服务所发生的管理费用，一般包括企业管理人员工资、差旅交通费、办公费、企业经营活动费用、固定资产折旧、职工教育培训费用、保险费、税金等。它一般占企业总营业额的3%~10%。

企业管理费分摊的方法主要有以下两种。

A.总直接费分摊法。总直接费分摊法是将工程直接费作为比较基础来分摊企业管理费。其计算公式为：

$$\text{企业管理费索赔额} = \text{单位直接费的企业管理费费率} \times \text{争议合同直接费} \quad (7\text{-}10)$$

$$\text{单位直接费的企业管理费费率} = \frac{\text{企业管理费总额}}{\text{合同期承包人完成的总直接费}} \times 100\% \quad (7\text{-}11)$$

B.日费率分摊法。日费率分摊法其基本思路是按合同额分配企业管理费，再用日费率法计算应分摊的总部管理费索赔值。其计算公式为：

$$\text{企业管理费索赔值} = \text{本工程每日企业管理费费率} \times \text{工程延期天数} \quad (7\text{-}12)$$

$$\text{本工程每日企业管理费费率} = \frac{\text{本工程应分摊的企业管理费}}{\text{合同工期}} \quad (7\text{-}13)$$

$$\text{本工程应分摊的企业管理费} = \text{同期内企业的总管理费} \times \frac{\text{本工程的合同额}}{\text{合同期内企业的总合同额}} \quad (7\text{-}14)$$

2）费用索赔的计算

计算方法有实际费用法、总费用法、修正总费用法等。

（1）实际费用法。该方法是按照各索赔事件所引起损失的费用项目分别分析计算索赔值，然后将各费用项目的索赔值汇总，即可得到总索赔费用值。这种方法以承包商为某项索赔工作所支付的实际开支为依据，但仅限于由于索赔事项引起的、超过原计划的费用，故也称额外成本法。实际费用法是计算工程索赔时最常用的一种方法。

（2）总费用法。当发生多次索赔事件以后，重新计算该工程的实际总费用，实际总费用减去投标报价时的估算总费用。这种方法只有在难以采用实际费用法时才应用。

（3）修正的总费用法。这种方法是对总费用法的改进，即在总费用计算的原则上，去掉一些不确定的可能因素，对总费用法进行相应的修改和调整，使其更加合理。修正的总费用法与总费用法相比，有了实质性的改进，其准确程度已接近于实际费用法。

7.4.2.2 发包人向承包人的索赔

按照通用条款中的责任规定，发包人因承包人责任原因而受到损害时，提出的索赔有以下三种情况。

1）由于承包人原因导致工程延期

由于承包人原因导致工程延期，又不能按时竣工时，承包方就要承担延期违约赔偿责任。合同条件内规定的延期违约赔偿费并不是"罚款"，只是要求承包人补偿由于发包人不能将合同工程按期投入使用蒙受的经济损失。

延期违约赔偿费的计算办法是，按照合同内约定的每延误一天的损失赔偿乘以拖延的天数。但延期违约赔偿费最高不得超过合同内约定的最高限额。

如果在整个合同约定的竣工日期以前，已对分阶段移交的部分工程颁发了工程移交证书，而且证书中注明的该部分工程竣工日期并未超过约定的分阶段竣工时间，则全部工程剩余部分的延期违约日赔偿额,在合同中没有另外规定时,应相应折减。折减的原则应为,将未颁发证书部分的工程金额除以整个工程的总金额所得比例来折算,但不影响约定的最高赔偿限额。这个原则,同样适用于合同内约定竣工日期的分阶段移交的单位工程。折减的方法为:

$$折减的误期损害赔偿金(天) = 合同约定赔偿金(天) \times \frac{未颁发移交证书部分工程金额}{全部工程总金额} \quad (7-15)$$

$$拖期赔偿费总金额 = 折减的误期损害赔偿金(天) \times 延误天数(\leqslant 最高赔偿限额) \quad (7-16)$$

2) 承包人原因导致施工缺陷的索赔

承包人的原因导致施工质量不符合技术规范的要求,或使用的材料、设备质量不满足要求,以及在缺陷责任期满前未完成应进行的缺陷工程修复工作时,发包人有权追究承包人的责任。在承包人没能于监理人规定时间内完成质量缺陷的补救工作,发包人有权向承包人进行索赔。这部分索赔内容可以是直接损失,也可以包括与违约行为有因果关系的间接损失。

3) 承包人原因导致其他损失的索赔

(1) 承包人在运输材料设备过程中,因承包人应承担的责任,如损坏了公路和桥梁等设施,因而发包人受到交通运输管理部门的罚款后,向承包人的索赔。

(2) 承包人因不合格材料或设备进行的重复检验费。

(3) 承包人应以双方共同名义投保失效,给发包人带来的损失。

(4) 因承包人原因工程延期,需加班赶工时,所增加的监理服务费。

应用案例 7-4

某公路项目建设单位与承包人签订了工程施工合同,合同规定:钢材、木材、水泥由建设单位供货到工地现场仓库,其他材料由承包人自行采购。承包人编制的施工方案和进度计划表已获监理人批准。

在边坡施工过程中,因建设单位提供的水泥未到,使该项作业从8月3日至8月16日停工(该项作业的总时差为0天),该项作业人工30人,混凝土搅拌机1台。8月7日至8月9日因下雨,涵洞基础开挖工程停工(该项作业的总时差为零),该项作业人工10人。8月17日至8月21日因1台砂浆搅拌机发生故障使涵洞砌筑延迟开工(该项作业的总时差为4天),该项作业人工112人。

为此,承包人于8月5日后陆续送交了工期、费用索赔计算书和索赔依据的详细材料,并于8月24日向监理人提交了一份索赔书,其计算书的主要内容如下:

1. 工期索赔

(1) 边坡8月3日至8月16停工,计14天。

(2) 涵洞基础8月7日至8月9日停工,计3天。

(3) 砌筑由8月17日延迟至8月21日开工,计4天。总计请求顺延工期:21天。

2. 费用索赔

(1) 窝工机械设备费:一台混凝土搅拌机 $14 \times 165 = 2310$(元)。一台砂浆搅拌机 $7 \times 78 = 546$(元)。小计:2856元。

(2) 窝工人工费:边坡 $30 \times 80 \times 14 = 33600$(元)。基础 $10 \times 80 \times 3 = 2400$(元)。砌筑 $12 \times 80 \times 4 = 3840$(元)。小计:39840元。

(3) 管理费增加:$(2856 + 39840) \times 15\% = 6404.4$(元)。

(4)利润损失:$(2856+39840+6404.4)\times 7\% = 3437.03$(元)。费用索赔合计:52537.43 元。

问题:

(1)承包人提出的工期索赔是否正确?应予批准的工期索赔为多少天?

(2)假定经双方协商一致,窝工机械设备费索赔按台班单价的65%计;考虑对窝工人工应合理安排工人从事其他作业后的降效损失,窝工人工费索赔按每工日35元计;综合费率为窝工费的10%。承包人上报的人工、机械单价为承包人投标单价,试确定索赔额。

【案例解析】

1.承包人提出的工期索赔不正确。

(1)边坡停工14天,应予工期补偿14天。这是由于建设单位原因造成的,且该项作业位于关键路线上。

(2)基础开挖停工,不予工期补偿。因为正常下雨属于季节性因素,是有经验的承包人能预计的,在施工组织中应作考虑,不予索赔。

(3)砌筑停工,不予工期补偿,因为该项停工属于承包人自身原因造成的。

应予工期补偿:$14+0+0=14$(天)。

2.费用索赔确定

(1)窝工机械费

边坡机械窝工:$14\times 165\times 65\% = 1501.5$(元)。

砌筑机械窝工:因砂浆搅拌机故障为非建设单位原因,所以造成砂浆搅拌机的窝工机械费不予补偿。

小计:1501.5 元。

(2)窝工人工费

边坡窝工:$30\times 35\times 14 = 14700$(元)。建设单位原因造成,但窝工工人已做其他工作,所以只补偿工效差。

基础开挖窝工:不予补偿。砌筑窝工:不予补偿。

小计:14700 元。

(3)管理费、规费、税金:$(1501.5+14700)\times 10\% = 1620.15$(元)。

索赔费用合计:$1501.5+14700+1620.15 = 17821.65$(元)。

本模块小结

公路工程施工索赔是合同管理的重要内容,是合同执行过程中经常发生的、受损方为保证自己合法权益而进行的一种行为。本模块主要学习了施工索赔的起因、程序,施工索赔的合同条款,常见的施工索赔计算。

模块训练

一、单选题

1.索赔是在合同的实施过程中,合同一方因对方不履行或未能正确履行合同所规定的义务或未能保证承诺的合同条件实现而(　　)，向对方提出的补偿要求。
　　A.拖延工期后　　　B.遭受损失后　　　C.产生分歧后　　　D.提起公诉后
　2.以下不属于索赔本质特征的是(　　)。
　　A.索赔是要求给予补偿(赔偿)的权利主张
　　B.索赔的依据、合同文件以及适用法律
　　C.承包人有过错
　　D.必须有切实证据
　3.下列索赔事件中，承包人不能提出费用索赔的是(　　)。
　　A.发包人要求加速施工导致工程成本增加
　　B.由于发包人和工程师原因造成施工中断
　　C.恶劣天气导致施工中断、工期延误
　　D.设计中某些工程内容错误导致工期延误
　4.《公路工程标准施工招标文件》规定，当施工现场出现气候异常恶劣时，承包人一般可向发包人提出(　　)。
　　A.工期延长的费用索赔要求　　　　B.延长工期的要求
　　C.既延长工期，又索赔费用　　　　D.不能向发包人提出索赔要求
　5.施工合同履行过程中，因工程所在地发生洪灾所造成的损失中，应由承包人承担的是(　　)。
　　A.工程本身的损害　　　　　　　　B.因工程损害导致的第三方财产损失
　　C.承包人的施工机械损坏　　　　　D.工程所需清理费用
　6.由于发包人的原因，造成工程中断或进度缓慢，使工期拖延，承包人对此(　　)。
　　A.不能提出索赔　　　　　　　　　B.可以提出工期拖延索赔
　　C.可以提出工程变更索赔　　　　　D.可以提出工程终止索赔
　7.工程索赔计算时最常用的一种方法是(　　)。
　　A.总费用法　　B.修正的总费用法　　C.实际费用法　　D.协商法
　8.按照索赔程序的规定，承包方如果根据本合同条款中任何条款提出任何附加支付的索赔时，应在该索赔事件首次发生的28天之内将其(　　)提交监理工程师，并抄送发包人。
　　A.索赔证据　　　B.索赔意向书　　　C.索赔依据　　　D.索赔报告
　9.关于工期索赔，下列说法正确的是(　　)。
　　A.单一延误是可索赔延误　　　　　B.共同延误是不可索赔延误
　　C.交叉延误可能是可索赔延误　　　D.非关键线路延误是不可索赔延误
　10.某工程部位隐蔽前曾得到监理工程师的认可，但重新检验后发现质量未达到合同约定的要求，则关于全部剥露、返工的费用和工期处理的说法，正确的是(　　)。
　　A.费用和工期损失全部由承包人承担　　B.费用和工期损失全部由发包人承担
　　C.费用由发包人承担，工期不顺延　　　D.费用由承包人承担，工期给予顺延
　11.某施工合同履行过程中，经监理工程师确认质量合格后已隐蔽的工程，工程师又要求剥露重新检验。重检后结果为质量合格，则下列说法正确的是(　　)。
　　A.发包人支付发生的全部费用，工期不予顺延
　　B.发包人支付发生的全部费用，工期给予顺延

C. 承包人支付发生的全部费用,工期不予顺延
D. 承包人支付发生的全部费用,工期给予顺延

12. 当出现索赔事件时,承包人以书面的索赔通知书形式,在索赔事件发生后的( )天以内向工程师提出索赔意向通知。
   A. 28   B. 14   C. 21   D. 7

13. 某施工合同履行过程中,承包人发现由于公路管理部门的责任,连接施工场地与国道之间的道路不符合招标文件中说明的条件,则承包人由此增加的费用应由( )承担。
   A. 公路管理部门   B. 承包人   C. 发包人   D. 承包人与发包人共同

14. 在我国工程合同索赔中,既有承包人向发包人索赔,也有发包人向承包人索赔,这说明我国工程合同索赔是( )。
   A. 不确定的   B. 单向的   C. 无法确定   D. 双向的

15. 不属于索赔程序的是( )。
   A. 提出索赔要求   B. 报送索赔资料   C. 监理人答复   D. 上级调解

二、多选题

1. 可以得到工期延误的有( )。
   A. 发包人及其代表原因引起的延误   B. 承包人引起的延误
   C. 与发包人有关的第三方原因延误   D. 与承包人有关的第三方原因延误
   E. 不可控制因素引起的延误

2. 某工程项目,为了避免加班工作及今后可能支付延误赔偿的风险,承包人根据工程理由要求将路基的完工实际延长40天,监理工程师应对下述理由中的( )予以考虑工期延长。
   A. 特别严重的降雨
   B. 现场劳务问题
   C. 意外事故(不可抗力)损坏机械设备,但承包人没有立即通知监理工程师
   D. 监理工程师最近发布的一个变更令,即在原工地现场之外的另一个地方附加了一项工作量较大的额外工作
   E. 不可预见的恶劣土质条件,使得路基施工的开挖及回填工作量大大增加

3. 施工机械使用费的索赔包括( )。
   A. 完成额外工作增加的机械使用费
   B. 恶劣天气引起机械降效增加的机械使用费
   C. 由于施工组织设计原因造成机械停工的窝工费
   D. 监理工程师原因造成机械停工的窝工费
   E. 发包人原因造成工效降低增加的机械使用费

4. 索赔的程序包括( )。
   A. 提出索赔要求
   B. 报送索赔资料
   C. 监理工程师答复、工程师逾期答复后果、持续索赔
   D. 领导协调
   E. 仲裁与诉讼

5. 按索赔的目的不同,索赔可分为( )。
   A. 施工索赔   B. 发包人反索赔   C. 费用索赔

D. 商务索赔　　　　　E. 工期索赔

6. 索赔报告包括(　　)。
   A. 证据部分　　　　　　　　　　　B. 论证部分
   C. 总述部分　　　　　　　　　　　D. 索赔款项(或工期)计算部分
   E. 摘要部分

7. 关于《民法典》中解决合同争议的方式,下列表述正确的有(　　)。
   A. 当事人可以通过和解或调解解决合同争议
   B. 当事人不愿和解、调解,可根据仲裁协议向仲裁机构申请仲裁
   C. 当事人不履行仲裁协议的,对方可以请求人民法院执行
   D. 当事人有订立仲裁协议的,当事人可以选择向仲裁机构申请仲裁或向人民法院起诉

8. 工程索赔中的证据包括(　　)。
   A. 招标公告　　　　　　　　　　　B. 来往信件
   C. 各种会议纪要　　　　　　　　　D. 施工进度计划和实际施工进度记录
   E. 施工现场的工程文件

9. 公路工程索赔成立的条件有(　　)。
   A. 与合同对照,事件已造成了承包人的额外支出或直接工期损失
   B. 造成费用增加或工期损失的原因,按合同约定不属于承包人的行为责任或风险责任
   C. 承包人按合同规定的程序提交索赔意向通知和索赔报告
   D. 造成费用增加或工期损失额度巨大
   E. 索赔费用容易计算

10. 关于总索赔的正确描述是(　　)。
    A. 总索赔是"一揽子索赔"
    B. 总索赔是"综合索赔"
    C. 总索赔是在工程交付时进行
    D. 总索赔是国际工程中经常采用的索赔处理和解决方法
    E. 总索赔是在完成了工程决算后提出

三、简答题

1. 试述公路工程索赔的程序。
2. 简述公路工程索赔的原因。

四、案例分析题

1. 案例背景

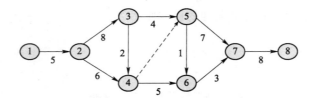

某工程进度图如上所示,其中由于承包人原因致使工作2~4延长1周,由于建设单位原因使工作3~5、4~6分别延长1周和4周。

问题:

该工程能否索赔,索赔工期为多少天?

2. 案例背景

施工单位承建了某钻孔灌注桩箱形梁桥工程施工,大桥钻孔灌注桩共 20 根,桩长均相同。现场一台钻机连续 24 小时不间断钻孔,每根桩钻孔完成后立即清孔、安放钢筋笼并灌注混凝土,钻孔速度为 2m/h,清孔、安放钢筋笼、灌注混凝土及其他辅助工作综合施工速度为 3m/h。

该施工合同中约定,人工单价 100 元/工日,人工窝工补偿费 80 元/工日,除税金外企业管理费、利润等综合费率为 20%(以直接工程费为计算基数)。

施工过程中发生如下事件:

事件一:灌注桩钻孔过程中发现地质情况与设计勘察地质情况不同,停工 12 天,导致人工窝工 8 工日,机械窝工费 1000 元/天,停工期间施工单位配合设计单位进行地质勘探用工 10 工日;后经设计变更每根灌注桩增长 15m。(原工期计划中,钻孔灌注桩施工为非关键工序,总时差 8 天)

事件二:在 1 号主墩钻孔桩开钻前夕,承包人接到监理工程师指令:石油部门要在墩位处补充调查地下石油管线,要求 1 号主墩停止钻孔桩施工 3 天,监理工程师根据机械设备进退场申请单和现场核实,确认有两台钻机停工,其中一台为租赁,其分摊进退场费用后的实际租赁费 2000 元/天;另一台为自有,投标报价为台班费 1600 元,停置费 1000 元/天,利润率 7%。

问题:

1. 针对事件一,计算工期延长的天数,计算除税金外可索赔窝工费和用工费各多少元。(计算结果保留一位小数)

2. 针对事件二,计算 1 号主墩钻孔桩停工 3 天可索赔的钻机停工费用。

技 能 实 训

【实训目标】

通过模拟索赔谈判,加深对公路工程施工索赔的理解,使学生具备依据合同文件和相关工程资料进行索赔的能力。

【实训要求】

给学生提供一个真实工程项目,将学生分为两组,分别代表发包人和承包人,经过模拟索赔谈判后再交换角色进行实训。

1. 工程概况

某高速公路某合同段,主要工程量包含一座大型互通式立交桥。红线周边居民较密集。经公开招标确定承包人并按招标文件签订了施工合同。工程开工前,承包人上报了施工组织计划并获得批准。工程开工后发生了如下事件:

(1)原计划 4 月 30 日全部完成的拆迁工程至 5 月 15 日才完成,导致无法按计划进行桩基施工,其中某部分处于进度网络图关键线路的桩基计划开工时间为 5 月 6 日,因此推迟至 16 日开工,造成窝工 600 工日(每工日工资 40 元),设备 A 闲置 60 台班(计工单价为 1500 元/台班,投标预算书中该设备固定费用 1000 元/台班),设备 B 闲置 75 台班(计工单价为 1200 元/台班,投标预算书中该设备固定费用 800 元/台班)。

(2)至 6 月 10 日,因部分桩基与红线外民房距离较近,冲击振动影响较大,被居民阻工,被迫停工 10 天,该工序位于批准的施工组织计划关键线路中。经发包人、监理人、承包人共同研究决定改用回旋钻成孔,调运更换机械及窝工损失20万元,因更改施工工艺导致后续施工费用增加30万元。

(3)进入上部结构施工后,突然接到发包人通知因市政规划原因暂时停工,等待重新设计。接到通知时,主线除外,匝道桥已搭设支架800t,经测算搭拆工费为400元/t,已制作模板4000m^2,每平方综合费用80元,完成钢筋制作400t,钢筋清单综合单价6000元/t,当时的废钢材回收价格为1000元/t,地面硬化及其他费用20万元。90天后发包人下发了新施工图并要求按新设计进行施工。新设计导致原设计匝道部分全部不能利用,报废工程500万元(实体已计量)。

2. 工作任务

学生分为两个组,分别代表发包人和承包人,经过一轮索赔谈判后再交换角色。模拟中承包人一方的任务如下:

(1)索赔机会分析。

(2)索赔理由分析。

(3)干扰事件的影响分析和索赔值的计算。

(4)索赔证据列举。

角色扮演中的另一方,发包人方在索赔谈判中就索赔方提出的上述任务结果进行反驳。

指导教师启发式引导模拟索赔谈判过程,可以提前设置若干问题(或突发情况),考验学生分析问题、解决问题的能力,通过现场模拟使学生掌握实际工程施工索赔能力。

共同探讨:如何通过完善合同条件以及如何在工程实施过程中采取措施,以保护承包人、发包人方的正当权益。

模块7 在线测试

主要参考文献

[1] 中华人民共和国交通运输部.公路工程标准施工招标文件[M].北京:人民交通出版社股份有限公司,2018.

[2] 中华人民共和国交通运输部.公路工程标准施工招标资格预审文件(2018年版)[M].北京:人民交通出版社股份有限公司,2018.

[3] 全国二级建造师职业资格考试辅导用书编委会.建筑工程管理与实务复习题集[M].北京:中国建筑工业出版社,2018.

[4] 全国二级建造师职业资格考试辅导用书编委会.公路工程管理与实务复习题集[M].北京:中国建筑工业出版社,2018.

[5] 全国招标师职业水平考试辅导教材指导委员会.招标采购案例分析[M].北京:中国计划出版社,2012.

[6] 周艳冬.工程项目招投标与合同管理[M].北京:北京大学出版社,2017.

[7] 杨志中.建设工程招投标与合同管理[M].北京:机械工业出版社,2013.

[8] 姜仁安,郭梅.公路工程施工招投标[M].北京:机械工业出版社,2012.

[9] 董丽艳.公路工程施工合同管理与费用监理[M].北京:人民交通出版社,2011.

[10] 危道军.招投标与合同管理实务[M].北京:高等教育出版社,2009.

[11] 全国造价工程师职业资格考试培训教材编审委员会.建设工程造价管理基础知识.北京:中国计划出版社,2019.